Petra Knapp

Das Leben ist kurz –
worauf wartest du noch?

D1677358

Petra Knapp

Das Leben ist kurz – worauf wartest du noch?

Herder

Freiburg · Basel · Wien

Umschlaggestaltung: Hermann Bausch, Foto: Bavaria / SSI

Inhalt

5

Todesangst

Der Weg in die Mitte

Lebensfreude

Einleitung

Ich sehe gern in die Gesichter und Augen der Menschen. Auf Volksfesten und Vorträgen, im Kino und Theater, in Kaufhäusern und auf belebten Plätzen der Stadt – wo immer ich unter Menschen bin, schaue ich sie einfach an. Ich stelle mir bei jedem vor, wie er wohl leben, wie er denken und fühlen mag. Die meisten Menschen erscheinen mir unzufrieden, gehetzt, verkümmmert – so, als lebten sie auf Sparflamme. Seit mir dieses Armselige in der Erscheinung der Menschen aufgefallen ist, suche ich bewußt nach heiteren Gesichtern. Meist vergeblich suche ich nach Glück oder Würde und Ernst in den Augen. Ganz selten begegnet mir jemand, der aufrecht geht und einen freien Blick hat. Eine Ausnahme in der großen Menge durchschnittlich „wunschlosen Unglücks", nicht nur in der U-Bahn während der Rush Hour, sondern ganz ebenso abends im Konzert. Die Kleidung mag festlicher sein, die Gesichter sind genauso stumpf und leer, die Augen blicklos.

Was ist los mit uns? Warum leben wir als seien wir schon halb gestorben? Wie unbedeutend, wie schal, wie nichtssagend ist unser Leben zumeist! Wenn wir erwachen, freuen wir uns auf den neuen Tag? Sind wir dankbar, daß wir dieses Leben haben? Leben wir aus der Fülle unserer Kraft? Leben wir gern? Oder streift uns manchmal der flüchtige Gedanke, ob das eigentlich alles sei? Lohnt dieses Leben die ganze Anstrengung?

Ja – strengen wir uns eigentlich an? Sieht es oft nicht so aus: der Wecker reißt uns aus dem Schlaf, und obwohl wir noch zwei Stunden länger im Bett bleiben möchten, müssen wir aufstehen, um zu einer wenig geliebten Tätigkeit zu hetzen, wo uns Routine, Ungerechtigkeiten und Demütigungen erwarten. Sinnlose Zwänge im

Alltag. Abends und am Wochenende Zerstreuungen, die uns ablenken, aber nicht erfüllen.

Sieht unser Leben so aus, dann ist etwas grundsätzlich falsch. Weder leben wir wirklich, noch strengen wir uns wirklich und an der richtigen Stelle an, noch freuen wir uns wirklich.

Es wäre nicht damit getan, daß wir krampfhaft Freude zu mobilisieren versuchten. Das wäre Lüge, denn unser Leben ist ein Elend. Auch, wo wir unter wirtschaftlich durchaus zufriedenstellenden Umständen leben, spüren wir, daß wir nicht eigentlich leben. Das wirkliche Leben läßt uns links liegen, fließt vorbei, leuchtet immer irgendwo anders. Für manche leuchtet es in der Zukunft: dann, wenn dieses oder jenes erreicht sein wird, dann, wenn man Zeit haben wird, dann vielleicht wird sich auch für uns die tiefe Sehnsucht nach Leben erfüllen, nach Wirklichkeit, nach Glanz.

Was macht unser Leben so elend? So grau, so bar jeglicher Bedeutsamkeit, so glanzlos und freudlos? Dies: daß wir uns insgeheim auf ein endloses Leben eingestellt haben. Angesichts dessen, daß wir sterben müssen, leben wir sonderbar ruhig. Wir schätzen den jeweiligen Tag nicht, nehmen ihn nicht ernst, sind uns nicht bewußt, daß er einmalig ist, daß er nie wiederkehren wird und daß wir, wollen wir ihn nutzen, dies heute tun müssen. Und zwar gerade jetzt.

Dieses Buch zeigt einen Weg heraus aus der Verlorenheit, aus der Gleichgültigkeit, aus der Sinnlosigkeit. Am Anfang des Weges steht die Konfrontation mit unserem eigenen Ende. Solange wir nicht die Angst, daß wir sterben müssen, erfahren und ausgehalten haben, können wir keine Antwort auf die Frage nach dem Sinn unseres Lebens bekommen.

Im weiteren Verlauf führt uns der Weg in das Zentrum unserer Existenz. Das Zentrum ist die Mitte unserer Person, es ist das seelische Sinnesorgan, mit dem wir Sinn wahrnehmen, zugleich ist es die Kraftquelle, aus der heraus wir Sinn verwirklichen. Es ist lebendig, lebt immer in der Gegenwart und ist nichts anderes als wir selbst.

Sind wir dort angelangt, in unserer eigenen Mitte, so zeigt sich, daß die Erfüllung, die so unendlich weit entfernt schien, in Wirklichkeit das allernächste ist. Sie ist Geschenk und Auftrag zugleich: ganz wir selbst zu sein auf dem Grund des Schmerzes, nicht immer da zu sein. Heute ganz da, ganz wir selbst zu sein und dem größten Glanz, der Lebensfreude Raum zu geben.

Aus dem Nachdenken über unser sterbliches Leben lassen sich die drei Grundfragen Kants beantworten: „Was kann ich wissen?" Daß ich sterben werde. „Was darf ich hoffen?" Zuvor zu leben als der Mensch, der ich eigentlich bin. „Was soll ich tun?" Als dieser Mensch mit ganzer Kraft blühen.

Die Gespräche

Vorbemerkung

Wenn Sie die Fragen, die ich meinen Gesprächspartnern stellte, zunächst einmal selbst beantworten möchten, ohne sich von den Gedanken der anderen beeinflussen zu lassen, dann nehmen Sie sich die Zeit dazu, ehe Sie weiterlesen. Machen Sie es am besten schriftlich. Sie können sich dann wahrscheinlich besser konzentrieren. Dies sind die Fragen:

- ☐ *Wie lange möchten Sie leben?*
- ☐ *Wie lange, glauben Sie, werden Sie leben?*
- ☐ *Wenn Sie erführen, daß Sie nur noch kurze Zeit zu leben hätten, vielleicht noch ein Jahr, was würden Sie an Ihrem Leben ändern?*
- ☐ *Wenn Sie erführen, daß ein Mensch, der Ihnen nahesteht, nur noch kurze Zeit zu leben hat, wie würden Sie Ihr Verhalten zu ihm ändern?*
- ☐ *Welche Botschaft wollen Sie auf Ihrem Sterbebett Ihren Kindern oder den Menschen hinterlassen?*
- ☐ *Wofür leben Sie?*
- ☐ *Im Zusammenhang dieser Fragen – welche Frage fehlt?*
- ☐ *Und Ihre Antwort auf diese Frage?*

Die Gespräche kamen so zustande, daß ich auf die Menschen zuging, die ich mir als Gesprächspartner wünschte. Erklärten sie sich einverstanden, so stellte ich jedem die gleichen sieben Fragen. Aus der letzten ergab sich die je eigene Frage des Gesprächspartners, die dann an ihn selbst gestellt und von ihm beantwortet wurde. Schließlich entschied er sich, ob das Gespräch anonym oder unter seinem vollen Namen erscheinen solle, und ich bat ihn um einige Informationen zu seiner Person, die vor dem Beginn jedes Gespräches zur Orientierung des Lesers dienen würden. Was und wieviel er über sich sagte, blieb ganz ihm überlassen. Oft entwickelte sich nach dem „Interview" ein längeres Gespräch zwischen uns.

Ich trug in der Zeit der Arbeit an diesem Buch ständig Papier und Bleistifte bei mir für den Fall, daß mir jemand begegnete, den ich um ein solches Gespräch bitten wollte. Was er sagte, schrieb ich auf, ein Tonband benutzte ich nicht. Ich habe den Antworten, ohne sie zu kürzen oder zu glätten, ihre ursprüngliche Frische, auch das Erstaunen, die Abwehr, das nachdenkliche Suchen und vor allem die je eigene Sprache des Befragten gelassen.

Ich verfolgte mit diesen Interviews mehrere Absichten. Zum einen war ich selbst wißbegierig, was andere Menschen über den Sinn ihres Lebens angesichts seiner Begrenztheit dächten. Dann wollte ich einen Einblick in diese ungemein vielfältigen Gedanken anderer Menschen Ihnen, den Lesern dieses Buches, ermöglichen. Zwischen dem zwanzigsten und dreißigsten Interview begriff ich allmählich, daß es kein Zufall war, mit wem ein Gespräch zustandekam. In einer mir nicht durchschaubaren und ebenso rätselhaften wie deutlich wahrnehmbaren Weise wurde ich geführt – oder es wurden mir die richtigen Gesprächspartner zugeführt. Wie wenn verschiedenfarbige Steine sich zu einem sinnvollen Mosaik zusammenfügen, entstand aus den einzelnen Stimmen ein Gespräch zwischen einander Unbekannten, und dieses vielstimmige Gespräch spiegelt und illustriert die Gedanken des von mir verfaßten Textes.

Ich lernte in diesen Gesprächen, respektvoll und offen jede Einstellung als die Weise zu akzeptieren, wie gerade diesem Menschen der Sinn seines Lebens erscheint.

Und schließlich wollte ich mit diesen Fragen dem Gesprächspartner die Chance geben, sich seiner Sterblichkeit bewußt zu werden und sich nach vielleicht langer Zeit der Selbstvergessenheit auf sein Lebensziel zu besinnen. Ich hoffte, den einen oder anderen würde unser Gespräch weiter beschäftigen, er würde sich durch die mit der Frage „wie lange, glauben Sie, werden Sie leben?" bewirkte Konfrontation mit der Begrenztheit seines Lebens beunruhigen lassen und über das Wozu seines Hierseins nachdenken.

Die beiden ersten Fragen dienen der Einstimmung auf das

Thema der Endlichkeit. Es ist in unserer Gesellschaft nicht üblich, vom Tod zu reden. Dabei mag es noch angehen, vom Tod im Allgemeinen zu sprechen; den Tod des Gesprächspartners aber zum Thema zu machen, wird als ausgesprochen taktlos empfunden. Sterbende, die um ihr Sterben wissen, wünschen sich meist, mit ihren Lieben darüber sprechen zu können. Wenn das nicht geschieht, dann liegt das daran, daß die Sterbenden sich nicht trauen oder es nicht schaffen, die Angst der Angehörigen vor solchen Gesprächen zu überwinden.

In den nächsten beiden Fragen „was würden Sie ändern, wenn Sie wüßten, Sie beziehungsweise jemand, der Ihnen nahe steht, würde(n) nur noch kurze Zeit leben?" geht es nur scheinbar um eine fiktive Vorstellung. Dahinter steht die Absicht, den anderen mit der Unselbstverständlichkeit zu konfrontieren. „Was hindert mich eigentlich, jetzt das zu tun, was ich täte, wenn nur noch wenig Zeit wäre?" Diese Frage, so hoffte ich, würden die Gesprächspartner sich vielleicht stellen, um fortan ihr Leben und ihre Liebe so intensiv und so ernst und mit größtmöglicher Freude zu leben, wie es uns nur im Wissen um unser Sterbenmüssen möglich ist.

Die nächsten Fragen – die nach der Botschaft auf dem Sterbebett und die nach dem Wofür des Lebens – fragen nach dem Sinn.

Bewußt habe ich keine sehr jungen Menschen mit diesen Fragen konfrontiert, denn die der Jugend eigene Lebensbewegung geht in die Weite, über alle Horizonte hinaus. Erst um das dreißigste Lebensjahr herum begreift der Mensch, daß er sterben wird. Dann ist es Zeit, sich aus dem Entsetzen heraus nach dem Wozu des je eigenen Lebens zu fragen, und dann, ab dreißig, sollten wir Antwort suchen, um wirklich wir selbst und wirklich lebendig zu werden.

Bewußt auch habe ich nicht nach Jenseitsvorstellungen gefragt. Sieben der Gesprächspartner – Ursula, Sibylle, Ute, Wolfgang, Ludwig, Leopold und Lilo – stellten diese Frage als die, die fehlt, und beantworteten sie auch, wobei Ursulas kühne Zusammenschau östlicher Reinkarnationsgedanken mit christlichen Jenseitsvorstellungen mich sehr zum Nachdenken angeregt hat. Im übrigen gab ich der Thematik des Lebens nach dem Tod keinen Raum in den Gesprächen. Ich beschränke mich auf das Leben vor dem Tod, auf die Frage: wozu sind wir Sterblichen da?

12

Axel

Das Einzige was bleibt: Kinder zu haben

„Axel, ich wohne in Leipzig, bin 30 Jahre alt, bin Elektroingenieur. Ich lebe im Moment allein."

Wie lange möchten Sie leben?
„Solange ich gesund bin."
Wie lange, glauben, Sie, werden Sie leben?
„Ich schätze mal so bis Mitte 70."
Wenn Sie erführen, daß Sie nur noch kurze Zeit zu leben hätten, vielleicht noch ein Jahr, was würden Sie an Ihrem Leben ändern?
„Bewußter leben auf jeden Fall und möglichst viel noch machen, was mich interessiert. Das hängt natürlich von vielem ab – ob man den Partner dazu hat und das nötige Kleingeld. Reisen würde ich gern. Wir aus der ehemaligen DDR hatten ja nicht die Möglichkeit dazu bisher. Amerika, Australien, auch Afrika kennenlernen. Aber jedenfalls bewußter leben."
Wenn Sie erführen, daß ein Mensch, der Ihnen nahesteht, nur noch kurze Zeit zu leben hat, wie würden Sie Ihr Verhalten zu ihm ändern?
„Versuchen, daß ich mehr Zeit für denjenigen hab. Aber es ist schwer, diese Gratwanderung zwischen Mitleid und – diese Situation verstehen. Es ist etwas anderes, als wenn's einen selbst betrifft. Es wäre erstmal ein Schock für mich. Ich würde demjenigen mehr Zeit widmen."
Welche Botschaft wollen Sie am Ende Ihres Lebens den Menschen hinterlassen?
„Möglichst bewußt zu leben und daß Kinder zum Leben dazu gehören. Diese Tendenz, daß die Geburtenzahlen zurückgehen, keine Kinder zu wollen aus Karrieregründen, die ist ja auch in den neuen Ländern da, das ist erschreckend. Das ist das Einzige, was bleibt, Kinder zu haben."

Wofür leben Sie?

„Ich versuche ganz einfach, aus dem Leben, das mir gegeben wurde, was zu machen, Träume und Wünsche zu verwirklichen, soweit ich's kann. An erster Stelle steht, daß man gesund ist, dann eine gute Partnerschaft mit Kindern, dann andere Länder kennenzulernen. Wobei die Partnerschaft und die Kinder an erster Stelle stehen."

Im Zusammenhang dieser Fragen – welche Frage fehlt?

„Angesichts der vielen Probleme, die um uns herum bestehen, Hunger, Elend, Krieg, ob es nicht das Kleinkleinleben ist, wovon wir hier reden. Und derweil die eigentlichen Probleme der Welt an den Rand drängen, obwohl sie existieren. Schließlich sind das Menschen, die auch nur leben wollen. Und manchmal kommt das schlechte Gefühl dazu, wenn man sieht, in welchem Elend die anderen leben. Vielleicht hat der moderne Zivilisationsmensch die eigentlichen Werte im Leben vergessen und das Geld zu sehr zum Mittelpunkt gemacht, um den sich alles dreht."

Andrea

Gott in den Menschen gefunden

„Andrea Kammhuber, 32 Jahre alt, ledig. Ich bin stellvertretende Redaktionsleiterin der Münchener Katholischen Radioredaktion und Moderatorin des Kirchenmagazins auf Antenne Bayern."

Wie lange möchten Sie leben?

„Solange ich die Kraft habe, Dinge zu tun, die mir wichtig sind."

Wie lange, glauben Sie, werden Sie leben?

„Bis ich meine Aufgabe hier erfüllt habe."

Wenn Sie erführen, daß Sie nur noch kurze Zeit zu leben haben, was würden Sie an Ihrem Leben ändern?

„Im Grunde nichts. Im Kleinen würde ich versuchen, mehr mit Freunden zusammen zu sein und gute Gespräche zu führen über die Dinge, die mir wichtig sind – Sinnfragen, die Frage über das Weiterleben nach dem Tod."

Wenn Sie erführen, daß ein Mensch, der Ihnen nahesteht, nur noch kurze Zeit zu leben hat, wie würden Sie Ihr Verhalten zu ihm ändern?

„Das ist mir sehr nahe, weil eine Freundin im Sterben liegt. Es hat sich nichts geändert. Im Kleinen helfe ich ihr, daß sie die Dinge erledigen kann, die sie noch erledigen will, ich unterstütze sie beim Abschiednehmen mit praktischen Hilfen. In den Gesprächen haben die Themen sich verschoben. Leben und Tod sind eines – warum sollte sich was ändern zum Tod hin? Die Themen muß der andere selbst bestimmen, das Thema Tod ist jetzt ein ganz wichtiges in unseren Gesprächen."

Welche Botschaft wollen Sie am Ende Ihres Lebens den anderen Menschen hinterlassen?

„Für mich ist Gott die Liebe, und für mich hab ich erkannt, je stärker ich lieben kann – mich selbst lieben kann, die anderen lieben kann – desto freier werde ich und desto mehr Sinn macht für mich das Leben."

Wofür leben Sie?

„Ich versuche jeden Tag das zu leben, was mir wichtig ist und hoffe, daß es um mich herum dadurch ein bißchen heller wird."

Im Zusammenhang dieser Fragen – welche Frage fehlt?

„Die Fragen nach dem Sinn des Lebens sind meine zentralen Fragen, und die sind in Ihren Fragen implizit drin. Ich hätte gefragt, ,wo haben Sie Gott in Ihrem Leben gefunden?' Ihres ist bloß ein anderes Vokabular als mein theologisches."

Wo haben Sie Gott in Ihrem Leben gefunden?

„In den Menschen. In den verschiedensten Menschen. In der Natur. Es klingt pauschal, aber wenn ich in den Bergen bin, bin ich Gott so nah. Oder auch am Meer, wenn ich die Wellen rauschen höre, denke ich, es ist die Sprache Gottes. Und bei den Menschen sind es die Gesten. Wenn ich jemanden anschaue und in dessen Augen schaue und da funkelt mir etwas entgegen, da hab ich schon oft gedacht, das ist Gott."

Ursula

Den Teil in mir lieben, der sich sehnt danach

„Ursula, um die 30, Verwaltungsbeamtin, ledig."

Wie lange möchten Sie leben?

„Eigentlich so lange, bis ich zufrieden bin mit meinem Leben – daß es erfüllt ist und dann zu Ende gehen kann. Ich denke an meinen Opa, der hatte ein erfülltes Leben. Es war sehr arbeitsreich, ein Honiglecken war's nicht, aber er hat sich seine positive Lebenshaltung bewahrt. Er war 92 und wünschte sich zu sterben. Oma war fünf Jahre zuvor gestorben. Er schaute zu dem Bild der Muttergottes von Blutenburg auf und sagte, er möchte gehen. Er hatte das Gefühl, er sei eine Last für uns, weil er körperlich abgebaut hatte, auch waren seine Geschwister vor ihm gestorben. Er hatte immer gesagt, ,mei, an was i mal sterben werd', und wir sagten, das werden wir dann schon sehen. Mit 80 hat er sich ein Grab gekauft, hat das total realistisch gesehen, hat es beim nächstgelegenen Friedhof und gleich beim Eingang gekauft, damit wir nicht so weit gehen müssen, wenn wir zum Gießen kommen. Daneben war dann noch ein Grab frei, das hat er seinem Freund erzählt und der hat es dann für sich gekauft. Er ist da mit einer Natürlichkeit damit umgegangen und mir sind da immer Schauer über den Rücken gelaufen."

Wie lange, glauben Sie, werden Sie leben?

„Das weiß man nie, wie lang man leben wird. Solange, wie man noch etwas erwartet und Lebensfreude hat. Wenn man das nicht mehr hat, ist man eigentlich schon tot während man noch lebt. Dann dauert der Tod wohl auch nicht mehr lange, oder sonst ist das restliche Leben wie eine Qual, ein Vegetieren, weil das Wollen fehlt. Ich habe das für mich schon gekannt, zu leben ohne Ziele, und das ist wie der leibhaftige Tod. Das ist der innere Tod

16

und der ist schlimmer als der äußere Tod. Wenn das Leben erfüllt war, ist der äußere Tod gar nicht so schlimm. Der Großvater hat, so weit ich ihn kannte, durch die Art, wie er lebte, ein erfülltes Leben gehabt, so daß er zufrieden war und das auch ausstrahlte. Ich hätte ein Buch drüber schreiben sollen, er hat seine Geschichten immer in der gleichen Wortwahl erzählt. Die Großtante dagegen hatte auch ein von Ereignissen angefülltes Leben mit Kindern und Enkelkindern und über 65 Jahren Ehe, hat viel Leid erlebt und viel Kampfgeist entwickelt. Als ich sie im Altersheim besucht habe, habe ich doch erkannt, daß sie unzufrieden ist. Das hat sich in Strenge geäußert. Die Unzufriedenheit kam daher, daß sie etwas nicht leben konnte. Dadurch, daß sie geheiratet hat und heiraten mußte, hat sie auf das andere Leben verzichtet. Das wäre gewesen, daß sie sich beruflich entwickelt hätte, unter Leuten und sich wichtig fühlen. Das war mein Schmerz, als sie gestorben ist, auch über den Tod, aber in erster Linie über ein ungelebtes Leben. Das hat wohl mit meinem eigenen Schmerz zu tun, den ich an ihr erlebt habe. Diese resignative Haltung, dieses Nichtleben, und dann dieses Bedauern."

Wenn Sie erführen, daß Sie nur noch kurze Zeit zu leben hätten, vielleicht noch ein Jahr, was würden Sie an Ihrem Leben ändern?

„Da würde ich wahrscheinlich in Panik fallen. Zunächst würde ich gar nicht in der Lage sein, überlegt vorzugehen – ich würde in so eine innere Unruhe verfallen. Da müßte ich auf das Wesentliche oder Eigentliche kommen – aber was ist das? Das wäre, mit der Situation zufrieden sein oder mit sich. Um etwas zu ändern, müßte man etwas mehr ins Reine kommen mit sich. Wer bin ich und was will ich eigentlich? Innerlich eine Lebensbeichte ablegen, aber nicht mit irgend jemandem, der im Beichtstuhl sitzt, das wäre mir zu anonym. Ich weiß nicht, wie ich damit umgehen würde, ob ich's nicht verdrängen würde, das kann auch sein."

Wenn Sie erführen, daß ein Mensch, der Ihnen nahesteht, nur noch kurze Zeit zu leben hat, wie würden Sie Ihr Verhalten zu ihm ändern?

„Ich würde mich bemühen, mehr in der Liebe mit ihm zu sein. Aber ob mir das gelingt, ist eine andere Frage, denn das ist abhängig davon, wie man zu diesem Menschen steht, und das wird durch eine Krankheit ja nicht plötzlich verändert. Wenn man dann besonders liebevoll ist, kann das auch eine Lüge sein, selbst wenn die Krankheit immer im Hintergrund steht, oder der Tod. Also heucheln tu ich deswegen nicht; nicht, weil der andere krank ist, eine Maske aufsetzen. Es ist ein Bemühen, in der Ehrlichkeit zu sein, aber deswegen nicht in der Grobheit. Mit meinem Vater hat es vor einem Jahr geheißen, er hat diese akute Leukämie. Das war schon ein Schlag. Aber es war keine so gute Beziehung zwischen ihm und mir. Er hat einen guten Kern, das erkenne ich an seiner Hilfsbereitschaft, aber er ist so ruppig. Ich schaffe es nicht, in guter Weise mit ihm umzugehen, wie vielleicht manche liebevolle Tochter, das kann ich nicht, nur deswegen weil er so krank ist. Ich hab auch überlegt, woher die Krankheit kommt. Es gibt ja viele Umwelteinflüsse, aber in seinem Fall glaube ich an seelische Ursachen. Ich hab auch mit ihm darüber gesprochen, daß ich glaube, daß es von seiner Art kommt, sich über alles und jedes zu ärgern, und das hat er auch eingesehen, daß das sein Blut vergiften kann. Ich kenne das auch bei mir. Vielleicht kann ich dem anderen dadurch helfen, daß ich bei mir was verändere."

Welche Botschaft wollen Sie auf Ihrem Sterbebett Ihren Kindern oder den Menschen überhaupt hinterlassen?

„Jeder sollte sich darum bemühen, zu dem Teil in einem selbst hinzukommen, der sehnlich darauf wartet, einen selbst zu lieben. Aber der Teil wird immer wieder verloren gehen, da muß man sich täglich neu darum bemühen. Dann kann man auch außen Erfolg haben, wenn man dieses Innere in sich erreicht. Das ist mir klar geworden an der Geschichte von der Erscheinung Jesu am See Tiberias. Die Apostel waren auf dem See beim Fischen und hatten die ganze Nacht keinen Fisch gefangen. Als dämmerte, stand ein Mann am Ufer und winkte. Als erster erkannte ihn Johannes und er sagte, es ist der Herr. Und Petrus wurde gleich aktiv, zog sich aus und sprang ins Wasser, wollte als erster da sein. Jesus sagte, sie sollten doch nochmal rausfahren und die Netze rechts auswerfen und dann werden sie was fangen. Und so war es dann auch, sie fingen 153 Fische. Und da wurde mir klar, daß es nicht nur ein äußeres Geschehen ist, sondern die ganzen Personen sehe ich als Wesensanteile *eines* Menschen. Die Apostel, die da in der Nacht fischen und nichts fangen, das ist für mich der Mensch, der sich bemüht und Erfolg und Leistung bringen möchte, und der sieht, es war vergeblich und er hat nichts an Land gezogen. Daß es im Dunkeln ist, deutet auf eine blinde Aktivität. Die haben sich ja beklagt, und so kann mancher sagen: ,ich hab' mich so abgeplagt und hab' eigentlich im Leben nichts erreicht.' Und der Johannes hat ihn als erster gesehen, den Jesus, der am Ufer wartete. Den sehe ich als den Teil in einem, der einen bedingungslos liebt. Der sensible Teil in einem, der wahrnimmt, daß es diesen liebenden Teil gibt, ist Johannes. Aber die Erkenntnis allein genügt nicht, es bedarf auch der Kraft, nicht nur zu sehen, sondern auch zu tun, und diese Kraft hat am meisten der Petrus. Die Kraft, es dann auch zu tun. Wenn dann der Mensch zu dieser inneren Liebe hingekommen ist, dann sagt die, tut es nochmal, werft die Netze aus. Man tut im Grunde das Gleiche nochmal, aber aus einer anderen inneren Einstellung heraus, und dann gelingt's. Sie haben ja 153 Fische gefangen. Davon die Quersumme ist neun, die Zahl der Veränderung. Und auch, wenn ich die Zahlen einzeln betrachte: die Eins hat mit Ursprung zu tun, Fünf ist Licht in der Materie, die Drei hat mit der Gottheit zu tun. Alles, die Quersumme und die einzelnen Zahlen, hat mit Göttlichem und mit innerstem Sein zu tun, und drum kann es dann gelingen. Wenn ich jemandem Rat geben sollte beim Sterben – es ist immer gut, wenn es aus dem eigenen Inneren kommt. Und wenn man eine Erkenntnis hat, ist es gut, auch danach zu handeln und nicht bloß in der Erkenntnis zu schwelgen."

Wofür leben Sie?

„Ich hab' die Antwort selbst noch nicht gefunden. Eigentlich, um mich des Lebens zu freuen. Dann, wenn diese Freude da ist, kann ich das Wofür erkennen. Wenn die Freude verschwindet, ist das Wofür eine offene Frage. Es gibt vordergründige Gründe – um Aufgaben, Pflichten zu erfüllen – aber das ist nicht das eigentliche Wofür."

Im Zusammenhang dieser Fragen – welche Frage fehlt?

„Glauben Sie, daß es ein Leben nach dem Tod gibt?"

Glauben Sie, daß es ein Leben nach dem Tod gibt?

„Nach der christlichen Lehre gibt es ein Leben nach dem Tod. Nachdem ich von daher geprägt bin, hab ich das schon in mir drin, daß es so ist, aber ich hatte auch immer wieder Zweifel. In Seminaren und Kursen wurde gesagt, daß es auch so sein kann, daß man immer wieder auf die Erde kommt. Im christlichen Glauben paßt das nicht, da gibt es den Tod und die Auferstehung von den Toten.

Aber es gibt ja auch das Fegefeuer. Die meisten kommen ins Fegefeuer, wenn es keine Heiligen sind. Wenn man nicht gleich in den Himmel oder in die Hölle kommt, dann kommt man ins Fegefeuer. Das könnte ich mir so vorstellen, wie wenn man ein Lebensziel, eine Lebensaufgabe nicht erreicht hat, man das dann wiederholen muß. So, wie wenn man in der Schule das Klassenziel nicht erreicht hat. Daß man das Leben wiederholen muß in einem anderen Körper. Also sind die meisten Leute, die da sind, wohl im Fegefeuer, und ein paar Heilige dazu, damit man nicht ganz verzweifelt. Zunächst hab ich mich gewehrt gegen diese Idee von der Wiedergeburt, aber inzwischen denke ich, daß das sein kann und sich nicht beißen muß mit dem, was Jesus in der Bibel sagt. Ich bin kein Bibelkenner oder jemand, der das studiert hat, aber von meinem Gefühl her kann das durchaus so sein. Ich hab einmal gelesen, wieviel Körper der Mensch hat – sieben –, und er kann nur Körper schaffen, die Seele kommt dazu. Warum gerade die und nicht eine andere? Die muß ja passen zu den Eltern. Das sind aber nur so Überlegungen."

20

Doris

Du kannst alles, was du willst

„Doris, 32 Jahre alt, ledig aber mit jemandem zusammenlebend am Rand der Stadt."

Wie lange möchten Sie leben?
„Solange ich gesund bin und ein erfülltes Leben habe. Das kann auch bedeuten, daß ich krank bin und trotzdem ein erfülltes Leben habe, aber wichtig wäre, daß ich für mich selber sorgen kann. Es ist mir wichtig, nicht jemandem ausgeliefert zu sein."
Wie lange, glauben Sie, werden Sie leben?
„Zumindest 80 Jahre, so zwischen 80 und 90."
Wenn Sie erführen, daß Sie nur noch kurze Zeit zu leben hätten, was würden Sie an Ihrem Leben ändern?
„Ganz groß würde ich nichts ändern. Ich würde den Augenblick bewußter erleben, nicht aufhören zu arbeiten und noch mal wegfahren, um durch neue Erfahrungen den Horizont zu erweitern. Ich würde die Beziehungen zu Menschen, die mir wichtig sind, ins Reine zu bringen suchen."
Wenn Sie erführen, daß ein Mensch, der Ihnen nahesteht, nur noch kurze Zeit zu leben hat, wie würden Sie Ihr Verhalten zu ihm ändern?
„Ich würde ihm versichern, daß er darauf vertrauen kann, daß ich da bin für ihn, um ihn bis zum Ende zu begleiten. Ich würde versuchen herauszufinden, was er will, um es in seinem Sinn zu machen. Ihm das Angebot machen, daß er meine Zeit haben kann und was immer er will, aber daß er das nicht annehmen muß. Auf keinen Fall würde ich ihm seine Entscheidungen abnehmen. Es würde mir schwer fallen, meinen missionarischen Trip einzuschränken, also zum Beispiel zuzulassen, daß er unter Umständen nicht bewußt damit umgehen will."
Welche Botschaft wollen Sie auf Ihrem Sterbebett den Menschen hinterlassen?
„Du kannst alles, was du willst – glaube an dich."

21

Wofür leben Sie?

„Um ein gutes Gefühl für mich selber zu haben, um glücklich zu sein, so daß auch die anderen was davon haben, weil das nach außen ausstrahlt. In meiner Mitte zu sein, um dadurch einen Beitrag für die Gemeinschaft zu leisten."

Im Zusammenhang dieser Fragen – welche Frage fehlt?

„Wie wollen Sie sterben?"

Wie wollen Sie sterben?

„So, daß ich das Gefühl habe, ein ausgefülltes Leben gelebt zu haben, und das Sterben bewußt erleben. Ob ich allein sein möchte oder daß jemand dabei ist, weiß ich jetzt noch nicht, aber es wird eine wichtige Rolle spielen."

Maria

Tod ist Strafe für eine Schuld

„Maria, ich bin 33 Jahre alt, lebe in einer offenen Ehe, habe drei Kinder. Ich sehe meine Kinder als meine Chance, weil die sich selber leben. Sie wollten zum Beispiel nicht mit mir spazierengehen am Sonntagnachmittag, sondern lieber mit ihren Freunden was machen. Das hat mir die Kraft gegeben und den Weg gezeigt, daß jeder Mensch sein Leben leben muß und daß es wenig Sinn hat, den von der Gesellschaft bereitgestellten Bildern zu folgen, was mir fast wie Konsum erscheint: das sehe ich und das übernehme ich so. Ich hab erkannt, daß es für mich keinen Sinn macht, wie meine Mutter zu leben. Selbst dann nicht, wenn sie damit glücklich war, aber nicht einmal das weiß ich sicher.

Als die Kinder klein waren, war ich in erster Linie Mutter. Die Arbeit, die mir jetzt verblieben ist, da bin ich in erster Linie Hausfrau – und genau das möchte ich nicht mehr. Darum habe ich mich entschlossen, einen Beruf zu ergreifen, um mich zu verwirklichen.

Ich denke, das kann man über einen Beruf, wo man wirklich etwas von sich geben kann. Wo ich ich sein kann. So stelle ich mir das vor, wenn ich Hebamme bin. Dann kann ich ich selber sein. Ich würde auch meinen Kindern nicht gerecht werden, wenn ich sie als den Sinn meines Lebens sehen würde."

Wie lange möchten Sie leben?
„Ganz lange, ich möchte mindestens 90 Jahre alt werden."
Wie lange, glauben Sie, werden Sie leben?
„Auf der einen Seite glaube ich, daß ich ganz lange leben werde, weil ich auch so lange brauche für alles – zum Beispiel bis ich den für mich richtigen Beruf gefunden habe –, auf der anderen Seite habe ich das Gefühl, ich werde nicht sehr alt, weil ich auf Krisen schnell mit körperlicher Krankheit reagiere."
Wenn Sie erführen, daß Sie nur noch kurze Zeit zu leben hätten, vielleicht noch ein Jahr, was würden Sie an Ihrem Leben ändern?
„Weniger Rücksicht nehmen auf meine Familie und darauf, was die anderen von mir denken. Ich würde stärker meinen Impulsen folgen. Die Angst, was aus mir wird, würde wegfallen. Ich könnte jeden Tag leben als wär's der letzte. Ich habe die Situation einmal erlebt: ich hatte starke Unterleibsbeschwerden, auf dem Röntgenbild war ein großes Geschwür. Ob es Krebs wäre, war nur durch eine Operation festzustellen. In der Zeit des Wartens auf die Operation bin ich oft über meinen Schatten gesprungen. Ich hab vieles ausprobiert, hab mir gesagt, ‚jetzt mußt du's einfach versuchen,' bin viel risikofreudiger geworden. Zum Beispiel hatte ich Hemmungen, auf Menschen zuzugehen, und dann dachte ich, ‚jetzt ist wichtig, was *ich* möchte'. Ich hatte in der Zeit mein erstes Verhältnis neben meiner Ehe. Ja, ich bin auch ehrlicher geworden. Mir ist klar geworden, daß ich meine Ehe und meinen Mann brauche – ich habe es ihm gesagt –, und daß daneben Raum für die Anziehungskraft eines anderen Mannes bleibt."
Wenn Sie erführen, daß ein Mensch, der Ihnen nahesteht, nur noch kurze Zeit zu leben hat, wie würden Sie Ihr Verhalten zu ihm ändern?
„Ich würde das Verhältnis intensivieren durch mehr Nähe, daß wir uns mehr miteinander befassen. Ich hätte immer vor Augen,

er bleibt nicht mehr lange. Ich hätte auch mehr Mut, ihm unangenehme Dinge zu sagen, was mich an ihm stört zum Beispiel. Ich würde mich auch sehr dafür interessieren, wie sich dieser Mensch verändert so kurz vor seinem Tod."

Welche Botschaft wollen Sie auf Ihrem Sterbebett Ihren Kindern hinterlassen?

„Daß nur der Körper stirbt und die Seele weiterlebt. Das habe ich auch meiner siebenjährigen Tochter erzählt, als ihre Freundin starb. Sie hat das auch so dankbar aufgenommen, als wüßte sie darum schon. Sie hat daran auch nie gezweifelt. Dies Bild steht heute noch, nach einem Jahr. Es hat ihr auch geholfen, sie hat der Lena zum Beispiel Bilder gemalt, die sie in ihr Grab mitnehmen könnte. Irgendwo lebt die Lena noch für sie, sonst hätte sie ihr keine Bilder mitgegeben.

Und unbedingt nochmal betonen, daß sie auf sich selber hören müssen, auf ihre eigene innere Stimme, auch wenn das manchmal sehr schwer ist. Und daß sie sich auf sich selber verlassen sollen und nicht den Gedanken der anderen den Vorrang geben."

Wofür leben Sie?

„Für mich – um mich selber zu verwirklichen."

Im Zusammenhang dieser Fragen – welche Frage fehlt?

„Die nach der Vorstellung über den Tod. Ich glaube, die Menschen wissen ganz tief in ihrem Inneren, wie sie sterben werden. Also: wie werden Sie sterben? Ich denke über mich zum Beispiel, daß ich erst sterben werde, wenn ich alles gegeben habe, meine Weisheit, meine Energie, meine Liebe – ich möchte das alles wirklich dalassen.

Mir ist noch eine Frage eingefallen: warum Sie glauben, daß man sterben muß. Das ist die Frage nach der eigenen Schuld, und der Tod ist die Strafe für irgendeine Schuld, für ein Tabu, das man durchbrochen hat. Ich mußte nach der Geburt meines dritten Kindes operiert werden wegen einer Ovarialvenenthrombose, und es war klar, daß ich totkrank war. Als mir der Arzt sagte, er müsse meine Gebärmutter und wahrscheinlich auch die Ovarien entfernen, da hörte ich deutlich eine innere Stimme, die strafend zu mir sagte, ‚das hast du selbst verschul-

det, warum hast du nicht auf mich gehört.' Das muß etwas tief
Unbewußtes gewesen sein, denn ich hatte die ganzen Jahre über
das Gefühl, ein offenes Verhältnis zu meiner Sexualität zu haben und darüber sehr fortschrittlich zu denken. Das war die
Stimme meiner Mutter. Sexualität war etwas, was wir nicht tun
durften. Vielleicht um den Preis einer Ehe, aber nicht weil es
einfach schön ist. Die Ovarialvenenthrombose ist eine sehr sel-
tene Krankheit, die Ärzte sagten alle, daß sie in ihrer Praxis so
was noch nie gesehen hätten, und zudem ist sie ganz versteckt
im Bauch. Ich hatte keine Schmerzen, wurde nur immer schwä-
cher und konnte nichts mehr essen."

Warum glauben Sie, muß man sterben?

„Man muß sterben, um einem neuen Menschen Platz zu machen. Ich sehe Sterben als Weiterentwicklung und Reifeprozeß.
Wenn ich mich aber schwach fühle, empfinde ich Sterbenmüssen als Strafe dafür, daß ich meine Aufgabe nicht erfülle. So als
wenn jemand sagte, ‚wenn du es nicht kannst, dann mußt du es
eben ganz sein lassen.'"

Rainer

Jeden Tag so leben,
daß ich nicht lebensdurstig bin

„Rainer. Ich bin 34, lebe seit acht Jahren in München, bin verheiratet, und unser Sohn ist ein Jahr alt. Der Grund, daß wir nach München gegangen sind, war beruflich. Ich hatte in Karlsruhe
Wirtschaftsingenieurwesen studiert und dann bei Siemens in der
Halbleiterfertigung eine Stelle gefunden. In den ersten Jahren
wollten wir wieder weg von München, weil uns die Stadt zu groß
und zu anonym erschien. Im Lauf der Jahre haben wir uns dann

doch an die Münchner Lebensqualität gewöhnt, so daß uns der Umzug in eine andere Stadt schwer fallen würde. Mit der Geburt unseres Sohnes mußte meine Frau ihren Beruf einschränken – sie ist Goldschmiedin –, und wir müssen auch unsere Beziehung nach dem Jahr immer wieder klären, denn ich habe in ihrer Sicht alles: Bestätigung durch Beruf, Einkommen und Familie; während sie Selbständigkeit durch eigenes Einkommen und Beruf sehr stark vermißt. Zur Zeit sind wir auf der Suche nach einer neuen Wohnung oder einem Haus, wo sie ihre Goldschmiedewerkstatt einrichten kann, so daß sie in der Wohnung arbeiten kann und wir unserem Lebensziel: gemeinsam leben und arbeiten, ein Stückchen näher kommen.“

Wie lange möchten Sie leben?

„Ich möchte 100 Jahre alt werden, weil ich die Menschen bewundere, die 100 Jahre geworden sind oder älter, denn die haben immer ein sehr ausgeglichenes Leben geführt, und es war fast immer ein Leben, das von Arbeit geprägt war. Ich hab selber noch keinen Hundertjährigen gesprochen, aber mich fasziniert jeder Ältere, der mich anspricht. Wie letzthin die 84jährige, die mich im Schwimmbad ansprach: ‚junger Mann, essen Sie mehr Möhren,‘ sagte sie, weil ich eine Brille trage. Sie brauchte natürlich keine Brille. Ich hab jetzt einen einjährigen Sohn, der kriegt auch Möhren in fester und flüssiger Form.“

Wie lange, glauben Sie, werden Sie leben?

„Ich denke mir, 70 Jahre vielleicht, weil das Durchschnittsalter der Bevölkerung auch Mitte 70 ist und ich schon drei Operationen mit Vollnarkose hinter mir habe, und nach jeder solchen Operation unter Vollnarkose reduziert sich die Lebenserwartung um fünf Jahre. Auch sehe ich bei meinen Eltern, die Mitte 60 sind, daß die immer gebrechlicher werden, und da denke ich mir, daß ich mit 80 nicht mehr Bergsteigen gehe.“

Wenn Sie erführen, daß Sie nur noch kurze Zeit zu leben hätten, vielleicht ein Jahr, was würden Sie an Ihrem Leben ändern?

„Das hab ich mich häufig gefragt, ob ich was ändern würde, so nach dem Motto von Martin Luther, ‚wenn ich morgen sterben würde, würde ich heute ein Apfelbäumchen pflanzen.‘ Ich vergleiche das mit Urlaub: wenn viele Leute in Urlaub fahren, um etwas zu erleben, so versuche ich lieber so zu leben, daß ich nicht in Urlaub fahren muß. Ich möchte jeden Tag so leben, daß ich nicht erholungsbedürftig bin und mich deshalb körperlich erholen muß, und daß ich nicht lebensdurstig bin und deswegen was neues erleben muß.

Insofern – wenn ich wüßte, ich hätte eine unheilbare Krankheit und müßte in einem Jahr sterben, dann würde ich, was eine berufliche langfristige Karriere angeht, nicht mehr viel machen, aber wenn ich eine Radtour durch Ungarn machen würde, würde ich mir auf jeden Fall einen Sprachführer kaufen und vorher Ungarisch lernen."

Wenn Sie erführen, daß ein Mensch, der Ihnen nahesteht, nur noch kurze Zeit zu leben hat, wie würden Sie Ihr Verhalten zu ihm ändern?

„So eine Situation ist mir bisher noch nicht vorgekommen. Es kommt darauf an, was der andere möchte und will. Ich kann mir vorstellen, daß es Menschen gibt, die sich dann lieber auf anderes konzentrieren und die Beziehung lösen möchten. Bei Behinderten ist mir auch aufgefallen, daß die sich durch die Hilfeleistungen der anderen häufig noch behinderter fühlen. So kann ich mir vorstellen, daß ein Sterbender es lästig findet, wenn die anderen sich jetzt deswegen vermehrt um in bemühen und ihre Hilfe anbieten. Ich würde ihm aufmerksamer zuhören und verstärkt seine Gesten und sein Tun beobachten, um daraus zu schließen, möchte er mehr Kontakt oder weniger."

Welche Botschaft wollen Sie auf Ihrem Sterbebett Ihren Kindern hinterlassen?

„Ich hoffe, daß ich die Botschaft – wenn ich eine habe – ihnen schon vorher mitgeteilt habe. Ich möchte nicht bis zum Sterben warten, um ihnen das mitzugeben, was ich ihnen mitzugeben habe. Wenn ich aber bald stürbe und mein Sohn wäre schon größer, dann würde ich ihm das sagen, was ich ihm gern beigebracht hätte und noch nicht gemacht habe. Ich würde ihm also das sagen, was ich das Wichtigste finde: wie sich ein Mensch zu verhalten hat, daß er ein aufrechter Mensch ist und daß er immer das beachtet, was in der christlichen Lehre als Nächstenliebe bezeichnet wird."

Wofür leben Sie?

„Auf die Frage nach dem Sinn habe ich noch keine schlüssige Antwort. Manchmal denke ich, ich lebe einfach und versuche, das Beste für mein eigenes und für das Leben anderer daraus zu machen."

Im Zusammenhang dieser Fragen – welche Frage fehlt?

„Glauben Sie an Gott?"

Glauben Sie an Gott?

„Vorgestern haben mich zwei Zeuginnen Jehovas mit dem Satz ,glauben Sie an Gott?' angesprochen, denen habe ich erstmal mit Nein geantwortet. Sie sprachen dann von der Bibel und ich sagte ihnen, daß ich meine Botschaft in der Bibel noch nicht gefunden habe. Ich hab' mir vor drei Jahren eine Bibel gekauft, um wieder drin zu lesen, aber die Lektüre war für mich so wie die im Koran, den ich mir für diesen Sommer gekauft habe: ich lese in einem Buch, das die Menschheit stark beeinflußt hat, ich hab' aber keine persönliche Botschaft für mich darin gefunden. Selbst wenn ich die aber in der Bibel nicht gefunden habe, stehe ich voll hinter den Werten, die die christliche Lehre lehrt. Das sind hauptsächlich die Moralvorstellungen, die das menschliche Zusammenleben regeln. Die sind so universell, daß wir sie mit anderen Religionen oder Gesellschaften gemeinsam haben. Ich bin evangelisch erzogen worden, bin auch zur Konfirmation gegangen, bin nicht aus der Kirche ausgetreten, weil ich mich mit den Werten, die die christliche Kirche lebt, voll identifizieren kann."

Max

Ich dächte an das,
was ich nicht mehr tun kann

„Max, 34 Jahre alt, Architekt."

Wie lange möchten Sie leben?
„Och Gott – solange es Spaß macht."
Wie lange, glauben Sie, werden Sie leben?
„Bis 65 1/2."
Wenn Sie erführen, daß Sie nur noch kurze Zeit zu leben hätten, vielleicht noch ein Jahr, was würden Sie an Ihrem Leben ändern?
„Ich glaube, ich würde wegfahren."
Wenn Sie erführen, daß ein Mensch, der Ihnen nahesteht, nur noch kurze Zeit zu leben hat, wie würden Sie Ihr Verhalten zu ihm ändern?
„Das ist halt schwer, eine allgemeine Antwort zu geben. Wenn gutes Verhalten da ist, würde ich nicht unbedingt versuchen, das zu verändern, also auch nicht zu verbessern. Weil ich glaube, daß dann auch der andere besser damit zurechtkommt, wenn man das nicht zu einem Ausnahmezustand macht."
Welche Botschaft wollen Sie auf Ihrem Sterbebett Ihren Kindern oder den Menschen hinterlassen?
„Daß positives Denken das Leben erleichtert, wobei ich damit nicht Kritiklosigkeit meine. Die Dinge zu hinterfragen ist oft sehr wichtig, meine ich."
Wofür leben Sie?
„Für mich."
Im Zusammenhang dieser Fragen – welche Frage fehlt?
„Ob man Angst hätte, wenn man wüßte, daß es bald zu Ende ist, oder, woran man dabei denkt."
Hätten Sie Angst, wenn Sie wüßten, daß Ihr Leben bald zu Ende ist?
„Ich weiß es nicht."

Wenn Sie wüßten, daß Ihr Leben bald zu Ende ist, woran würden Sie dabei denken?

„Was ich bis jetzt getan habe – und was ich nicht mehr tun kann, vielleicht."

Marco

Sucht das Licht in euch und gebt es weiter

„Marco, 35 Jahre alt, Seminarleiter. Ich habe sehr viel Geborgenheit in der Familie erfahren, eine sehr heile Ehe meiner Eltern mit viel Freiraum. Ich hatte das Glück, nachdem ich mich von der Kirche entfernt hatte, einem engagierten jungen Pfarrer zu begegnen, hab dann von 16 bis 20 einer christlichen Jugendgruppe angehört, die von Taizé beeinflußt war. Ein schon immer waches Interesse für alle unorthodoxen und undogmatischen religiösen und geistigen Wege hat mein Leben geprägt. Auf diesem Weg begegnete ich einer Vielzahl von echten und überzeugten Menschen, die im Geistigen verwurzelt sind, im weitesten Sinne; so daß ich ständig die Erfahrung immer wieder gemacht habe, daß da etwas ist, das uns durchwebt, belebt, erhält, für das es viele Namen gibt und am besten vielleicht gar keinen Namen."

Wie lange möchten Sie leben?
„Bis ich reif bin."
Wie lange, glauben Sie, werden Sie leben?
„Bis ich reif bin."
Wenn Sie erführen, daß Sie nur noch kurze Zeit zu leben hätten, was würden Sie an Ihrem Leben ändern?
„Darüber habe ich schon oft nachgedacht. Ich würde mich vor-

bereiten darauf, daß ich gehen muß. Ich würde sehen, was ich den Menschen noch geben kann, und versuchen, alle geistigen Kräfte zu aktivieren und mich damit nicht einfach abfinden. Ich würde mich vorbereiten, aber andererseits alles mögliche aktivieren, um vielleicht mit geistigen Kräften eine Heilung herbeizuführen. Und ich würde noch viel bewußter und intensiver mit der Zeit umgehen. Alles, was ich mache, genau abwägen. Aber das Eigentliche kann ich jetzt nicht sagen, weil ich glaube, was dann entsteht, das ist eines der Geheimnisse. Ich kann die Verzweiflung nicht ermessen und habe die ungeheuren Kräfte nicht erfahren, die in einer solchen Situation entstehen. Und ich war noch nie in einer solchen Situation. Es wäre mein Wunsch, mich so zu verhalten, wie es mein Vater getan hat, der in völliger Gelassenheit und in Einverständnis bis zum letzten Moment damit gelebt hat. Er ging in Frieden. Ich war dabei, als er starb. Es war kein Todeskampf, es war ein Hinausgleiten aus dem Körper. Er war ein Mensch, der sagte, er hat keine Angst vor dem Tod, nur vor dem Sterben. Er lebte mit dem Tod in einem sehr vertrauten, fast freundschaftlichen Verhältnis, auch ehe er wußte, daß er krank war. Er war ein Mensch, der sein Leben abgeschlossen hatte. Ich habe nicht das Gefühl, daß ich jetzt gehen könnte. Aber da kann ich mich ja täuschen. Ich würde hoffen, daß, wenn das Ende kommt, es ohne Qual kommt. Davor habe ich Angst. Vor dem Tod selber habe ich keine Angst."

Wenn Sie erführen, daß ein Mensch, der Ihnen nahesteht, nur noch kurze Zeit zu leben hat, wie würden Sie Ihr Verhalten zu ihm ändern?

„Ich würde versuchen – ich denke an meine Mutter –, so viel Zeit mit ihr zu verbringen wie möglich. Im Rahmen dessen natürlich, was sie möchte. Und versuchen, ihr noch viel von dem, was sie sich wünscht, zu ermöglichen. Aber da wird der konkrete Fall sicher andere Entscheidungen wecken, die ich mir jetzt noch nicht ausmalen kann."

Welche Botschaft wollen Sie am Ende Ihres Lebens den Menschen hinterlassen?

„Alles Licht ist in euch verborgen, sucht es und gebt es weiter."

Wofür leben Sie?

„Dafür."

Im Zusammenhang dieser Fragen – welche Frage fehlt?

„Welcher Mensch, welches Buch oder auch welches Ereignis hat Ihnen am meisten auf dem Weg zu Ihren inneren Kraftquellen geholfen? Oder anders ausgedrückt, könnte die entscheidende Grundlage gelegt haben, um schwere Stunden zu überwinden.“

Was hat Ihnen am meisten auf dem Weg zu Ihren inneren Kraftquellen geholfen oder die Grundlage gelegt, um schwere Stunden zu überwinden?

„Ich glaube, zum einen ein Urvertrauen in eine innere Geborgenheit, das ich entweder von meinen Eltern mitbekommen habe oder immer schon hatte. Und dann die ständige Erfahrung dessen in Gebet, Meditation und Alleinsein.“

Marianne

Wäre jeder mit sich in Frieden, gäbe es keinen Krieg

„Marianne, 37, selbständig. Auf dem Lande lebend. Optimist.“

Wie lange möchten Sie leben?
„Das setzt Gesundheit voraus – solange ich gesund bin. Ach, ich glaub', ich würde ewig leben wollen.“
Wie lange, glauben Sie, werden Sie leben?
„Ich denke, solang die Lebensfreude da ist.“
Wenn Sie erführen, daß Sie nur noch kurze Zeit zu leben hätten, vielleicht noch ein Jahr, was würden Sie an Ihrem Leben ändern?
„Ich würde jeden Tag versuchen, bewußt zu erleben. Ich könnte mir auch vorstellen, mich in so eine Hilfsorganisation zu stürzen. Ich würde mir eine sinnvolle Arbeit suchen für die Zeit.“

Wenn Sie erführen, daß ein Mensch, der Ihnen nahesteht, nur noch kurze Zeit zu leben hat, wie würden Sie Ihr Verhalten zu ihm ändern?

„Ich würde an Sterbebegleitungsseminaren teilnehmen, mich mit der Thematik auseinandersetzen, um den anderen gut zu begleiten. Es wäre ein Wunsch, aber ich weiß nicht, ob ich die Stärke hätte. Aber ich glaube, daß ich in solchen Situationen Kraft kriege."

Welche Botschaft wollen Sie auf Ihrem Sterbebett Ihrem Kind oder den Menschen hinterlassen?

„Ich wünsche mir und allen Menschen inneren Frieden und innere Stärke. Dann gäbe es auch keine Kriege mehr. Wenn jeder mit sich in Frieden wäre, wären Kriege unmöglich. Frieden mit sich schließen – das ist das Wünschenswerte."

Wofür leben Sie?

„Ja – für mich selber!"

Im Zusammenhang dieser Fragen – welche Frage fehlt?

„Wie stehen Sie aufgrund Ihrer religiösen Erziehung zum Tod? Ich denke, es ist ganz wichtig, was da den Kindern vermittelt wird. Denn die Eltern leben das ja vor."

Wie stehen Sie aufgrund Ihrer religiösen Erziehung zum Tod – was wurde Ihnen da vermittelt?

„Der Tod war in meiner Erziehung immer tabu. Ich hab' eine Oma gehabt mit 98, die wollte nicht sterben. Und ich bin sicher, weil sie aufgrund ihrer katholischen Erziehung Angst gehabt hat vor dem, was danach kommt, also Hölle, Fegefeuer und der ganze Quatsch. Als sie dann starb, sprach keiner drüber und alle hatten Angst. Ich denke, die Religionen bestimmen die Angst vor dem Tod. Ich habe dann allen sechs Geschwistern meiner Mutter und ihr selbst das Buch der Kübler-Ross: ,Über den Tod und das Leben danach' geschickt und hab darauf ganz viele Rückmeldungen und auch Briefe bekommen. Das war für meine Familie ganz neu und hat denen die Hoffnung gegeben, daß es der Oma gut geht. Die hätte wirklich keine Angst vorm Sterben zu haben gebraucht – und hat so viel Angst gehabt!"

Gerhard

Tod ist ein nebensächliches Ereignis

Gerhard saß auf einer der Parkbänke neben der Einfahrt zu den Bayernwerken, trug eine goldene Pappkrone auf seinen dunklen Locken und schrieb. Als ich ihn um ein Gespräch bat, stellte er seinen mächtigen Rucksack auf den Rasen, um mir neben sich Platz zu machen. Wir hatten kaum zehn Minuten miteinander gesprochen, da bat ein Angestellter in Livrée uns, das Firmengelände zu verlassen. Wir gingen ins nächste Straßencafé, und Gerhard meinte, solange er dort allein gesessen sei, habe ihn keiner weggeschickt, es komme nur daher, daß ich keine Krone auf dem Kopf hätte.

„Gerhard Hermanutz. Ich bin 39 Jahre alt. Mein erster Beruf war Schriftsetzer in Ravensburg, dann habe ich studiert an der Fachhochschule für Druck in Stuttgart, hab' da ein Diplom als Werbewirtschaftsingenieur erworben, und in München beim Roten Kreuz habe ich das Staatsexamen als Altenpfleger gemacht. Ich war bei der Landeshauptstadt München als Saisonkraft, als Bademeister im Dantebad und drei Jahre lang als Kraftfahrer für das Labor der Trinkwasserversorgung tätig. Zuletzt war ich ein halbes Jahr in der Blindeninstitutsstiftung als Betreuer für behinderte Kinder im Nachtdienst. Geboren bin ich in Saulgau in Württemberg, dem ‚Hexenstädtchen.'

Ich habe mich jetzt daran gewöhnt, im Freien zu leben, Tag und Nacht. Ich finde, daß das auch gesund ist. Ich lebe mit Unterbrechungen seit einem Jahr im Freien, bin damals am 8. September von München aus zu einem Spaziergang an der Meeresküste von Italien entlang nach Rom aufgebrochen. Bis heute habe ich elf Länder zu Fuß besucht, zehn davon in diesem Sommer, Deutschland mitgerechnet. Meine Krone, das war eine Idee auf meiner Reise um Deutschland. Ich hatte mehrere Ideen, eine war auch, einen Kinderwagen zu schieben. Den habe ich in Karlsruhe gekauft, einen neuen Kinderwagen für das Gepäck, um das Gepäck zu schieben. Ich fand ihn dann bald für mein Unternehmen unpassend und hab überlegt, wo ich ihn abstellen könnte. Dann kam ich am Müttergenesungsheim in Ludwigswinkel vorbei, und da habe ich ihn mitten vor den Eingang gestellt in der Früh um sechs. In Stralsund kam mir die Idee, in Pantoffeln zu laufen, was ich bis Bad Freienwalde auch tat. Dort habe ich mir diese Schuhe gekauft, und die Löcher sind von mir." (Er trug feste Wanderschuhe, auf dem Oberleder waren je drei große Löcher sauber und symmetrisch herausgeschnitten.) „Die Krone fiel mir im Bayerischen Wald ein, Richtung Altreichenau, da hab' ich mir Goldfolie gekauft und Uhu und diese Krone gebastelt und aufgesetzt und aufgelassen. Das war am 9.9. 1992, das war mein Krönungstag. Der 8.9. war ja mein Jahrtag als Wandersmann. Ich trage sie von früh bis spät seit diesem Tag, sozusagen als Stimmungsaufheller, der auf die meisten wirkt, die mich sehen. Und ich bin auch dadurch verpflichtet, den ganzen Tag freundlich zu sein zu den Leuten.

Also jetzt kommt die Finanz. Ich lebe vom Ersparten, Selbstverdienten im Rahmen des Systems als Arbeitnehmer. Was brauche ich – so 500 Mark im Monat vielleicht. Essen – Brot, Käse, Schokolade, Obst, wenn's nicht grad am Weg liegt, Tabak. Beim Rauchen, denke ich, befriedige ich mein Bedürfnis, etwas Warmes zu mir zu nehmen. Ich nehme sonst keine warmen Mahlzeiten zu mir im allgemeinen, es sei denn, ich werde eingeladen. Ab und zu kommt das vor – jetzt gerade zum Kaffee, und im Osten auf meiner Grenzwanderung in Kleinpolzin, da bin ich zum Übernachten eingeladen worden. Da hat es auch was Warmes zum Essen gegeben, Spaghetti wahlweise mit Ketchup oder mit Zucker und Zimt. Und in Weener an der holländischen Grenze, da leitet ein Cousin von mir ein Pfarramt. Er hat eine Familie mit fünf Kindern, da war ich drei Tage.

Ich führe ein Nächtebuch, so wie andere ein Tagebuch haben. Im Maximilianeum habe ich heute geschlafen, davor im Hirschgarten, davor bei der Dom Pedro Kirche auf der Wiese. Auf Friedhöfen, auf Schulhöfen, öffentlichen Einrichtungen überhaupt. Bushaltestellen sind recht praktisch, weil sie überdacht sind. In Kleinblittersdorf habe ich in der Kirche hinter dem Altar geschlafen."

35

Ist das häufiger vorgekommen, daß jemand Sie, wie vorhin, gebeten hat weiterzugehen?

„Nein – ich sag' ja, das war, weil Sie keine Krone aufhaben. Außerdem geht es ja nicht, daß die Direktoren arbeiten und die anderen sich im Garten amüsieren. Wenn es kalt wird – jetzt warten wir mal, vielleicht wird es ja gar nicht kalt."

Wie lange möchten Sie leben?

„Eigentlich unbegrenzt. Ewig."

Wie lange, glauben Sie, werden Sie leben?

„Ich kann mir vorstellen, daß ich ewig lebe. Für mich ist der Tod ein nebensächliches Ereignis."

Wenn Sie erführen, daß Sie nur noch kurze Zeit zu leben hätten, was würden Sie an Ihrem Leben ändern?

„Eigentlich nichts, weil – ich lebe schon so gut wie möglich."

Wenn Sie erführen, daß ein Mensch, der Ihnen nahesteht, nur noch kurze Zeit zu leben hat, wie würden Sie Ihr Verhalten zu ihm ändern?

„Wer mir nahe steht, ist eigentlich nur meine Mutter, und da wird sich auch nicht viel ändern, weil der Kontakt sowieso schon recht gut ist. Wir treffen uns regelmäßig. Und bei anderen, da käme es darauf an, daß sie ein entsprechendes Bedürfnis anmelden, daß die mich um sich haben wollen. Da würde ich drauf eingehen."

Welche Botschaft wollen Sie am Ende Ihres Lebens den Menschen hinterlassen?

„Für mich haben alle Menschen zuviel mit Zeit und Geld zu tun und zu wenig mit Liebe. Es gibt zwar Friedensbewegungen, aber ich sage mir, Frieden ist auch ohne Leben möglich, das steckt in dem Wort ‚Friedhof'. Zum Leben ist die Liebe nötig, zu allem Lebendigen."

Wofür leben Sie?

„Eigentlich für diese Ansicht, die ich mit der Antwort auf die letzte Frage geäußert habe."

Im Zusammenhang dieser Fragen – welche Frage fehlt?

„Was machen Sie jetzt?"

Was machen Sie jetzt?

„Ich versuche einen Brief zu schreiben an einen, der mich auch interviewt hat. Es handelt sich um einen ehrenamtlichen Mitarbeiter der Lausitzer Rundschau, und das Interview war in Döbern an der polnischen Grenze. Ich ging nämlich zu Fuß rund um Deutschland an der Grenze entlang. Am 17. Mai 1992 bin ich, auch in München, gestartet, am 17. September wieder zurückgekehrt."

Josefine

Ich hätte Panik

„Josefine, 40 Jahre alt, Landwirtin, Hausfrau und Mutter von drei Kindern."

Wie lange möchten Sie leben?
„Ich möcht so lang leben, so lang ich gesund bin."
Wie lange, glauben Sie, werden Sie leben?
„Höchstens bis 70."
Wenn Sie erführen, daß Sie nur noch kurze Zeit zu leben hätten, was würden Sie an Ihrem Leben ändern?
„Ich hätte Panik. Ich würde vor allem meine Kinder – ich würd's ihnen nicht sagen, aber ich würde ihnen in der Zeit noch alles sagen, was wichtig ist, was ich ihnen später dann nicht mehr sagen kann. – Ich tät's niemandem sagen."
Wenn Sie erführen, daß ein Mensch, der Ihnen nahesteht, nur noch kurze Zeit zu leben hat, wie würden Sie Ihr Verhalten zu ihm ändern?
„Also zeigen würde ich es ihm bestimmt nicht. Vielleicht Freude bereiten, aber so, daß es nicht auffällt."
Welche Botschaft wollen Sie auf Ihrem Sterbebett Ihren Kindern hinterlassen?
„Sie sollen nur nach ihrem Gefühl handeln, und zufrieden sein."
Wofür leben Sie?
„Für meine Kinder."

Im Zusammenhang dieser Fragen – welche Frage fehlt?
„Was man vom Leben erwartet."
Was erwarten Sie vom Leben?
„Nur das Beste. Daß ich keinen Kummer hab'. Daß alle nett zu mir sind. Daß ich nicht falsch verstanden werde. Und vor allem, daß alle gerecht sind, nicht bloß zu mir, überhaupt Gerechtigkeit."

Karl

Wir sind die Ewigkeit

Karl d'Anguillier zu bitten, mir meine Fragen zu beantworten, könne für mein Buch interessant sein, meinte jemand aus meinem Freundeskreis. Karl sei ein ausgesprochen milder und sanfter Mensch und führe ein ungewöhnliches Leben. Bis vor etwa vier Jahren habe er als erfolgreicher Werbefilmproduzent mit seiner Frau und zwei Kindern in Wohlstand gelebt, und dann habe er auf einmal allem den Rücken gekehrt, nachdem er zunächst für seine Familie finanziell gut vorgesorgt hatte. Er verließ Kinder, Frau, Beruf, Haus und Vermögen, um unter freiem Himmel am Monopteros zu leben. Der Monopteros ist ein klassizistisches Rundtempelchen auf einem Hügel über der sogenannten Haschwiese im Englischen Garten, Münchens weitläufigem Park.

Als ich die hilfsbereiten Penner am Abhang des Monopteros nach ihm fragte, erfuhr ich, daß er als „der Jesus" bekannt war. Er selbst aber, nachdem ich ihn, ganz in helle Weißtöne gekleidet, auf den Stufen des Tempels gefunden hatte, sagte, ich möge ihn „Karl" nennen. Er ist groß und sehr schlank, hat ein schmales gutes Gesicht und lange braune Haare. Er sah mich ruhig, strahlend und offen mit dem freundlichsten Blick an, den man sich vorstellen kann. Er hatte mit einer Gruppe von Freunden gerade Musik machen wollen, war aber sofort bereit, statt dessen mit mir zu sprechen.

„Karl d'Anguillier, 41 Jahre alt. Ich bin ein Wanderer und bin ein Pilger, ein Paradiespilger. Und als Pilger darf ich die Sonne dauernd anschauen – die äußere Sonne und die innere Sonne."

Wie lange möchten Sie leben?
„Ewig. Wir leben ewig. Das ist ganz klar. Wir sind die Ewigkeit."
Wie lange, glauben Sie, werden Sie leben?
„Ewig."
Die Frage jetzt paßt nicht ganz, wenn Sie ewig leben – ich frage sie trotzdem mal: wenn Sie erführen, daß Sie nur noch kurze Zeit zu leben hätten, vielleicht noch ein Jahr, was würden Sie an Ihrem Leben ändern?
„Ich kann da nichts mehr ändern, denn du lebst die Bestimmung und das ist die Liebe. Das Wenn und Aber hört da auch auf. Wir werden jetzt völlig wenn- und aberlos, weil wir uns jetzt erkennen. Wir feiern die Hochzeit mit allen Wesen, die es gibt. Und dann geschieht die Offenbarung, die kommt noch vor Weihnachten."
Wenn Sie erführen, daß ein Mensch, der Ihnen nahesteht, nur noch kurze Zeit zu leben hat, wie würden Sie Ihr Verhalten zu ihm ändern?
„Ich feiere mit ihm bis in den Tod, so daß er merkt, daß er das neue Leben schon hat, daß es nur eine Transformation ist."
Welche Botschaft wollen Sie am Ende Ihres Lebens Ihren Kindern und den Menschen hinterlassen?
„Es ist die Paradiesesbotschaft: ‚Paradies jetzt!' Das Ende des Lebens ist ein Irrtum – wir transformieren nur. Und solange wir sehen, daß die Schlachthäuser noch voll sind, geben wir Bananen und die Früchte der Erde den Menschen."
Wofür leben Sie?
„Für die Liebe."
Im Zusammenhang dieser Fragen – welche Frage fehlt?
„Mir fehlt nie eine Frage. Nein, es gibt keine Frage, die mir fehlt."

Zum Abschied malte Karl mir ein dreifaches Herz, ein Herz mit drei Bögen aufs Papier, jede Herzkammer hat ein lächelndes Gesicht und einen rauchenden Joint auf dem Bogen – oder ist es ein Krönchen?

Elisabeth

Ich sehe deine Trauer

„Elisabeth, ich bin 42 Jahre alt und lebe derzeit allein in einer Großstadt. Ich arbeite als Sozialpädagogin in einer psychiatrischen Klinik. Sterben und Tod ist ein Thema, das sich durch mein Leben zieht. In der Familie sind zum Beispiel viele Kinder gestorben, das wurde aber nie thematisiert. Später wurde das so übermächtig, daß ich merkte, wie mich das Unausgesprochene bedrückte.

Ich würde auch gern in der Sterbebegleitung arbeiten. Es ist ein wichtiges Thema, denn wir werden alle sterben. Für mich ist das Leben ein ständiges Sterben, nicht nur das Leben der Menschen. In den letzten Jahren habe ich immer mehr den Wunsch, bewußt zu sterben. Nicht durch einen Verkehrsunfall ums Leben zu kommen, sondern bewußt – daß man mir vielleicht die Schmerzen nimmt, aber daß ich mein Sterben erleben kann, loslassen, Abschied nehmen kann."

Wie lange möchten Sie leben?
„Wenn ich unabhängig bleibe und gesund, dann könnte ich mir vorstellen, auch achtzig zu werden, aber ganz bestimmt nicht um jeden Preis."
Wie lange, glauben Sie, werden Sie leben?
„Ich lebe eigentlich in dem Bewußtsein, daß mein Leben morgen zu Ende sein kann. Ich kann das nicht sagen."

Wenn Sie erführen, daß Sie nur noch kurze Zeit zu leben hätten, viel-
leicht noch ein Jahr, was würden Sie an Ihrem Leben ändern?
„Ich würde kündigen, würde versuchen, die Menschen, die mir
wichtig sind, zu treffen und mich von denen verabschieden. Es
gibt zwei Menschen, zu denen ich keinen Kontakt mehr habe,
die würde ich wieder treffen. Das ist mir ganz wichtig. Ich
würde keine Rücksicht mehr nehmen. Ich würde das Geld ausgeben, das ich habe, auch über meine Verhältnisse leben. Ich
würde auch viel allein sein und mich von den 42 Jahren verabschieden. Ich würde reisen – es käme natürlich darauf an, in welchem Zustand ich wäre. Wichtig wäre mir der bewußte
Abschied. Viel Platz haben und viel Weite erleben. Dazu würde
auch eine Wohnung gehören, wo ich mich gut fühlen kann, mit
Blick ins Grüne. Es wäre schön, in dem Jahr noch mal eine inten-
sive Partnerschaft zu erleben, in der ich mich darauf vorbereiten
kann. Sterben selber kann ich dann auch allein, das würde mir
nichts ausmachen."

Wenn Sie erführen, daß ein Mensch, der Ihnen nahesteht, nur noch
kurze Zeit zu leben hat, wie würden Sie Ihr Verhalten zu ihm ändern?
„Ich würde, wenn er oder sie dazu bereit ist, das thematisieren.
Wenn er Lust hat, darüber zu sprechen, da sein. Ich würde
schauen, was in der Beziehung für mich noch offen ist, was noch
zu klären ist.

Ich würde versuchen, über die schönen Seiten in der Beziehung
und auch über das, was weniger angenehm ist, zu sprechen. Ich
würde nach Wünschen fragen und versuchen, die zu erfüllen.
Und ich würde diesem Menschen – vorausgesetzt, er will's – anbieten, da zu sein, auch dann, wenn er stirbt."

Welche Botschaft wollen Sie auf Ihrem Sterbebett den Menschen hin-
terlassen?
„Sei du selbst."

Wofür leben Sie?
„Das ist wirklich eine Frage. Das ist nicht immer leicht zu beantworten. Das wechselt. Ich setze mir kleine Ziele und lebe nach
dem Satz ‚der Weg ist das Ziel'. Es war mal ein Ziel, mein Buch
über Neurodermitis zu schreiben, um zu erkennen, wer ich bin
und was für mich bestimmt ist. Auch mit dieser Krankheit fertig

geworden zu sein, war ein wichtiges Ziel. Als ich sie akzeptiert hatte und sagte, ich werde mich jetzt nicht umbringen deswegen. Durch die Akzeptanz konnte ich sie überwinden. Ich will nicht sagen, ich sei geheilt, aber ich bin gesundet. Denn latent bleibe ich eine Neurodermitikerin, das merke ich, aber es ist ganz anders als früher.

Ich lebe auch, um die Aufgaben zu akzeptieren, die das Leben mir bietet. Und, um an die verschütteten Sachen wieder ranzukommen. Nimm Abschied und gesunde – um mit Hesse zu sprechen –, das ist der Lebensprozeß für mich."

Im Zusammenhang dieser Fragen – welche Frage fehlt?

„Wie es einem mit dem Tod, dem Verlust eines Menschen gegangen ist. Dies war ja alles nur die Vorbereitung. Und wie ich einen Menschen begleite, der einen nahestehenden Menschen verloren hat."

Wie ist es Ihnen mit dem Verlust eines Menschen gegangen und wie begleiten Sie einen Menschen, der jemanden verloren hat?

„Es ist sehr wichtig, sich den Tod, die Trauer und die damit verbundenen Gefühle bewußt zu machen und auch andere Menschen darin zu unterstützen. Daß das sein darf. Daß das Thema Trauer und Sterben in unserer Gesellschaft nicht länger ein so großes Tabu bleibt. Wie ein Kind mal gesagt hat: ‚Wenn jemand stirbt, dann ist man drei Tage traurig, und dann ist alles vorbei.' Trauer nicht nur zulassen, sondern sogar unterstützen, dem anderen sagen: ‚ich sehe deine Trauer und du darfst das.' Mehr Gefühle zulassen statt zu rationalisieren."

Elfriede

Sein Sterben war wie eine Geburt

„Elfriede, 43 Jahre alt, Mutter von drei Söhnen im Alter von 15, 19, 20 Jahren. Ich hatte einen Freund, der mitten aus seinem Leben und unserer erst ein halbes Jahr alten Liebesbeziehung gerissen wurde. Das war auch für mich sehr schmerzlich nach der Hoffnung auf endlich eine neue Partnerschaft. Auch, weil er meine drei Kinder akzeptiert hatte."

Wie lange möchten Sie leben?
„Solange ich mich selbständig versorgen kann. Ich möchte nicht neunzig und tatterig werden und anderen Leuten zur Last fallen. Da möchte ich lieber sterben."
Wie lange, glauben Sie, werden Sie leben?
„Ich hoffe, daß ich noch mindestens zweieinhalb Jahre lebe, bis mein Jüngster 18 ist. Das ist das mindeste, was ich erreichen möchte. Ich hatte geglaubt, ich werde bis siebzig leben, aber durch das Erlebnis mit meinem Freund habe ich gemerkt, wie schnell es gehen kann, wie schnell man krank werden und sterben kann. Ich habe mir auch von dem Bestattungsinstitut Unterlagen geholt, damit alles in Ordnung ist, wenn es mal ganz schnell gehen sollte."
Wenn Sie erführen, daß Sie nur noch kurze Zeit zu leben hätten, was würden Sie an Ihrem Leben ändern?
„Nichts. Vielleicht würde ich die Arbeit aufgeben und das lesen, was ich gern noch lesen möchte. Ich habe eine ganze Liste von Büchern.
Ich würde viel Zeit mit meinen Kindern verbringen und ihnen meine Erfahrungen übermitteln. Obwohl das nichts nützt, sie müssen alles selbst durchleben. Ich würde keine Zeit vergeuden mit Menschen oder Tätigkeiten, die mir nicht wichtig sind. Ich würde mich zurückziehen und konzentrieren auf einen ganz kleinen Kreis. Und in die Berge fahren, so oft ich fähig dazu

wäre, aber sonst keine Reisen unternehmen. Und die Bibel richtig von vorn bis hinten durchlesen."

Sie haben Ihren Freund bis zu seinem Tod begleitet. Mögen Sie davon erzählen?

„Wir wußten, er würde kein halbes Jahr überleben. Unsere Beziehung wurde sehr intensiv, fast ausschließlich. Wir waren nur zu zweit, haben alle Zeit miteinander verbracht. Meine Kinder, die sonst immer Priorität hatten, habe ich vernachlässigt. Sie haben das auch akzeptiert. Ich habe ausschließlich für ihn gelebt, alles andere vernachlässigt, Konzertkarten hab' ich verfallen lassen. Dreimal habe ich eine Woche in der Schweiz mit ihm Urlaub gemacht, hab' ihn unterstützt, zu erledigen, was er noch schaffen wollte, geholfen, daß er möglichst wenig Zeit im Krankenhaus verbringen mußte.

Ich habe auch, was mir viel schwerer fiel als ihm, über seinen bevorstehenden Tod mit ihm gesprochen, bis wir seinen Tod akzeptieren konnten. Dazu habe ich länger gebraucht als er, er hat mir dabei geholfen.

Es war ihm wichtig, daß ich die letzten Tage ihn begleiten, mit ihm gehen konnte. Er kam die letzten fünf Tage in die Klinik. Er wollte in der Klinik sterben. Ich war rund um die Uhr bei ihm. Er hatte sich selbst angemeldet und ein Sterbezimmer bestellt mit Blick auf den Garten. Ohne die Krankheit hätte er nicht zugelassen, daß ich meine Kinder vernachlässigte. In dem Stadium aber hat er es annehmen können. Er hat auch zugelassen, daß ich bis zum Schluß bei ihm sein durfte – erst wollte er allein sterben.

Es war ein ganz bewußtes Vorbereiten auf den Tod. Er hat sich vier Wochen vorher noch einen neuen Anzug gekauft. Hat alles durchgesprochen, wie es geregelt werden sollte. Dann hat er gedacht, es sei in drei Tagen zuende und ist dann doch wieder aufgewacht und hat sich geärgert. Am letzten Tag hat er mich geschickt, Sekt zu kaufen. Dann hat er geschimpft: was ich mit einer Flasche Sekt will! Ich hab' dann fünf gebracht und er hat ein richtiges Sektgelage veranstaltet. Dann hat er eine ruhige Nacht verbracht. Seine Atemzüge sind ruhiger geworden und er ist nicht wieder aufgewacht.

Sein Sterben war wie eine Geburt. Es ist dann geschafft und dann ist etwas Neues. Er war auch überzeugt, daß es in irgendeiner Weise weitergeht, daß kein absolutes Nichts ihn erwartet. Das war alles so positiv, daß ich eigentlich auch keine Angst habe vor dem Tod. Denn ich habe ihn als etwas kennengelernt, wovor man keine Angst haben muß. Er hat auch keine Angst gehabt, eher war er neugierig, was ihn drüben erwarte.

Ich erlebte die letzten Wochen ein ganz intensives Zusammengehörigkeitsgefühl. Ihm war fast alles, wofür er gelebt hatte, unwichtig geworden. Das einzige, was ihm noch wichtig war, war, daß ich bei ihm war. Das war ein großes Geschenk, das er mir damit gemacht hat. Es geht noch nicht ohne Tränen – aber ich kann schon darüber reden."

Welche Botschaft wollen Sie auf Ihrem Sterbebett Ihren Söhnen hinterlassen?

„Ich würde gern weitergeben, was ich erfahren durfte: daß sie keine Angst vor dem Tod haben sollen. Daß es weitergeht. Daß mit dem Tod nicht alles vorbei ist. Und daß sie ihr Leben leben sollen und sich nicht zu sehr danach richten, was andere von ihnen erwarten. Das Gedicht ‚Stufen‘ von Hermann Hesse würde ich ihnen hinterlassen (S. 133). Wir haben so viel Angst vor Veränderungen, und ich glaube, der Tod ist auch nur eine andere Stufe, eine andere Ebene."

Wofür leben Sie?

„Meine Lebensaufgabe ist, meine Kinder großzuziehen. Als mein Mann mich vor elf Jahren verlassen hatte, stand ich mit drei kleinen Kindern da und war nahe daran, mich umzubringen. Damals war Tod als Ende des Leidens ein Trost. Nicht in suizidaler Hinsicht, sondern der Gedanke, das mußt du jetzt durchstehen, aber irgendwann in zwanzig, dreißig Jahren hat es ein Ende. Darum warte ich auch so darauf, daß der Jüngste 18 wird – dann habe ich meine Aufgabe erfüllt. Ich habe es bis jetzt auch ganz gut hingekriegt. Dann bin ich von der Last der Verantwortung befreit und habe das Gefühl, ich habe meine Lebensaufgabe erfüllt. Vielleicht kann ich dann das Leben einfach genießen. Darauf freue ich mich und brauche dann kein großes Ziel mehr."

Im Zusammenhang dieser Fragen – welche Frage fehlt?

„Haben Sie Angst vor dem Sterben?"

Haben Sie Angst vor dem Sterben?

„Ich habe Angst davor, daß das Sterben von Schmerzen und monatelangem Siechtum begleitet wäre. Dann würde ich versuchen, das Sterben zu erleichtern. Ich finde, das fehlt bei uns. Es gibt Geburtserleichterung, aber keine Sterbeerleichterung. Das wünsche ich mir: ein würdiges Sterben.

Wenn man ein Tier so leiden ließe, würde man sofort vor Gericht kommen. Die Tierschützer kriegen Gehör. Einem Tier gibt man den Gnadenschuß. Wenn Menschen so was fordern, regt man sich auf."

Waldemar

Es hat sich so ergeben, daß ich lebe

„Waldemar Schultz, 44 Jahre alt, wissenschaftlicher Angestellter als Diplom-Ingenieur. Ich lebe in München, bin verheiratet, habe drei Kinder. Wichtig ist mir bloß meine Arbeit und mein Vergnügen – und zwar in dieser Reihenfolge. Was ich nicht an mir mag, ist, daß ich so gern rauche. Daß es mir nicht gelungen ist, mit meiner Frau so zu leben, wie sie es verdient hätte. Ich fahr sehr gern Fahrrad. Daß ich gern Wein trinke, das sehen S'. Ich leb' sehr gern mit Menschen, die mich mögen – die Menschen, die mich mögen, die mag ich automatisch auch. Das ist nichts Narzißtisches."

Wie lange möchten Sie leben?

„Keine Vorstellung. Ich warte ab, was auf mich zukommt."

Wie lange, glauben Sie, werden Sie leben?

„Da hab' ich mir nie Gedanken drüber gemacht. Bis ans Ende – mein Gott!"

Wenn Sie erführen, daß Sie nur noch kurze Zeit zu leben hätten, vielleicht ein Jahr, was würden Sie an Ihrem Leben ändern?

„Nichts. Eher noch meine gesellschaftlich gegebenen Einschränkungen aufgeben."

Wenn Sie erführen, daß ein Mensch, der Ihnen nahesteht, nur noch kurze Zeit zu leben hat, wie würden Sie Ihr Verhalten zu ihm ändern?

„Wahrscheinlich auch gar nicht. Ich gehe davon aus, daß ich mich zu jedem Menschen ohnehin optimal verhalte, so weit es in meiner Macht steht. Vielleicht würde sich etwas ändern, aber aktiv würde ich nichts ändern. Ich bin ein sehr pragmatischer Mensch."

Welche Botschaft wollen Sie auf Ihrem Sterbebett Ihren Kindern hinterlassen?

„Ich hab' gelernt, daß es mir nie geholfen hat, wenn mir jemand einen Rat gab. Deswegen halte ich es für problematisch, meine sehr subjektiven Erkenntnisse als globalen Ratschlag zu stilisieren und als allgemeingültige Überlegungen für nötig zu halten."

Wofür leben Sie?

„Weiß ich nicht – einfach so, es hat sich so ergeben, daß ich lebe."

Im Zusammenhang dieser Fragen, welche Frage fehlt?

„?"

Wenn Sie der Interviewer wären, welche Frage würden Sie noch fragen?

„Keine – ich würde niemals so ein Interview führen, niemals!"

Sibylle

Das strahlende Licht werden

„Sibylle, 44jährige Frau, Weib, Malerin, Mutter, Lehrerin. Geschieden. Als schwarzes Schaf der Familie lange auf der Suche nach der eigenen Identität gewesen, um dann festzustellen, daß nichts festgelegt ist und alles fließt und alles machbar ist – wenn man es tut."

Wie lange möchten Sie leben?
„Solange bis ich das Gefühl habe, ich akzeptiere alles was kommt, ohne zu werten es sei gut oder böse."
Wie lange, glauben Sie, werden Sie leben?
„Bis ich das geschafft habe."
Wenn Sie erführen, daß Sie nur noch kurze Zeit zu leben hätten, was würden Sie an Ihrem Leben ändern?
„Ich würde ohne Rücksicht auf die Finanzen die Schule aufgeben, intensiv malen und mich des Lebens freuen."
Wenn Sie erführen, daß ein Mensch, der Ihnen nahesteht, nur noch kurze Zeit zu leben hat, wie würden Sie Ihr Verhalten zu ihm ändern?
„Ich würde von mir aus nichts ändern, sondern ihn fragen, ob er etwas von mir haben möchte, was ich ihm geben kann, oder ob er etwas mit mir machen möchte oder ob er das Verhältnis zu mir verändert haben will."
Welche Botschaft wollen Sie auf Ihrem Sterbebett Ihren Kindern hinterlassen?
„Werdet Menschen. Und ich würde hoffen, daß man von mir sagen wird, sie ist wirklich der Mensch geworden, der sie sein konnte."
Wofür leben Sie?
„Ich lebe dafür, so viel Bewußtsein wie möglich zu erreichen und lebendig zu werden."
Im Zusammenhang dieser Fragen – welche Frage fehlt?

„Leben – Tod – was ist danach? Woher beziehen Sie den Sinn Ihres Lebens?"

Leben, Tod, was ist danach? Woher beziehen Sie den Sinn Ihres Lebens?

„Ich kann das am besten mit einem jüdischen Mythos sagen: als das Licht auf die Welt kam, zersprang es in Milliarden Funken. Unsere Aufgabe ist es, Gott zu erlösen, indem wir diesen Funken in uns zum Glühen bringen. Ich glaube, daß die Seele, oder die Qualität unseres Wesens, daß die immer wieder die Möglichkeit hat zu lernen, indem sie sich immer wieder inkarniert. Ich glaube daran, daß ich immer wiederkommen kann, bis ich wirklich das strahlende Licht geworden bin und zurückkehren kann."

Daniela

Nicht: wie lange, sondern: wie lebe ich?

„Daniela. Ich werde 45 und lebe in Stuttgart. Ich bin Malerin und Physiotherapeutin und habe zwei Kinder. Ich liebe meinen Geliebten, die Musik und das Leben."

Wie lange möchten Sie leben?
„Ich möcht schon lang."
Wie lange, glauben Sie, werden Sie leben?
„Das ist eine schwierige Frage, mit der hab' ich mich schon so oft beschäftigt. Das kann ich gar nicht so schnell beantworten. Das ist ein ziemliches Thema bei mir. Mehr mag ich nicht sagen dazu."
Wenn Sie erführen, daß Sie nur noch kurze Zeit zu leben hätten, vielleicht noch ein Jahr, was würden Sie an Ihrem Leben ändern?
„Ich hätte weniger Schuldgefühle, wenn ich male. Ich würde mir noch schnell eine Sekretärin suchen, die meine Papiere und Ver-

mögen und so weiter ordnet, und selbst mehr malen. Ich saß einmal vor der Tür eines Arztes, der drin meine Bilder der Mammographie anschaute. Ich hatte Knoten. Und die Tür ging und ging nicht auf, es hat ewig gedauert, ich hörte ihn telefonieren und ich dachte, er hat sicher was Schlimmes gefunden. Und plötzlich wurde mir bewußt, selbst, wenn er etwas Böses finden würde, dauert es noch ein halbes Jahr oder zwei oder fünf oder sechs Jahre. Und im Grunde ist es nicht wichtig wie lange, sondern die entscheidende Frage ist, *wie* lebe ich dieses Jahr, oder diese zwei oder sechs Jahre."

Wenn Sie erfahren, daß ein Mensch, der Ihnen nahesteht, nur noch kurze Zeit zu leben hat, wie würden Sie Ihr Verhalten zu ihm ändern?

„Vielleicht würde ich meine Gekränktheiten noch ein bißchen bei mir behalten. Tolle Frage. Ich würde noch ein bißchen besser zuhören."

Welche Botschaft wollen Sie am Ende Ihres Lebens Ihren Kindern hinterlassen?

„Ach – lebt einfach!"

Wofür leben Sie?

„Ich leb' für mich, für meine Bilder, für meinen Liebespartner. Wobei ich nicht weiß, was zuerst kommt. Für meine Kinder, für das Leben, für meine Eltern, für die Geschwister, und irgendwie auch für meinen ehemaligen Mann, für meine Arbeit, das heißt, meine Patienten. Irgendwie für das Leben auch. Das ist nicht leicht auszudrücken, was das Leben ist, wenn man für sein Leben lebt. Ich hab' den Eindruck, ich leb' schon für's Leben."

Im Zusammenhang dieser Fragen, welche Frage fehlt?

„Was ist Sterben für Sie?"

Was ist Sterben für Sie?

„Schon erstmal was mit Ausruhen, Ruhe finden. Nachgeben, aufgeben, möglicherweise ein Übergang."

Ernst

Viel intensiver leben

„Ernst, 45 Jahre, getrennt lebend, ein Kind, Jurist."

Wie lange möchten Sie leben?
„Ich gehe davon aus, daß ich nicht sehr alt werde – etwas zwischen siebzig und achtzig. Wichtiger als viele Jahre ist ein erfülltes Leben. Das heißt, nicht mit siebzig feststellen müssen, du hast was versäumt, was dir wichtig war. Am Ende des Films über Tom Jones heißt es: ‚Glücklich der Mann, der am Ende seiner Tage feststellen kann, daß er alles, was ihm wichtig war, gelebt hat.‘"

Wie lange, glauben Sie, werden Sie leben?
„Wenn ich meine Familie so betrachte, könnte ich krebsgefährdet sein. Die Frage, ‚sich etwas verkneifen oder nicht verkneifen?‘ könnte in diesem Zusammenhang wichtiger sein als die, zu rauchen oder nicht zu rauchen."

Wenn Sie erführen, daß Sie nur noch kurze Zeit zu leben hätten, vielleicht noch ein Jahr, was würden Sie an Ihrem Leben ändern?
„Ich glaube, ich würde nichts ändern. Viel intensiver leben, alles, was ich mache, intensiver machen. Manche Rücksicht fallen lassen. Ich würde zum Beispiel meinen beiden Chefs, die ich für unfähig halte, das deutlich zu verstehen geben. Das betrifft auch die Rücksicht auf mich. Indem ich den Prozeß beschleunige, wird es heiß und es stellt sich die Frage, wieviel ich aushalten kann. Indem ich es dosiere, bedeutet das einen Schutz für beide Parteien. Für mich auch: ich muß nicht an meine Grenzen gehen."

Wenn Sie erführen, daß ein Mensch, der Ihnen nahesteht, nur noch kurze Zeit zu leben hat, wie würden Sie Ihr Verhalten zu ihm ändern?
„Das ist eine gute Frage. Ich würde ihn so akzeptieren, wie er ist. Ihn nicht mehr zu ändern versuchen. Den Kampf aufgeben – aber nicht um den Preis der Selbstaufgabe. Es geht konkret um

die Eifersucht des Partners, wobei sich für mich die Frage stellt, inwieweit der Partner meine eigene Eifersucht mit ausagiert."

Welche Botschaft wollen Sie auf Ihrem Sterbebett Ihrem Kind hinterlassen?

„Lebe intensiv! Mich stört aber die Befehlsform. Ohne den Aufforderungscharakter finde ich keine angemessene Formel mehr. ‚Laß leben‘ ist zu substanzlos. Die Befehlsform besagt doch: ‚Du Kind, erfüll’ das, was ich nicht geschafft habe!‘ Vielleicht gibt es gar nichts zu sagen.

Dazu möchte ich zwei Bemerkungen machen: Erstens, was ich nicht geschafft habe, kann ich erst am Ende meiner Tage feststellen, nicht jetzt. Zweitens, ich frage mich, ob es fair ist, den Kindern oder sonstigen Angehörigen das als Auftrag zu hinterlassen, was ich für mich nicht erfüllt habe. Und noch eine dritte Bemerkung: Wenn’s mich aber wirklich drückt, wieso soll ich dann eigentlich fair sein?"

Wofür leben Sie?

„Für mich."

Im Zusammenhang dieser Fragen – welche Frage fehlt?

„Wie willst du sterben?"

Wie wollen Sie sterben?

„Ruhig."

Ruthe

Ich habe noch nie wirklich gelebt

„Ruthe, ich bin 45 Jahre alt, ledig, Diplom-Bibliothekarin. Ich glaube, daß ich noch nie wirklich gelebt habe."

Wie lange möchten Sie leben?

„Nicht allzu lange. Bis maximal 65. Ich habe Angst vor dem Altwerden, vor dem Hilfloswerden und den Schmerzen, davor, auf die Hilfe anderer angewiesen zu sein. Ich seh das alles ziemlich schwarz."

Wie lange, glauben Sie, werden Sie leben?

„Ich weiß jetzt noch nicht, wann ich plötzlich spüre, daß ich nicht mehr mag. Ich habe für mich die Vorstellung, mich durch Freitod zu erlösen, darum ist für mich diese Frage nicht beantwortbar."

Wenn Sie erführen, daß Sie nur noch kurze Zeit zu leben hätten, vielleicht noch ein Jahr, was würden Sie an Ihrem Leben ändern?

„Ich würde gar nichts ändern. Ich würde schauen, daß ich das täte, was ich mag, dabei aber nicht in hektische Aktivität ausbrechen. Ich würde sofort aufhören zu arbeiten. Ich würde nur noch das machen, was mir wirklich Spaß macht."

Wenn Sie erführen, daß ein Mensch, der Ihnen nahesteht, nur noch kurze Zeit zu leben hat, wie würden Sie Ihr Verhalten zu ihm ändern?

„Ich würde versuchen, sehr viel Zeit mit ihm zu verbringen und die Beziehung zu ihm zu intensivieren. Obwohl mir der Abschied dann schwerer fallen würde."

Welche Botschaft wollen Sie am Ende Ihres Lebens den Menschen hinterlassen?

„Versucht, ihr selbst zu sein. Laßt euch nicht von anderen bestimmen. Kämpft für euch."

Wofür leben Sie?

„Im Augenblick leider, um die Wünsche anderer zu erfüllen. Ich versuche aber mir selber näher zu kommen und mir treuer zu bleiben."

Im Zusammenhang dieser Fragen – welche Frage fehlt?

„Was macht das Leben für Sie aus?"

Was macht das Leben für Sie aus?

„Die Freude am Leben."

Georg

Die Leiden mit Würde tragen

„Georg. Ich bin 46 Jahre alt, verheiratet, ich habe zwei Kinder, Jungen. Ein Blindenhund gehört auch zur Familie. Ich bin Jurist. Ich bin zwischen dem 25. und 30. Lebensjahr langsam erblindet. Zuvor war ich von Kindheit an sehbehindert."

Wie lange möchten Sie leben?
„So lange es mir noch Freude macht, so lang das Leben nicht zur Qual wird. Unter dieser Voraussetzung möchte ich schon länger leben. Das ist so eine unsichere Komponente, diese Bedingung. Bevor die erste Mondlandung war, war ich sehr depressiv und hatte Selbstmordgedanken und bin, ohne zu schauen ob es rot oder grün ist, über die Straße gerannt. Damals hab' ich gedacht, die erste Mondlandung möchte ich noch erleben."
Wie lange, glauben Sie, werden Sie leben?
„Da hab' ich mir noch nie so Gedanken gemacht. In meiner Verwandtschaft väterlicherseits sind sie alle siebzig und älter geworden, und wenn es normal läuft, wird es wohl auch bei mir so sein. Aber ich hatte auch schon Situationen erlebt, wo ich wegen meiner Blindheit fast unter die Räder gekommen wäre. Das weiß man nicht, ob man normal alt wird, es könnte einem ja auch ein Unfall passieren. Ich habe heute im Radio gehört, daß das Ozonloch schon zweimal so groß wie die USA sein soll – das weiß man auch nicht, wie es mit der Welt weitergeht."
Wenn Sie erführen, daß Sie nur noch kurze Zeit zu leben hätten, vielleicht noch ein Jahr, was würden Sie an Ihrem Leben ändern?
„Ich habe da bei der Voraussetzung Schwierigkeiten, weil ich das so sicher nicht glauben würde. Mir ist zum Beispiel auch mit 14 vom Augenarzt gesagt worden, ich würde binnen kurzer Zeit blind werden, und dann hat es doch bis 25, 30 gedauert.
Die Frage berührt mich besonders. Mir fällt der Satz von Luther ein, der sagte, wenn er morgen sterben würde, würde er heute

noch ein Apfelbäumchen pflanzen. Vor einem viertel Jahr ist in Amerika ein zum Tode Verurteilter hingerichtet worden. Ich stelle mir vor, wie sich so ein Mensch fühlt, eigentlich sind wir ja alle zum Tode verurteilt, nur daß wir es nicht wissen – oder zumindest nicht wissen, wann das Urteil vollstreckt werden wird."

Wenn Sie erführen, daß ein Mensch, der Ihnen nahesteht, nur noch kurze Zeit zu leben hat, wie würden Sie Ihr Verhalten zu ihm ändern?

„Sie wissen ja, daß meine Frau Krebs hatte. Da muß man immer damit rechnen. Man sagt ja, daß es vier bis fünf Jahre nach der Operation dauert, bis die Gefahr vorbei ist. Wenn sie furchtbar Angst hat, daß die Angst ihr zu den Ohren rauskommt, sage ich ihr, ‚niemand von uns weiß ja, wann er sterben wird.‘ Aber die Wahrscheinlichkeit ist bei uns doch geringer. Ich denke, ich müßte mein Verhalten zu meiner Frau geändert haben, aber ich habe nichts grundlegend geändert im konkreten Verhalten im Alltag. Der Alltag holt einen dann doch wieder ein, und ich verdräng das auch. Das Bemühen ist schon da, gelassener, humorvoller zu werden, aber daß so ein Ereignis die Beziehung grundlegend ändert, daß sich bestehende Schwierigkeiten in der Beziehung schlagartig auflösen würden, ist bei mir nicht der Fall. Das Todesbewußtsein kann man nicht so lange durchhalten. Ich bin kein ganz anderer Partner geworden. Ich versuche schon, meine Frau zu unterstützen, daß sie viele positive Erfahrungen macht und sich glücklich fühlt, weil ich denke, das könnte die Heilungschancen unterstützen. Ganz ohne Auswirkungen ist es nicht geblieben. Aber grundsätzlich anders ist es nicht geworden – dazu ist wohl das Beharrungsvermögen zu groß oder die Trägheit.

Ich glaube schon, daß ich im Verhalten zu meiner Frau bewußter geworden bin. Mich ärgert nur, wenn meine Frau davon spricht, daß sie morgen schon tot sein könnte wegen Krebs. Dann fühle ich mich unter Druck gesetzt und sage, ‚ja, jeder von uns kann morgen schon tot sein, man weiß nicht den Tag noch die Stunde‘."

Welche Botschaft wollen Sie auf Ihrem Sterbebett Ihren Kindern hinterlassen?

„Sie haben schwierige Fragen! Ein erster wesentlicher Punkt wäre mal: Lebe dich selbst. Sei zufrieden. Das hört sich banal an, aber von meiner Lebenserfahrung, mit meiner Behinderung, bin ich überzeugt, daß Zufriedenheit für mich lebensnotwendig ist. Sei zufrieden mit dem, was du hast. Ich will zufrieden sein mit meiner Behinderung, auch wenn mir das Leben manchmal nur als Kampf gegen Schwierigkeiten und behinderungsbedingte technische Probleme erscheint.

Ich wünsche mir auch, daß meine Kinder nicht so hohe Erwartungen haben und dann unglücklich sind, wenn die hohen Ansprüche sich nicht erfüllen. Die Ambivalenz ist stark da – ‚zufrieden' soll nicht heißen, ‚hoffentlich passiert nichts', sondern daß man das akzeptiert, was jetzt gerade ist. Von meiner Situation her: wenn ich nicht zufrieden wäre, müßte ich Sie ja beneiden, daß Sie mit einem Bleistift einfach alles aufschreiben. Ich müßte eine Mordsmaschine da stehen haben zum Schreiben. Für einen Behinderten mit einer wesentlichen Behinderung ist es einfach eine Frage der Überlebensstrategie, mit der Situation zufrieden zu sein, wie man sie eben hat. So nach dem Motto, ‚der Herr hat es gegeben, der Herr hat es genommen'. So kann man in bezug auf den Verlust eines Partners ja auch sagen."

Wofür leben Sie?

„Die Frage kommt mir knallhart vor."

Wieso?

„Weil Sie so direkt sind. So direkt hab' ich mich das noch nicht gefragt. Manchmal hab' ich schon gedacht: jeden Tag in die Arbeit gehen und Paragraphen drehen und sich streiten mit der Frau und sich freuen mit der Frau… Ich lebe primär, weil ich zu feige wäre, Selbstmord zu begehen. Ich lebe aus Routine irgendwie. Ich lebe weil ich leben möchte, weil ich Angst hab mich umzubringen, und Hoffnung, daß das Leben auch schön sein kann, auch wenn es oft eine Plackerei ist. Und in den letzten zwei Jahren extrem schwer war, erst die Krebserkrankung meiner Frau und dann der Wechsel des Arbeitsplatzes. Aber das Gefühl, ich möcht' mich umbringen, das hatte ich trotzdem nie. Im Augenblick würde ich schon wegen der Kinder und wegen meiner Frau nicht sterben wollen – und auch nicht wegen mir, weil ich das Leben sehr interessant finde zur Zeit. Ich finde, daß das Leben gleichzeitig furchtbar anstrengend und furchtbar interessant ist.

Wenn noch eine Behinderung, zum Beispiel Taubheit, dazukäme, könnte ich mich guten Gewissens dazu entschließen, das Leben freiwillig zu beenden."

Im Zusammenhang dieser Fragen – welche Frage fehlt?

„Was hat Sterben – ich meine nicht normales Sterben, sondern Sterben aufgrund einer Krankheit in jungen Jahren zum Beispiel – für einen Sinn? Oder wenn man mit vierzig durch einen Tumor oder Autounfall ums Leben kommt. Was hat so ein Sterben durch ein Verbrechen oder durch eine furchtbar schmerzhafte Krankheit für einen Sinn? Die Frage nach dem Sinn ist vielleicht nach Auschwitz ohnehin problematisch."

Was hat Sterben in jungen Jahren aufgrund einer furchtbar schmerzhaften Krankheit für einen Sinn?

„Es hat keinen Sinn, es sei denn, die Betroffenen vermögen ihm einen Sinn zu geben. Und sei es nur der, daß man die Leiden, die dadurch entstehen, mit Würde trägt."

Erwin

Jeden Menschen gibt es nur einmal

„Erwin, 46 Jahre alt, Landwirt, Familienvater, drei Kinder. Naturverbunden mit dem Bayerischen Wald. Ich war jetzt im Norden – meine Frau wär' oben geblieben, ich nicht. Aufgeschlossen für alles Neue, was es gibt. Alles was erfunden wird und alles, was neu ist. Ich beobachte gern Leute, und jeder ist einmalig. Keinen Menschen gibt es zweimal, das ist ein Wunder der Natur, der Schöpfung. Sachen aus der Fabrik gibt es hundertfach, aber jeden Menschen gibt es nur einmal."

Wie lange möchten Sie leben?

„Achtzig Jahre."

Wie lange, glauben Sie, werden Sie leben?

„Ich hoffe, ich werde achtzig. Man kann es nie wissen, aber ich hoffe, ich werde achtzig Jahre alt."

Wenn Sie erführen, daß Sie nur noch kurze Zeit zu leben hätten, was würden Sie an Ihrem Leben ändern?

„Ich würde reisen, Sachen ansehen, die man bisher nicht gesehen hat. Sonst eigentlich nichts. Auf alle Fälle keine Panik bekommen."

Wenn Sie erführen, daß ein Mensch, der Ihnen nahesteht, nur noch kurze Zeit zu leben hat, wie würden Sie Ihr Verhalten zu ihm ändern?

„Ich würde es ihm sagen, was auf ihn zukommt, und würde das Los, das ihn erwartet, gemeinsam mit ihm tragen, weil ich glaube, daß geteiltes Leid halbes Leid ist. Und vielleicht noch Sachen unternehmen, die man früher nicht gemacht hat, verschoben hat auf später."

Welche Botschaft wollen Sie auf Ihrem Sterbebett Ihren Kindern hinterlassen?

„Die sollen ihr Leben leben, so wie es kommt, und sich nicht beeinflussen lassen von irgendwelchen Leuten. Und sie sollen arbeiten, denn wer arbeitet, der hat was zum Leben. Mehr kann man nicht sagen – das andere sind alles Gefühlsanwallungen, die bringen doch nichts."

Wofür leben Sie?

„Für meine Familie und für mich selber. Weil der eigene Mensch auch wichtig ist."

Im Zusammenhang dieser Fragen – welche Frage fehlt?

„Die Frage, warum man lebt."

Warum leben Sie?

„Ich glaube, daß der Schöpfungskreislauf durch den Menschen den Höhepunkt erreicht hat, und daß der Mensch auch an seinem Niedergang schuld ist."

Ute

Lieben und heilen

„Ute, 47 Jahre alt, Bibliotheksangestellte. Nachdem meine Tochter
bei der Entbindung starb und ich selbst ein Nahtoderlebnis hatte,
begann ich über den Sinn meines Lebens nachzudenken. Besonders darüber, warum ich zum zweitenmal in meinem Leben beinahe gestorben wäre. Im Alter von sechs Wochen hatte ich Typhus
und war auf vier Pfund herunter fast verhungert. Im Mai 1945 gab
es kaum Rettung. Durch glückliche Fügung wurde ich von einem
16jährigen Bauernmädchen gerettet. Sie hatte ein Kind und so viel
Milch, daß sie mich nährte. Ich beschloß, weiterzuleben, ihr eigenes Kind starb. Sie hatte nie wieder Kinder. Ich besuchte sie im Alter von dreißig. Ich wurde an einem Sonntag, dem 13. geboren,
ahne einen Sinn darin und hoffe, die Kraft und Reife zu finden,
um den zu verwirklichen. Leid prädestiniert dazu, anderen zu helfen. Als mein Sohn sieben Jahre alt war, fragte er mich, warum er
keine Geschwister habe. Da sagte ich ihm die volle Wahrheit über
seine Schwester. Er sagte, und das ist mein Vermächtnis, ‚Mama,
ich glaube, du mußtest zurückkommen, um anderen Menschen die
Angst vor dem Tod zu nehmen'."

Wie lange möchten Sie leben?
„Bis ich meine Aufgabe erfüllt habe."
Wie lange, glauben Sie, werden Sie leben?
„Lange, meine Vorfahren wurden auch alle sehr alt. Und weil
ich zweimal dem Totengräber von der Schippe gesprungen bin,
habe ich die Erwartung, ich werde auch sehr alt. Es ist für mich
ein Zeichen, daß mein Leben einen besonderen Sinn hat, den ich
noch erfüllen muß."
*Wenn Sie erführen, daß Sie nur noch kurze Zeit zu leben hätten, viel-
leicht noch ein Jahr, was würden Sie an Ihrem Leben ändern?*
„Sofort das tun, was mir meine innere Stimme sagt, daß ich tun
soll: lieben und heilen."

Wenn Sie erführen, daß ein Mensch, der Ihnen nahe steht, nur noch kurze Zeit zu leben hat, wie würden Sie Ihr Verhalten zu ihm ändern?

„Ihm besonders liebevoll begegnen, mit ihm über diese Zeitspanne, die er noch hat, reden und ihm helfen, sie bewußt zu erleben."

Welche Botschaft wollen Sie auf Ihrem Sterbebett Ihrem Sohn hinterlassen?

„Das Leben ist etwas Wundervolles, wenn man erkannt hat, daß man in der Lage ist, den Sinn zu erfüllen."

Wofür leben Sie?

„Für das Leben."

Im Zusammenhang dieser Fragen – welche Frage fehlt?

„Ob ich glaube, daß ich nur einmal lebe, oder ob ich mehr Chancen habe, etwas zu verwirklichen, das ich tun soll."

Glauben Sie, daß Sie nur einmal leben?

„Ich werde mehrmals leben, weil es mehr Stufen gibt, wobei ich jetzt an Hermann Hesses ‚Stufen' (S. 136) denke. Ich habe das Gedicht neben meiner Eingangstür hängen, denn die Eingangstür ist auch die Ausgangstür, und wir treten durch die eine Tür ins Leben hinein, um durch die andere hinauszugehen, und dazwischen liegen viele Stufen. Für mich gehen diese Stufen hoch, nicht abwärts."

Rudi

Ohne Vorurteile mit anderen umgehen

„Rudi, 47 Jahre. Ich lebe am schönen Starnberger See, in noch einigermaßen heiler Natur, ohne die Belastungen des hektischen Großstadttrummels, den ich jahrzehntelang mitgemacht habe. Es war aus meiner Sicht nicht mehr menschlich, wenn ich für die Fabrik aus Untergebenen das Letzte herausholen mußte. Das konnte ich mit mir nicht mehr vereinbaren, darum hab' ich den Aussteiger gemacht. Und ich hoffe und glaube, daß ich auf dem richtigen Weg bin jetzt."

Wie lange möchten Sie leben?
"Ich will das nicht entscheiden. Ich glaube, daß das jemand anders macht für mich."
Wie lange, glauben Sie, werden Sie leben?
"Ich überlaß' das wirklich, wie man so schön sagt, dem Herrgott."
Wenn Sie erführen, daß Sie nur noch kurze Zeit zu leben hätten, was würden Sie an Ihrem Leben ändern?
"Am jetzigen Leben würde ich gar nichts mehr ändern, weil ich mein Leben jetzt richtig lebe und erlebe."
Wenn Sie erführen, daß ein Mensch, der Ihnen nahesteht, nur noch kurze Zeit zu leben hat, wie würden Sie Ihr Verhalten zu ihm ändern?
"Ich würde versuchen, seine Wünsche noch, so weit es mir möglich ist, zu erfüllen, und ihn auf diesem Weg noch, so gut es geht, begleiten."
Welche Botschaft wollen Sie auf Ihrem Sterbebett Ihren Kindern oder den Menschen hinterlassen?
"Ihr sollt den richtigen Weg finden, um euer Leben glücklich zu leben, und mit anderen Menschen so umgehen, wie ihr wünscht, daß man mit euch umgehe – ohne Vorurteile."
Wofür leben Sie?
"In erster Linie für mich. Ich lebe für mein Leben, das ich erleben möchte, in Frieden und natürlich auch in Gesundheit."
Im Zusammenhang dieser Fragen – welche Frage fehlt?
"Hat es überhaupt einen Sinn zu leben?"
Hat es überhaupt einen Sinn zu leben?
"Für mich hat es Sinn, wenn ich mein Leben so leben darf, wie ich es mir persönlich vorstelle. Sicher mit Gesetzen, aber ohne an Karriere oder Ruhm orientiert zu sein, ohne Beeinflussung durch die Mitwelt."

Ottilie

Ewig leben
auf einer paradiesischen Erde

„Ottilie, ich bin 47 Jahre alt, Büroangestellte. Ich bin Zeugin Jehovas und Mutter von zwei 17 und 23 Jahre alten Söhnen. Ich freue mich am Leben und fühle mich in der Natur sehr wohl, ich empfinde sie als Beruhigungsmittel, das uns von unserem Schöpfer gegeben ist. In der Natur ist man ja immer auch mit dem verbunden, der sie geschaffen hat.

Wenn ich als Zeugin Jehovas zu den Menschen gehe und ihnen die Botschaft bringe, dann erfülle ich seinen Auftrag. Das ist der Sinn des Lebens, und das erfüllt mich mit Freude, und Freude gibt Kraft – das ist ein positiver Zirkel, eine dynamische Kraft entsteht da. Und das finde ich auch sehr schön, wenn man weiß, unser Schöpfer will uns glücklich haben, er bezeichnet sich ja auch als glücklichen Gott.“

Wie lange möchten Sie leben?

„Eigentlich immer. Weil das für mich eine gesicherte Erwartung ist – ich möchte nicht sterben, ich möchte immer leben. Ich bin auf dem Land groß geworden und hab als Kind schon gedacht, daß der Tod etwas Unnatürliches ist. Ich konnte nicht begreifen, wieso ein Mensch plötzlich nicht mehr existiert. Wie ich dann die Bibel kennengelernt hab’, da hab’ ich gesehen, daß mein geheimer Wunsch nach ewigem Leben Realität ist. Ich kannte ja die Bibel nicht, und da war dann der Wunsch da, mehr darüber zu lernen. Man muß ja eine Grundlage haben, das nicht nur so glauben. Der Glaube basiert ja auf Erkenntnis, sonst wäre es ein toter Glaube – wenn ich etwas nachplappere, nur weil ein anderer es sagt.“

Wie lange, glauben Sie, werden Sie leben?

„Das hängt ja von mir ab, denn ich kann mir mein ewiges Leben auch selbst abschneiden. Das ewige Leben ist gemäß der Bibel ja auf der Erde, nicht, wie die Religionen sonst sagen, im Himmel – das hätte mich gar nicht so fasziniert. Ich glaube, daß ich ein ewiges Leben auf einer paradiesischen Erde haben werde."

Die nächste Frage trifft auf Sie nicht recht zu, nach dem, was Sie gerade sagen – ich stelle sie Ihnen trotzdem: Wenn Sie erführen, daß Sie nur noch kurze Zeit zu leben hätten, vielleicht noch ein Jahr, was würden Sie an Ihrem Leben ändern?

„Doch, es trifft schon zu. Das ist doch klar, ich kann heute sterben oder morgen sterben. Sterben müssen wir heute noch alle, aber die, welche die Hoffnung haben, wieder auferweckt zu werden, die haben nicht so Angst vor dem Tod, und man kann dann das Leben viel sinnvoller nutzen.

Was würde ich ändern – so viel Zeit wie möglich damit verbringen, anderen von dieser Hoffnung zu erzählen. Ich würde die Arbeit, so gut es geht, verkürzen und so viel wie möglich Zeit im Dienst Jehovas verbringen."

Wenn Sie erführen, daß ein Mensch, der Ihnen nahesteht, nur noch kurze Zeit zu leben hat, wie würden Sie Ihr Verhalten zu ihm ändern?

„Die allernächsten sind die Kinder – jeder ist ja mein Nächster, aber... Was würde ich da tun? Man versucht ja auch heute schon, dem Nächsten mit seinen Problemen zu helfen und da positiv einzuwirken. Vielleicht würde man das dann intensiver machen, sich noch mehr Zeit für ihn nehmen. Weil er ja sicher auch selber sehr mit sich zu kämpfen hat."

Welche Botschaft wollen Sie auf Ihrem Sterbebett Ihren Söhnen hinterlassen?

„Ich würde ihnen sehr ans Herz legen, daß sie den Weg, den sie jetzt beschritten haben, den Weg des Glaubens, weitergehen und daran festhalten."

Wofür leben Sie?

„Ich lebe, daß ich meinem Schöpfer Freude bereite, indem ich seinen Willen tue und seine Gebote halte."

Im Zusammenhang dieser Fragen – welche Frage fehlt?

„Wieso können eigentlich so viele Menschen das, was uns unser Schöpfer sagt, nicht glauben und können das nicht als realistisch ansehen?"

Wieso können eigentlich so viele Menschen das, was uns unser Schöpfer sagt, nicht glauben und können das nicht als realistisch ansehen?
„Weil sie sich wahrscheinlich zu wenig damit befassen, denn das ist ja die Voraussetzung: ich muß mich ja erst einmal informieren, was teilt uns unser Schöpfer mit. Das kann ja heute jeder, die Bibel ist ja allen Menschen zugänglich."

Ralf

Nicht mein Werk, sondern von Gott geschenkt

„Ralf, 48 Jahre, ledig, Theologe."

Wie lange möchten Sie leben?
„Hier habe ich keine Wunsch- oder Zeitvorstellung, weil das Leben nicht in meiner Hand ist. Wenn sich andere Vorkommnisse ereignen, wenn Krankheit und Leiden dazukommt, dann müßte man diese Frage neu bedenken. Wenn Leiden dazukommt, ist auch der Wunsch nach Verkürzung des Leidens vorstellbar, nicht aber die Planung. Die Verkürzung des Lebens wäre nicht in die eigene Hand zu nehmen."
Wie lange, glauben Sie, werden Sie leben?
„Darüber habe ich mir noch keine Vorstellungen gemacht, da meine Krankheitsgeschichte recht normal – also, die Frage hat sich bei mir nicht gestellt."
Wenn Sie erführen, daß Sie nur noch kurze Zeit zu leben hätten, vielleicht noch ein Jahr, was würden Sie an Ihrem Leben ändern?
„Fast nichts. Die einzige Änderung, die ich mir vorstellen könnte, ist, unter dem Aspekt des verkürzten Zeitmaßes bewußter zu erleben. Zum Beispiel im Alltäglichen, den Sonnenauf-

gang, den Sonnenuntergang, den Regen – diese scheinbaren Selbstverständlichkeiten bewußter zu erleben.

Das zweite: ich würde in den Verhältnissen von mir zu meinen Mitmenschen und zu Gott mehr Sorgfalt walten lassen – als Versuch, nicht als feste Vornahme."

Wenn Sie erführen, daß ein Mensch, der Ihnen nahesteht, nur noch kurze Zeit zu leben hat, wie würden Sie Ihr Verhalten zu ihm ändern?

„Ich würde ganz sicher den Fehler machen, Mitleid ihm gegenüber zu zeigen und vielleicht die eigene Betroffenheit falsch ausdrücken."

Welche Botschaft wollen Sie am Ende Ihres Lebens den Menschen hinterlassen?

„Da ich nicht meine, daß ich die größten Geheimnisse dieser Erde ergründet habe und auch nicht die größten Fehler dieser Erde gemacht habe, wäre hier der Versuch einer Antwort eine Selbstüberschätzung."

Wofür leben Sie?

„Ich wünschte, ich könnte sagen, für meine Familie. Aber da ich keine habe, kann ich das nicht. Für seine Kinder zu leben, wäre das Schönste, was ich mir vorstellen kann. Aber die Gründe, die die Verwirklichung dieses Zieles unmöglich machen, tun hier nichts zur Sache.

Falls aber diese Frage bedeutet, für was ich mich einsetzen würde: das wäre, ein Stück von der Botschaft des Neuen Testamentes rüberzubringen zu den Menschen, die mir anvertraut sind in der Gemeinde oder in der Schule. Wobei ich mir im klaren bin, daß hier eine Kluft zwischen Leben und Lehre herrscht, wenn man ehrlich ist. Unter ‚Botschaft des Neuen Testamentes‘ verstehe ich nichts anderes als die menschlichste Art des Umgangs, den Menschen in meinem Lebenskreis miteinander haben können. Dieser Umgang ist charakterisiert durch die Vokabeln: Bereitschaft zur Vergebung, Versöhnung und Liebe. Und dies allerdings in dem Bewußtsein, daß es nicht mein eigenes Werk ist, sondern die Qualität des Geschenkcharakters von Gott hat. Also ich bin fest überzeugt, ich kann nicht aus eigener Kraft lieben."

Im Zusammenhang dieser Fragen – welche Frage fehlt?

„Was tue ich in unmittelbarer Nähe des Todes? Fasziniert hat mich schon immer das Verhalten der Menschen auf der Titanic, die wissen, sie haben noch zwei Stunden zu leben. Also wie das Verhalten in Panik abweicht von dem, was man sich vornimmt."

Was tun Sie in unmittelbarer Nähe des Todes?

„Was ich wünschte – Martin Luther hat gesagt, wenn er wüßte, daß morgen der Jüngste Tag anbrechen würde, würde er heute noch sein Apfelbäumchen pflanzen –, ich wünschte, daß ich dazu die Stärke hätte, ich fürchte, daß diese Antwort, jetzt im Sessel sitzend, dann wanken würde."

Carola

Nütze den Tag!

„Carola, 48 Jahre alt, Mutter einer 20jährigen Tochter, Redakteurin. Ich wohne in München und bin seit drei Jahren verheiratet."

Wie lange möchten Sie leben?

„So lang wie möglich."

Wie lange, glauben Sie, werden Sie leben?

„Ich war mal vor vielen Jahren bei einer Wahrsagerin, und die hat mir gesagt, wann ich sterben werde. Und da es ein so wunderbar hohes Alter war, hab ich gedacht, das glaub' ich jetzt, das gefällt mir gut. Wenn die mir gesagt hätte, daß ich mit 40 sterben werde, hätte ich gesagt, so ein Quatsch – das ist alles Humbug, was die Wahrsager erzählen."

Wenn Sie erführen, daß Sie nur noch kurze Zeit zu leben hätten, was würden Sie an Ihrem Leben ändern?

„Als das Kostbarste empfinde ich freie Zeit – ich würde auf der Stelle kündigen. Das würde ich auch ohne Todesdrohung gern.

Dann würde ich mich hinsetzen und das Buch zu Ende schreiben, das ich jetzt aus Zeitmangel immer nicht schreiben konnte. Ich hoffe – es ist mir ein tiefes Bedürfnis – es zu schaffen, daß ich mehr freie Zeit bekomme, ohne den Tod vor Augen zu haben. Es ist mir schon klar, daß man Dinge nicht mehr so weit aufschieben kann. Ganz wichtige Entscheidungen müssen jetzt getroffen werden, egal, ob ich nächstes Jahr sterben werde oder noch 30, 40 Jahre zu leben habe. Ich bereue nicht, daß ich bisher so gelebt habe wie ich gelebt habe. Ich habe nicht das Gefühl, ich habe etwas versäumt oder neben meinem eigentlichen Leben gelebt."

Wenn Sie erführen, daß ein Mensch, der Ihnen nahesteht, nur noch kurze Zeit zu leben hat, wie würden Sie Ihr Verhalten zu ihm ändern?

„Es gibt nur drei Menschen, die mir wirklich ganz nahestehen: meine Mutter, mein Mann und mein Kind. Die Tochter ist mir am nächsten. Bei der Mutter richte ich mich, da sie 78 ist, ohnehin darauf ein, daß die Zeit, die verbleibt, stärker begrenzt ist. Ich bemühe mich, Dinge in Ordnung zu bringen, die bisher zwischen uns noch nicht in Ordnung waren. Mit der Tochter – ich würde sie fragen, was möchtest du, wie sollen wir die Zeit verbringen, und würde mich total drauf einstellen. Und das würde ich auch mit meinem Mann machen. Ich würde es bewußt ansprechen, denn ich hatte eine Tante, die an Krebs gestorben ist, und als ihr Ende vollkommen abzusehen war und sie selbst vom Tod gesprochen hat, hab' ich das völlig abgeblockt, so nach dem Motto ‚du stirbst doch nicht', und das war völliger Unsinn.

Ich hab' auch meiner Tochter gesagt, wenn ich mal sterbe, möchte ich darüber reden. Ich möchte nicht, daß die anderen abriegeln und sagen, ‚nein, du stirbst doch nicht!' Falls ich doch früher sterbe, als die Wahrsagerin gesagt hat. Komischerweise hab' ich doch keine Angst davor. Ich fänd's zwar schade, weil ich noch so viel vorhabe, aber ich hab' doch schon versucht, bisher sehr bewußt zu leben und mir den Tod vor Augen zu halten. Mich hat als Kind schon das Wort ‚zu spät' sehr beschäftigt. Ich hab' mich bemüht – ich weiß gar nicht wieso so früh –, darauf zu achten, daß ich mir, zumindest im Hinblick auf meinen Tod, nie sagen muß, es ist zu spät für liebevollen Umgang miteinander. Über Banales oder nur um Recht zu behalten oder die Erziehungsgewalt auszuüben zu schimpfen oder uns den Tag zu verderben, lehne ich ab. Eine entscheidende Endlichkeit ist mir bewußt geworden bei Tschernobyl. Bisher hatte ich immer gedacht, München liegt gut, München ist kein Erdbebengebiet, in München sind keine Überschwemmungen möglich, da kann nichts passieren. Dann kamen diese dunklen Regenwolken am 27. 4., und ein paar Tage später haben wir alle erfahren, daß das radioaktiver Regen war, der über München herunter ging. Da wurde mir klar, daß es überall möglich ist, daß eine große Katastrophe kommt, und daß ich selber bestimmte Dinge nicht weiter aufschieben sollte. Dazu hat in diesem Fall konkret gehört: ich hatte keine anständige Stereoanlage und somit keine Möglichkeit, Musik gut zu hören, und da hab' ich sie auf der Stelle gekauft und genossen und CDs überspielt und im Auto klassische Musik gehört. Wenn das mit Tschernobyl nicht passiert wäre, hätte ich das noch vor mir hergeschoben, und so war's mit anderen Dingen auch. In meinem Fall waren es mehr materielle Dinge, weil mir Materielles nicht so wichtig war und ich dachte immer, dazu ist später noch Zeit. Aber mit solchen materiellen Dingen sind innere Erlebnisse verbunden, wie mit der Stereoanlage ein Musikerlebnis.

Wir sollten offen über das Sterben sprechen und so ehrlich wie möglich sein. Sie sollte sagen was ihr wichtig ist, und ich sollte auch den Mut haben zu sagen, was mir noch wichtig ist. Ich habe gelesen über krebskranke Kinder, ich hab' das immer mit Aufmerksamkeit gelesen im Stern und so weiter, was krebskranke Kinder zu sagen hatten oder was Eltern zu sagen hatten. Mir fiel auf, daß die Eltern und alle die mit den Kindern zu tun hatten, so verwundert waren, daß die Kinder viel offener und unsentimentaler und ehrlicher über Tod und Sterben sprechen konnten und das auch von den Eltern gewünscht haben, und die Eltern haben gesagt, daß es für sie eine viel größere Überwindung bedeutet hat. Wenn die Kinder das so sagen, dachte ich, wird das richtig sein, und dann kann ich von den Kindern lernen und es mir merken. Aber ich war vielleicht durch den Tod meiner Tante sensibilisiert, hatte damals wohl was falsch gemacht. Es tut mir leid. Sie lag im Bett, schwach, im Krankenhaus, hat immer wieder Anlauf genommen, über ihren Tod zu sprechen, und ich hab' so getan als wär der noch weit weg. Diesen Fehler will ich nie mehr mit anderen begehen, und ich will auch nicht, daß er mit mir begangen wird. Sie wollte über ihr Testament sprechen, das sie natürlich schon lange gemacht hatte, und ich hab' immer gesagt, ‚nein‘, aber es war eine verlogene Abwehr. Sie hat mir die materielle Grundlage für mein Haus vererbt. Sie ist jetzt 16 Jahre tot und ich denke immer wieder dankbar daran, daß sie mich bedacht hat. Sie hat sich was dabei gedacht, daß sie ausgerechnet mir einen großen Teil zukommen ließ. Die anderen waren eh betucht. Und sie wollte mir das immer erklären, und ich hab' sie daran gehindert, über Erbschaft zu sprechen, weil ich dachte, das macht man nicht, das schickt sich nicht. Ich sehe sie gerade vor mir, wie sie da lag.

Aber *eine* Sache habe ich damals richtig gemacht: ich habe meine damals vierjährige Tochter ins Sterbezimmer mitgenommen. Sie saß so lange drin wie sie wollte und ist dann wieder rausgegangen mit mir oder mit meiner Mutter. Als die Tante dann gestorben war, bestand ich gegen die Ärzte darauf, daß meine Tochter von ihrer toten Großtante Abschied nehmen kann. Daß der Arzt zuvor, als die Möglichkeit eines Blutsturzes bestand, abriet, die Kleine dabei sein zu lassen, hatte ich akzeptiert. Aber ich hätte es brutal gefunden, wenn ich aus dem Zimmer ihrer geliebten Tante gekommen wäre und gesagt hätte, Tante ist tot, und sie hätte sie nicht mehr sehen können. Da sie ja miterlebt hatte, wie lange sie krank war, war es ja auch kein Schock. Sie hat sie dann auch noch mal kurz im geöffneten Sarg gesehen, am Tag vor der Beerdigung. Bei der Beerdigung selbst war sie dann nur ganz kurz und ist dann von einer Nachbarin, die selber kleine Kinder hatte, mitgenommen worden nach Hause."

Welche Botschaft wollen Sie auf Ihrem Sterbebett Ihrem Kind und den anderen Menschen hinterlassen?

„Nütze den Tag! Nimm alles als Geschenk, was dir begegnet und zustößt, und lebe bewußt. Aber ich habe das Gefühl, daß ich das nur auf dieser Hälfte der Erdkugel so sagen kann. Ich weiß nicht, wie das für einen Lahmen in Kalkutta klänge: ‚nütze den Tag und lebe bewußt' – für die, die in einer ganz anderen Situation leben. Es hat hier für mich Gültigkeit, aber es ist nicht allgemeingültig. Der Blinde mit Fliegen im Auge, da ist doch eigentlich jeder Tag ein Schrecken. Oder die Menschen, die auf der Müllhalde nach Lebensmitteln, nach was Eßbarem suchen. Freilich, auch dort hat man die Wahl zwischen Brutalität und Anstand. Aber es ist doch härter dort, den Tag zu nützen, sich an diese Maximen zu halten.

Für hier fände ich es erstrebenswert und beglückend, wenn wirklich jeder erkennen könnte, wie viele Fähigkeiten er hat – und wenn er die voll einsetzen und ausleben könnte. Das würde ich jedem Menschen wünschen – mir auch.“

Wofür leben Sie?

„Ich lebe, weil ich lebe, und ich bin glücklich, daß ich lebe.“

Im Zusammenhang dieser Fragen, welche Frage fehlt?

„Bist du zur Zeit glücklich oder unglücklich, zufrieden oder unzufrieden? Wie geht es dir heute? Und wenn er oder sie sagen würde, ich bin unglücklich, oder, mir geht es schlecht, dann würde ich sagen: hast du dir schon mal überlegt, wie du das ändern könntest? Wenn er dann sagen würde, ja, aber ich kann es nicht ändern, dann würde ich sagen, erzähl' mir das doch mal genauer, weil ich das nicht glaube, und dann überlegen wir halt gemeinsam. Wenn ich jemandem behilflich sein kann, dann bin ich es – nicht jedem, aber jemandem, dem es schlecht geht. Aber nicht ungefragt.“

Wie geht es Ihnen zur Zeit?

„Mir geht es sehr gut. Im Augenblick ist mir, als stünde ich vor einem Haus voller Möglichkeiten, und es liegt nur an mir, die Türen zu öffnen und einzutreten. Wenn ich bestimmte Dinge früher gewußt hätte oder auch nur früher den Mut gehabt hätte, hätte ich auch schon früher eintreten können. So aber bin ich lange drum herum geschlichen und habe gefragt, wo kann ich hier rein? und hab' mich viel zu sehr abschrecken lassen von Türen, die scheinbar geschlossen wirkten. Aber das gehört vielleicht auch zum Leben, daß man erst nach und nach seine eigenen Möglichkeiten erkennt, jeder zu seiner Zeit.

Ich hoffe, ich war eine Mutter, die ihrer Tochter bestimmte Dinge früher ermöglichte. Früher hab' ich meiner eigenen Mutter Vorwürfe gemacht, weil ich dachte, sie hat mir bestimmte Dinge erschwert oder verunmöglicht. Aber heute weiß ich, daß sie mir genau die Dinge beigebracht hat, die für meine Entwicklung nötig waren. Und weil ich das heute weiß, kann ich versöhnlicher auf sie zugehen. Schade – jetzt ist es spät, aber es ist nicht zu spät. Ich bin 48, sie ist 78, aber sie ist Gott sei Dank noch fit. Ich stelle es mir schrecklich vor, wenn Menschen aus engen Beziehungen heraus sterben, ohne daß diese Schwierigkeiten, die sie miteinander hatten, aufgelöst werden konnten."

Valerio

Daß ich lebe ist wichtiger als das Wofür

„Valerio, ich bin 49 Jahre alt und bin in verschiedenen Gegenden Deutschlands aufgewachsen: im Harz, im Ruhrgebiet, im Rheinland. Ich habe relativ lange in Frankfurt am Main gelebt und dort alles Wesentliche gelernt. Studiert habe ich Geschichte, Philosophie und Soziologie, gearbeitet habe ich unter anderem im Bereich der politischen Bildung, als wissenschaftlicher Mitarbeiter einer Universität Frankfurt am Main, als Lehrer für Deutsch als Fremdsprache, als Verlagslektor. Gegenwärtig bin ich in der Jugendbildung, Jugendhilfe und internationalen Jugendbegegnung tätig. Sollte die Bezeichnung meiner jetzigen Tätigkeit aufregend und lebensvoll klingen, sollte ehrlicherweise hinzugefügt werden, daß sie unglaublich nervtötend und langweilig sein kann. Ich bin verheiratet und habe zwei Kinder."

Wie lange möchten Sie leben?
„Oh – sagen wir mal, neunzig Jahre."
Wie lange, glauben Sie, werden Sie leben?
„92."
Wenn Sie erführen, daß Sie nur noch kurze Zeit zu leben hätten, was würden Sie an Ihrem Leben ändern?
„Ich würde versuchen, wenn es finanziell möglich wäre, meine jetzige Berufstätigkeit aufzugeben und mich meinen Kindern zu widmen."
Wenn Sie erführen, daß ein Mensch, der Ihnen nahe steht, nur noch kurze Zeit zu leben hat, wie würden Sie Ihr Verhalten zu ihm ändern?
„In meinem Verhalten würde ich wahrscheinlich nichts ändern. Aber ich würde ihn fragen, ob ich etwas Besonderes für ihn tun könnte."
Welche Botschaft wollen Sie auf Ihrem Sterbebett Ihren Kindern hinterlassen?
„Eine Botschaft – uijui. Es gibt zwei Dinge, die ganz wichtig sind. Das eine ist die körperliche Gesundheit, und das andere ist das, was man mit einem altmodischen Wort Anstand nennt. Und dazu zählen unter anderem Eigenschaften wie Rücksicht, Mitmenschlichkeit, Ehrlichkeit, Sensibilität für die anderen."
Wofür leben Sie?
„Zum Beispiel um bei Petra Knapp guten Käse zu essen. Wofür ich lebe – mein Gott! Ich habe mir über das Wofür bislang noch keine Gedanken gemacht, deshalb kann ich keine Antwort darauf geben. Aber ich weiß, *daß* ich lebe, und ich bejahe, *daß* ich lebe, und das scheint mir wichtiger zu sein als eine Antwort zu wissen auf die Frage, wofür ich lebe."
Im Zusammenhang dieser Fragen – welche Frage fehlt?
„Was macht Ihnen am meisten Spaß im Leben?"
Was macht Ihnen am meisten Spaß im Leben?
„Der Umgang mit Menschen, die Liebe zu einer Frau, das Spielen mit Kindern."

Reinhard

Das Universum in meinem Bewußtsein

„Ich bin jetzt genau 50. Lehrer, Studium der Theologie und Psychologie. Ich kann mir ohne Musik das Leben nicht vorstellen. Ich wohne ganz am Wald, und es ist ein unbeschreibliches Gefühl, beim Einschlafen Laute aus der Natur zu hören, sei es das Rauschen des Bächleins oder das Grunzen des Igels. Wir haben jetzt gerade sechs Stück unter der Terrasse."

Wie lange möchten Sie leben?
„Bei der Frage denke ich zuerst an meine Frau. Ich möcht' so lange leben wie meine Frau. Das macht mir Probleme, weil sie sechs Jahre jünger ist. Ich möcht' nicht gern vor ihr gehen, denn da würde ich ihr ja Schmerz bereiten."
Wie lange, glauben Sie, werden Sie leben?
„Da mache ich immer so eine Winkelhalbierende zwischen meinen Eltern. Mein Vater ist mit 64 gestorben, meine Mutter ist jetzt 80 – also schätze ich, daß ich irgendwo in der Mitte dazwischen liege. Wenn die Welt noch steht."
Wenn Sie erführen, daß Sie nur noch kurze Zeit zu leben hätten, vielleicht noch ein Jahr, was würden Sie an Ihrem Leben ändern?
„Ich zögere… Ich würde versuchen, Hektik wegzunehmen, von der ich glaube, daß sie einem Zeit und Lebensenergie raubt. Ich denke allerdings, daß das zum Leben gehört, zumindest in unserem Kulturkreis, daß ich da nicht unbedingt aussteigen und ganz anders leben kann.
Ich würde im Beruf bleiben, ich würde das Leben so normal weiterführen. Vielleicht eine nullte Stunde, die würde ich weglassen – ich hab' heute schon um viertel nach sieben angefangen, da würd' ich lieber ausschlafen. Interessant – in der Früh, wenn man noch liegenbleiben will, daß man da gar nicht am Leben hängt, an dem konkreten. Da möcht' man oft am liebsten ganz woanders sein."

Wenn Sie erführen, daß ein Mensch, der Ihnen nahe steht, nur noch kurze Zeit zu leben hat, wie würden Sie Ihr Verhalten zu ihm ändern?

„Das hab' ich schon erlebt, und ich hab' da erlebt, daß ich mich nicht besonders verändern wollte, sondern daß ich mich bemühe, echt zu sein. Ich hab' auch die Familienmitglieder darauf hingewiesen, sie sollen da nicht spielen oder sich gerieren."

Welche Botschaft wollen Sie auf Ihrem Sterbebett den Menschen hinterlassen?

„Werdet niemals sicher! Im Sinn von: glaubt niemals, Endgültiges über jemanden oder etwas zu wissen."

Wofür leben Sie?

„Ich habe den Verdacht, daß das eine falsch gestellte Frage ist. Ich könnte natürlich sagen: für das Leben, oder für das Lebendige. Aber das ist natürlich eine Tautologie."

Im Zusammenhang dieser Fragen – welche Frage fehlt?

„Das ist eine gute Frage! Also ich würde fragen: Wie kriegst du die Schönheit und die Absurdität des Lebens zusammen? Noch eine?"

Ja.

„Hast du schon mal über dein Bewußtsein nachgedacht?"

Wie kriegen Sie die Schönheit und die Absurdität des Lebens zusammen?

„Die kann man gar nicht zusammenkriegen, aber man kann lebenslang versuchen, keines von beiden auszuklammern, versuchen, von keinem der beiden aufgefressen zu werden. Ich glaube, das ist ein Balanceakt."

Haben Sie schon mal über Ihr Bewußtsein nachgedacht?

„Ja. Und der schönste Gedanke, der mir dabei begegnet ist, ist, daß das Universum in und mit meinem Bewußtsein über sich selbst nachdenkt. Und ich glaube, daß das ein religiöser Gedanke ist."

Jeremy

Das Leben hat keinen Sinn

„Fünfzigjähriger kinderloser Mann, von Beruf Lehrer und Teilzeitschriftsteller. Leider bin ich von Frauen abhängig. Daß ich keine weiteren Suchtprobleme habe, wundert mich."

Wie lange möchten Sie leben?
„Solang's mir Spaß macht."
Wie lange, glauben Sie, werden Sie leben?
„Vielleicht zehn Jahre – länger plane ich nicht voraus. Vielleicht solange ich noch potent bin."
Wenn Sie erführen, daß Sie nur noch kurze Zeit zu leben hätten, vielleicht noch ein Jahr, was würden Sie an Ihrem Leben ändern?
„Alles, was ich besitze, versilbern und den Rest der Zeit orgiastisch verbringen, lustvoll sexuell."
Wenn Sie erführen, daß ein Mensch, der Ihnen nahe steht, nur noch kurze Zeit zu leben hat, wie würden Sie Ihr Verhalten zu ihm ändern?
„Einfühlsamer, ehrlicher, weniger kritisch sein – ich bin ein kritischer Mensch –, und eigene Interessen zurückstellen."
Welche Botschaft wollen Sie auf Ihrem Sterbebett den Menschen hinterlassen?
„Macht keine Kinder. Dann macht ihr niemanden unglücklich. Schaltet mit sanfter Gewalt diejenigen aus, welche euch über das unvermeidliche Unglück hinaus noch zusätzliches Unglück bereiten. Denn es hat noch keinen Krieg gegeben, bei dem – längerfristig – jemand was gewonnen hat."
Wofür leben Sie?
„Für meine Triebe."
Im Zusammenhang dieser Fragen – welche Frage fehlt?
„Sehen Sie einen Sinn im Leben?"
Sehen Sie einen Sinn im Leben?
„Nein. Mein Freund M. sagt: ‚Man wird ungefragt geboren mit einem Totenschein in der Tasche.'"

„Jeremy ein Jahr danach, 51, ich bin immer noch Lehrer. Wie hab'
ich mich verändert inzwischen? Ich hab' nicht viel Neues dazuge-
lernt im letzten Jahr, ich finde viele von meinen früheren Auffas-
sungen bestätigt, leider. Ich bin zunehmend erschrocken über die
Verantwortungslosigkeit und Kurzsichtigkeit der Menschen."

Wie lange möchten Sie leben?
  „Ewig."
Wie lange, glauben Sie, werden Sie leben?
  „Weniger als ewig. Leider."
*Wenn Sie erführen, daß Sie nur noch kurze Zeit zu leben hätten, was
würden Sie an Ihrem Leben ändern?*
  „Ich würde nur mehr die zwei Prinzipien meines Lebens ausle-
ben: erkennen und genießen – beziehungsweise umgekehrt, ich
weiß nicht, welches ich an die erste Stelle setzen soll."
*Wenn Sie erführen, daß ein Mensch, der Ihnen nahesteht, nicht mehr
lange zu leben hat, wie würden Sie Ihr Verhalten zu ihm ändern?*
  „Ich würde ihm alle Wünsche erfüllen."
*Welche Botschaft wollen Sie auf Ihrem Sterbebett den Menschen hin-
terlassen?*
  „Think!"
Wofür leben Sie?
  „Erkenntnis und Genuß."
Im Zusammenhang dieser Fragen – welche Frage fehlt?
  „Was halten Sie von Verantwortung den Mitmenschen und der
Natur gegenüber?"
*Was halten Sie von Verantwortung den Mitmenschen und der Natur
gegenüber?*
  „Daß, wenn wir diese Verantwortung zeigen würden, das Leben
sicher nicht seines Grundkonfliktes beraubt würde, aber das Da-
sein in gewissem Umfang angenehmer gemacht würde."

„Jeremy am selben Abend nach einer Flasche vorzüglichen französischen Rotweins."

Wie lange möchten Sie leben?
„Nicht bis morgen früh."
Wie lange, glauben Sie, werden Sie leben?
„Viel zu lange!"
Wenn Sie erführen, daß Sie nur noch kurze Zeit zu leben hätten, was würden Sie an Ihrem Leben ändern?
„Ich würde mein ganzes Geld in den wüstesten Bordellen der Welt verjubeln."
Wenn Sie erführen, daß ein Mensch, der Ihnen nahesteht, nur noch kurze Zeit zu leben hat, wie würden Sie Ihr Verhalten zu ihm ändern?
„Ich würde mich gemeinsam mit ihm zu Tode saufen."
Welche Botschaft wollen Sie auf Ihrem Sterbebett den Menschen hinterlassen?
„Nach Henrik Ibsen: ‚Das Leben hat keinen Sinn, das ist die einzige Wahrheit, die es gibt.'"
Wofür leben Sie?
„Weil ich mir einbilde, daß es einigen Leuten weh täte, wenn ich mich umbrächte."
Im Zusammenhang dieser Fragen – welche Frage fehlt?
„Was halten Sie vom Rausch? Vom Rausch im weitesten Sinne, nicht bloß Alkoholrausch, sondern im Sinn von Ernst Fischer, einem der gescheitesten Menschen, dessen Bücher ich zu lesen das Glück hatte in jungen Jahren. Der hat einen Wahnsinnsvortrag über die Wiederversöhnung des Apoll und des Dionysos gehalten, als des Gottes der Wissenschaften und des Gottes des Genusses, und hat gesagt, es gibt überhaupt keinen Grund, die beiden als Widersacher hinzustellen."
Was halten Sie vom Rausch?
„Ich hab' Verständnis für jeden, der sich ausklinkt aus dieser beschissenen Wirklichkeit. Leider hab' ich nicht den Mut dazu, das öfter zu tun."

Gisela

Leben für den Funken der Liebe

„Gisela Aulfes, ich bin 51 Jahre alt, Mutter eines 19jährigen Sohnes, ich arbeite als freie Lehrbeauftragte für Zeichnen und Radierung an der Universität München und als Malerin und Illustratorin. Eine gescheiterte Beziehung, die ohne aktives eigenes Zutun scheiterte, brachte mich zum Denken. Die Vorstellungen im künstlerischen, visuellen Bereich als Malerin wurden auch nicht so verwirklicht, wie man sich das vorgestellt hatte. Danksagungen an die Verursacher, die den Weg um die Ecke zur Esoterik ermöglichten."

Wie lange möchten Sie leben?

„Solange mein Geist mit meinem Körper synchron abläuft und beide aufeinander reagieren können. Wenn ich geistig voll da wäre und mein Körper wäre gelähmt, würde ich als Mitglied der DGHS zu Mitteln greifen, die mir diese Gesellschaft ermöglicht, und würde mich nicht mehr behandeln lassen und würde abtreten. Ich bin nicht für die Euthanasie, aber für freie Entscheidung. Wenn ich mit neunzig noch, auch am Krückstock, ein humanes Leben, ein geistiges gütiges Zentrum bilde, aus Zuhören bestehend und Ratschläge erteilend, dann wäre das eine sehr schöne Aufgabe."

Wie lange, glauben Sie, werden Sie leben?

„Ich werde 93. Entschuldigen Sie, das klingt absurd, aber was soll's – wenn mich nicht irgendwas hinwegrafft, werde ich 93, mit Krückstock und so. Ich könnte genausogut sagen, ich werde 72, aber ich muß noch einiges durchleiden, also brauche ich etwas länger als die anderen. Bin ein Spätentwickler."

Wenn Sie erführen, daß Sie nur noch kurze Zeit zu leben hätten, vielleicht noch ein Jahr, was würden Sie an Ihrem Leben ändern?

„Ich würde mein Leben nicht ändern. Ich würde versuchen, meine Umwelt sowenig wie möglich zu belasten, würde es als phantastische Chance sehen, das Leben in Ordnung zu bringen, Frieden zu schließen mit Verwandten, mit meinem Kind, mich versöhnen mit Menschen, das Ganze konzentriert in den Griff bringen. Ich habe keine Angst vor dem Sterben. Für mich wäre es ein Nachhausekommen, denn wir waren vor unserer Geburt nicht da und gehen nach dem Tod dahin, woher wir kamen."

Wenn Sie erführen, daß ein Mensch, der Ihnen nahesteht, nur noch kurze Zeit zu leben hat, wie würden Sie Ihr Verhalten zu ihm ändern?

„Kann ich nur ambivalent beantworten. Erstens würde ich mich über dieses Wissen schämen. Nur wenn der andere auch wüßte, gut, in drei Monaten ist es aus, könnte man sich darüber austauschen – was mir unangenehm wäre. Oder wenn er das nicht wüßte, würde mich die Überlegenheit durch dieses Wissen belasten, hemmen. Ich würde versuchen, über andere – Ärzte, Therapeuten – das klarzustellen. Wenn es mein Partner wäre, würde ich offen sein. Wenn es meine Eltern wären, die der Schonung bedürfen – wenn's mein Vater wäre, der der Offenheit bedarf, würde ich offen sein, bei meiner Mutter würde ich das nicht wollen. Bei meinem Kind würde ich absolut wollen, daß es in der Unschuld ins Jenseits geht, weil es noch nicht ermessen kann, was Schuld ist. Es kann in dem Alter noch nicht sagen, es würde bestimmte Dinge tun oder lassen. Es hat einen Bonus, mit dem es weiterleben kann im – ja, im Jenseits. Andererseits haben Kinder eine natürliche Vorstellung vom Sterben. Aber einem Kind im Alter meines Sohnes, zwischen 16 und 19, würde ich nichts sagen. Einem Kind im Engelsbereich zwischen null und sieben, als Lichtwesen, kann man es sagen."

Welche Botschaft wollen Sie auf Ihrem Sterbebett Ihrem Sohn hinterlassen?

„Daß Geben seliger ist als Nehmen. Das ist ein blöder Spruch, aber ich fühle mich einfach wohler, wenn ich die Gebende bin. Es ist natürlich auch ein egoistischer Aspekt dabei, der die eigenen Minderwertigkeitskomplexe beinhaltet. Gleichzeitig auch die Angst vor Menschen. In dem Moment, wo man gibt, versucht man auch, die Mitmenschen sich gewogen zu machen und sich dadurch eventuell auch Zuneigung zu erkaufen. Bei mir ist die Angst vor den Menschen sehr stark. Ich laß mir lieber die

Tür zuhauen, als selber die Tür zuzumachen. Ich laß mir lieber von anderen Grenzen setzen als umgekehrt. Ich dreh' ja schon durch, wenn ich Noten verteilen muß im beruflichen Bereich. Ich bin froh, wenn ich da wenig Macht habe und ich nicht sagen muß: ‚Sie haben da eine Vier, Sie müssen in Ihren alten Beruf zurück, der Weg in den künstlerischen Bereich ist für Sie nicht gehbar.' Ich bin froh, daß ich nicht in einer Position bin, wo ich Türen zuschlagen kann, denn die Verantwortung beziehungsweise die weitreichenden Folgen kann man nicht tragen. Wenn ich sagen würde: ‚Sie dürfen hier nicht an die Fachhochschule, weil Ihre Arbeiten unzureichend sind' – daraus kann so viel Haß entstehen und eine ganze Lebensrichtung entschieden werden. Das kann ich nicht verantworten. Hitler ist ein-, zweimal an der Malakademie abgelehnt worden und hat deshalb die politische Laufbahn ergriffen und auch seinen Malstil bevorzugt und alle anderen Stilrichtungen als entartet abgelehnt. Ich empfinde es als großes Glück im Leben, wenn man die Chance hat, niemanden verletzen zu müssen."

Wofür leben Sie?

„Es ist ein atemberaubendes Geschenk, mit seinen fünf oder sechs Sinnen in seinem Körper leben zu dürfen. Und wenn man die fünf Sinne hat – Sehen, Hören, Riechen, Schmecken und Fühlen –, und in meinem Fall besonders Sehen. Und darüber hinaus das Schönste überhaupt: in Gesprächen in den Augen des anderen den Funken der Liebe zu entdecken, der uns allen gemeinsam ist und der uns von Pflanzen unterscheidet. Ich erlebte das, als ein Freund mir von seiner Mutter erzählte: sein Gesicht veränderte sich, und in seine Augen kam ein Strahlen. Dieses bißchen Leben, was wir besitzen, aber so wenig einsetzen dürfen! Ich habe es selten erlebt, und wenn, wurde ich dafür gestraft. Ich lebe, um dieses bißchen zu erleben."

Im Zusammenhang dieser Fragen – welche Frage fehlt?

„Wovor haben Sie am meisten Angst?"

Wovor haben Sie am meisten Angst?

„Vor körperlicher Isolation. Nicht mehr mit der Mitwelt in Kontakt treten zu können, aus Einsamkeit heraus keinen Dialog mehr führen zu können."

Josef

Mit offenen leeren Händen

„Josef Aichinger, 52 Jahre alt, ich bin Seelsorger im Bayerischen Wald. Ich bin Priester geworden, weil in den tieferen Gründen meiner Seele eine Ursympathie zu diesem Beruf liegt. Dafür kann ich nichts, die ist mir geschenkt. Ich möchte Leute an der Hand nehmen, nicht autoritär sein und nicht für andere entscheiden. Mein großes Vorbild ist Papst Johannes XXIII. Dessen Art trifft meine Seele."

Wie lange möchten Sie leben?
„Ich persönlich möchte gern alt werden. Ich habe auch eigentlich eine ganz konkrete Vorstellung, wie das werden könnte, wenn ich alt würde. Ich würde mich da gern sehen als einen Menschen, der irgendwo auf einem Berg steht und übers Leben schaut. Aber nicht abgehoben, sondern das zweite Bild ist, als ein Mensch, der irgendwo spazierengeht, und da trifft er einen Menschen, der interessiert ist am Leben und mit dem er reden kann. Und ein religiöses Bild, ein glückliches: ein Mensch, der, je älter er wird, um so ungezwungener mit anderen über Leben und Lieben reden kann. Ich sehe mich dabei nicht als Dozenten oder als Pfarrer, sondern als einen, der mit anderen immer wieder überrascht ist, wieviel Schönes in dem Wort ‚Liebe' steckt. Am Ende des Lebens, wenn ich nochmals anfangen könnte, würde ich nur nach dem Gesetz der Liebe fragen. Den Gedanken, den ich so oft zu hören bekomme, ‚wenn ich pflegebedürftig würde, möchte ich lieber sterben,' den habe ich nicht. Ich habe ein Vertrauen darauf, daß dann jemand mich pflegen würde.
In meinen letzten Tagen wünsche ich mir Musik in meinem Zimmer. Ich mag Musik sehr gern, von Mozart, Beethoven, Haydn über das Lied der Berge, Volksmusik auch – nur Rockmusik habe ich nicht sehr gern.
Ich stelle mir am Ende meines Lebens in meinem Sterbezimmer

eine friedliche Atmosphäre vor. Die Sonne wird hereinscheinen, und da wird viel Ruhe und Frieden sein. Das ist ein Urbild, das ich in meiner Seele habe seit dem Tod meiner Mutter. Da war es so. Die ist zwar im Waschhaus des Krankenhauses gestorben, weil sie sie aus dem Zimmer geschoben haben, aber dennoch war es ein herzzerreißend schönes Erlebnis, bei dem Sterben meiner Mutter dabeizusein. Mein Vater war auch dabei. Die Sonne hat auf ihr Gesicht geschienen, und es war ein tiefer Friede um sie. Ich stelle mir mein Sterben nicht schmerzhaft vor, sondern habe offene Hände und lege alles in Gottes Hände."

Wie lange, glauben Sie, werden Sie leben?

„Ich glaube, daß ich so irgendwann zwischen 70 und 80 – daß da mein Lebensende drin ist. Das ist eine ganz nüchterne Aussage, die Verwandten meiner Mutter sind weithin an Schlaganfall in dieser Zeit gestorben. Von daher könnte ich von der Mutter her diese Anlagen haben, daß zwischen 70 und 80 gewisse Teile meines Körpers verbraucht sind. Von Vaters Seite sind sie eigentlich älter geworden, sein Großvater ist 90 geworden. Aber meine biologische Situation könnte mehr der Mutter gleichen. Es bewegt mich aber nicht. Im Gegenteil, diese körperliche Verwandtschaft mit meiner Mutter mag ich, und darum mache ich mir da keine Sorgen. Ich mag meine Adern so, wie sie sind, auch wenn sie vielleicht eher platzen als die von einem, der sagt er möchte 95 oder 100 werden. Konkret gesagt, ich möchte meine Adern nicht austauschen."

Wenn Sie erführen, daß Sie nur noch kurze Zeit zu leben hätten, vielleicht noch ein Jahr, was würden Sie an Ihrem Leben ändern?

„Ich würde im großen und ganzen gar nichts ändern. Nur eins tun: daß ich versuchen würde, in dieser Zeit noch einen Durchbruch zu schaffen in tiefere Dimensionen von dem, was ich mir unter Liebe vorstelle. Ich würde meine Seele auszuweiten suchen in Liebe und Vertrauen. Ich möchte ein tiefes Gefühl von Vertrauen in mir schaffen, daß alles gutgeht. Da wäre nur noch die Frage da, wie kann ich mich liebend öffnen.

Konkret würde ich sehr intensiv aufpassen, daß ich jetzt wirklich loslassen kann. Daß ich nicht mein eigenes Glück zu fabrizieren versuche, daß ich nicht an mir herummache, sondern einfach aufmache. Das soll der Grundtenor sein, und niemand soll mich daran hindern, auch kein Psychologe. Ich möchte mit offenen Händen sterben, mit leeren Händen, als Hörender und Gehorchender, nicht als Besserwisserischer. Das Bild von den leeren Händen ist ein Urbild, das ich in mir habe. Natürlich, damit Gott etwas hineinlegen kann. Man muß vorsichtig sein, daß man nicht ein verkappter Egoist ist, der meint, er muß sich selbst erlösen. Ich sehe, daß man hier verführt werden kann. Ich möchte hier früh genug merken, wo hier der Verführer naht, der Verführer, der im Gewande der Selbsterlösung erscheint. Mein Verführer, der naht in schönen Selbsterlösungsgedanken, die man manchmal auch auf dem Gebiet der Psychologie findet. Den Verführer im Kleid der Selbsterlösung, den sehe ich jetzt in meinen eigenen Seelenräumen. Ich weiß auch, warum er sich für mich besonders interessiert, weil ich nach einem bedenklichen Grundsatz erzogen worden bin: ‚In den Himmel muß ich kommen, das hab ich mir vorgenommen, koste es, was es will.' Das habe ich entlarven dürfen. Da gefällt mir der Grundsatz besser: ‚In den Himmel kommt man nur hinein, wenn man jemanden mitnimmt.'"

Wenn Sie erführen, daß ein Mensch, der Ihnen nahe steht, nur noch kurze Zeit zu leben hat, wie würden Sie ihr Verhalten zu ihm ändern?

„Ich würde schauen, daß ich ihm Mut machen kann, und wenn es möglich wäre, würde ich ihm helfen, daß er ja sagen kann zu seiner Situation, daß er sie annehmen kann. Ich stelle mir das sehr persönlich und herzlich vor, würde bei ihm sein, ihn anfassen. Ich wäre traurig bei dem Gedanken, daß ein Mensch widerwillig stirbt, sich wie ein wildes Tier an Gitterstäbe wirft und noch mal ausbrechen möchte, so verludert und selbstzerfleischt stirbt. Dieser Gedanke ist mir widerlich, da würde ich mein Bestes tun, daß einem solchen Menschen das nicht passieren würde.

Ich könnte mir vorstellen, daß ich mit ihm viel weinen würde. Ich würde ihn nicht anlügen, das wäre mir sehr peinlich, wenn ich ihn anlügen müßte. Lieber tät' ich ihn begleiten und ein Stükkel mitgehen. Ich leide auch sehr darunter, daß heute ein Großteil der Sterbenden angelogen und getäuscht stirbt. Und daß ich das oft nicht verändern kann, auch wenn ich bei den Sterbenden bin. Da kommt mir oft der Gedanke, der uralt ist: der Mensch stirbt so, wie er gelebt hat. Da möchte ich meine ganze Liebe zeigen, aber das ist oft in der Praxis schwer. Ich versuche, um dies Geschenk für diesen Menschen zu beten, kann oft nicht mehr tun. Mir kommt oft der Gedanke, die eingefahrenen Mechanismen des Lebens funktionieren beim Sterben am perfektesten. Da merk ich dann am deutlichsten, daß das Entscheidende nur von Gott kommen kann. Ich formuliere das bei einem Sterbenden im Gebet.

Aber mein Schmerz bei Sterbenden ist, wie die eingefahrenen Mechanismen perfekt funktionieren, das Positive und das Negative. Wer mißtrauisch war, der stirbt auch voller Mißtrauen, wer haßerfüllt war, der stirbt auch voller Haß – es sei denn, Gott greift ein. Vielleicht wird die letzte Entscheidung doch nicht vom Sterbenden allein getroffen, nicht mit seinen irdischen Erkenntnissen allein."

Welche Botschaft möchten Sie auf Ihrem Sterbebett den Menschen hinterlassen?

„Letzten Endes wird alles gut, weil die Liebe nicht sterben kann. Die Liebe wird siegen. Weil die Liebe und Gott eins sind. Weil dich Gott nicht ausläßt. Gott läuft nicht davon, und was kann dir passieren, wenn Gott nicht davonläuft?"

Wofür leben Sie?

„Ich lebe, um zu leben, ich lebe, um zu lieben. Ich lebe nicht dem Abgrund entgegen, sondern dem Reifwerden, dem Leben entgegen. Leben wird für mich immer mehr, nicht weniger. Leben heißt Begegnung, Mehrwerden, Vereinigen, Teilen. Mir kommt eine Rose vor Augen, die, wenn die Sonne draufscheint, aufspringt und sich entfaltet. Und wenn sie verblüht ist, ist sie nicht hin, sondern dann kommt eine Frucht. Ich kann mir nicht vorstellen, daß mich der Frost umbringt. Ich stelle mir vor, daß die Frucht wächst und reift. Da mache ich mir aber nicht so viele Gedanken."

Im Zusammenhang dieser Fragen – welche Frage fehlt?

„Sterben – Ende des Lebens – Leben: für mich ist es ein großer Unterschied, ob ich ein gläubiger Mensch bin oder das Gegenteil. Wenn ich nicht glauben würde an den Gott, der sich geoffenbart hat und der die Liebe ist und die Liebe gibt – der Gedanke an die Heimkehr zum Vater und damit zum Leben, nicht zum Verfaulen, der prägt mein Leben so stark, der Punkt fehlt mir bei den Fragen. Als Frage formuliert: Wohin glaubst du, daß du unterwegs bist im Leben und im Sterben – unterwegs zum Nichts oder zur Fülle?"

Wohin glauben Sie, daß Sie unterwegs sind im Leben und im Sterben – unterwegs zum Nichts oder zur Fülle?

„Ich glaube ganz fest, daß ich unterwegs bin zur Fülle, zur Vollkommenheit, zum Vater, zu Gott. Ich glaube, daß ich da genauso unterwegs bin zur Mutter und zum Partner und zum Freund, ich glaube, daß Gott alle meine Bedürfnisse erfüllen wird, ich glaube, daß Gott genauso Mutter ist und Braut. Ich bin Gegner dieses männlichen Prinzips. Gott ist sicher alles, nicht nur Mann und nicht nur Vater."

Irmgard

Wofür nutze ich diese Chance?

„Irmgard, an der Schwelle zum dritten Lebensabschnitt. Ich habe die Kraft des zweiten Lebensabschnitts für meine Familie zur Verfügung gestellt – hauptsächlich –, meine musikalische Begabung zur eigenen Freude genutzt und in den Dienst der Kirche gestellt, das abgeschlossene Medizinstudium als Basis für eine psychotherapeutische Ausbildung verwandt.

Ich war immer bereit, von anderen zu lernen, und das, was ich bekommen habe, auch weiterzugeben, egal, ob es sich um materielle oder geistige Dinge gehandelt hat. Mit die tiefste Erfahrung, die ich gemacht habe, war die, daß ich in Situationen, die aussichtslos erschienen, von irgendwoher eine Hilfe bekam. Und nicht nur das, sondern in beklemmenden Situationen eine Einengung verspürt zu haben und rückblickend den Sinn erkannt zu haben. Die Krankheit – es gab Situationen, wo ich dachte, jetzt geht es nicht mehr, oder wo ich etwas erreichen wollte und es nicht bekam – retrospektiv war ein Jasagen möglich. Im Moment hab ich nicht Ja gesagt. Eine der für mich noch offenen Fragen ist, ob der Anstoß zur Reifung wirklich nur aus engen Situationen und Hindernissen kommt, ob man nicht auch im Glück reifen könnte. Das ist für mich noch offen und ganz unbeantwortet.«

Wie lange möchten Sie leben?
. »Solang ich einen Sinn im Leben finde.«
Wie lange, glauben Sie, werden Sie leben?
»Ich denke, ich werde siebzig.«
Wenn Sie erführen, daß Sie nur noch kurze Zeit zu leben hätten, was würden Sie an Ihrem Leben ändern?
»Wenn ich wüßte, daß ich in einem halben Jahr sterb, dann wäre meine erste Reaktion eine große Verzweiflung.
Das Wichtigste wäre mir, mir wichtige Beziehungen zu klären.
Ich denke an die letzte Begegnung mit meinem Vater, der sagte, ,bleib doch noch ein bißchen da‘, und ich sagte, ,nein, ich muß jetzt in die Klinik zurück,‘ und ich hatte nachher den Eindruck, er wollte mir noch etwas sagen, wozu es dann nie mehr kam. Ich möchte das noch sagen, was ich zu sagen habe, und dem anderen die Möglichkeit geben, mir noch etwas mitzuteilen. Das meine ich mit ,Beziehungen klären‘.
Die größere Schwierigkeit aber wäre, zu hören, daß ich noch dreißig Jahre zu leben hätte. Wenn man einmal gespürt hat, das Leben könnte zuende sein, und dann die Bewußtheit, noch dreißig Jahre zu leben zu haben – wofür nutze ich diese Chance, diese dreißig Jahre? Noch intensiver wird das Nachdenken über das, was ich bei vielen Völkern beobachte: die Bereitschaft, das Schicksal zu erfüllen. Bei den Etruskern gab es Rituale, um den Willen der Götter herauszufinden. Auch in der griechischen Mythologie geht es um die Frage, wie erfülle ich richtig den Willen der Götter? Wo liegt die Möglichkeit einer Veränderung und wo das Unausweichliche? Wenn ich ein halbes oder ein Jahr

vor mir habe, sind es ja nur wenige kleine Schritte, die ich gehen kann. Das größere Maß an Verantwortung kommt mir entgegen, wenn ich über dreißig Jahre nachdenken soll."

Wenn Sie erführen, daß ein Mensch, der Ihnen nahesteht, nur noch kurze Zeit zu leben hat, wie würden Sie Ihr Verhalten zu ihm ändern?

„Ich meine, daß der andere der Führende ist und ich muß mich ihm anpassen. Wenn er signalisiert, er braucht mich, dann bin ich da, und wenn er signalisiert, er will Distanz, dann muß ich das genau so akzeptieren."

Welche Botschaft wollen Sie auf Ihrem Sterbebett Ihren Kindern hinterlassen?

„Mein größter Wunsch ist, in Frieden zu gehen, so daß die auch gut zurückbleiben können."

Wofür leben Sie?

„Das zu erfüllen, was – nach karmischen Gedanken – ich mir selbst als Aufgabe gestellt habe und was – nach christlichen Gedanken – mir als Aufgabe bestimmt ist. Und das ist, mich selber ins Lot zu bringen und auch anderen dabei zu helfen, egal womit, ob ich die bekoch' oder auf der Orgel spiele oder denen zured' oder was auch immer."

Im Zusammenhang dieser Fragen – welche Frage fehlt?

„Eine religiöse Sinnfrage – welche Bedeutung hat die Religion im Leben?"

Welche Bedeutung hat die Religion im Leben?

„Mit die zentralste, um auf der Welt und in das Größere rückgebunden zu sein."

Karlheinz

Was hindert mich,
das jetzt schon zu leben?

„Karlheinz Bauer, 53 Jahre alt, verheiratet, Schulleiter einer Grundschule."

Wie lange möchten Sie leben?
„Früher hatte ich den Wunsch, recht alt zu werden. Mittlerweile – jetzt bin ich also 53 geworden – hab ich diesbezüglich keine Wünsche. Ich denke, wenn's zuende geht, geht's zuende. Auf keinen Fall möchte ich künstlich durch irgendwelche Maschinen oder ähnliches den Tod hinausschieben. Ich möcht aber auch nicht bei Krankheiten die Hände in den Schoß legen, sondern, wo es möglich ist, ärztliche Hilfe in Anspruch nehmen. In den letzten Ferien waren Zeiten dabei, wo ich am Strand lag und sehr traurig war und im Stillen gesagt hab, ‚schau her, Herr Gott, mein Koffer ist gepackt, wenn du willst, kannst mich holen.'"
Wie lange, glauben Sie, werden Sie leben?
„Da hab ich mir keine Zeitvorgaben gemacht. Ich denke, mir ist eine bestimmte Zeit geschenkt und die ist irgendwann zuende. Ich weiß es nicht."
Wenn Sie erführen, daß Sie nur noch kurze Zeit zu leben hätten, was würden Sie an Ihrem Leben ändern?
„Ich würde noch offener meine Zuneigung zeigen zu den Menschen, die ich kenne. Ich denke auch daran, daß ich gern künstlerisch tätig sein möchte und mir da nie die Zeit genommen habe, oder fast nie. Und dann würde ich gern mich erinnern an all das, was ich so an Schönem erlebt habe in meinem Leben, rückblickend. Da ist viel dabei, was nicht großartig ist in dem Sinn, daß sich was Riesiges ereignet hat, sondern ein schöner Sonntagmorgen zum Beispiel. Ich hab mal so glückliche Augen-

blicke gesammelt und die ähnlich wie Haikus aufgeschrieben, zum Beispiel eine schwarze Katze auf dem Fensterbrett vor einem dunklen Zimmer, oder wie der Mond durch die Zweige gezogen ist, und die hab ich in einem Glas gesammelt. Da hätte ich den Wunsch, mich daran zu erinnern und sie auch mitzuteilen. Und dann würde ich mutiger sein, offen und klar zu sagen was ich denke und fühle, ohne allzu viel Rücksicht zu nehmen auf diejenigen, die es hören. Das ist zwar in meinem jetzigen Leben schon drinnen, aber ich würd's noch radikaler betreiben. Da fällt mir ein Beispiel ein. Bei der Rektorenkonferenz hat der Schulrat über die Genehmigung zur Teilnahme an Fortbildungen gesprochen. Er meinte, wenn es nicht mit Schule zu tun hat, kann er es nicht genehmigen während der Schulzeit. Als Beispiel für Ablehnung hat er erwähnt, daß eine Kollegin sich für eine Yogaveranstaltung des Pädagogischen Instituts der Stadt München – also speziell für Lehrer – gemeldet hatte, und das hat er abgelehnt, worauf die Kollegin antwortete, ,meine Schulkinder würden ja da indirekt auch Vorteile davon haben'. Die Kollegen haben gelacht und ich war zu feig, den Mund aufzumachen. Ich hab dann wenigstens zu mir gesagt, sollte so ein Antrag mal über meinen Tisch an den Schulrat gehen, dann würde ich in einem Begleitschreiben betonen, daß ich im Gegensatz zum Schulrat dies für eine durchaus sinnvolle, ja notwendige Fortbildung erachte. Wenn ich wüßte, ich hätte nur noch kurz zu leben, dann würde ich mich trauen, das gleich zu sagen. Ich ertapp mich immer mal wieder, daß ich noch feige bin, obwohl es besser geworden ist."

Wenn Sie erführen, daß ein Mensch, der Ihnen nahesteht, nur noch kurze Zeit zu leben hat, wie würden Sie Ihr Verhalten zu ihm ändern?

„Mehr Zeit für ihn haben. Und meinen Glauben darlegen, daß ich denke, daß wir alle in Gottes Hand sind. Das wichtigste ist Zeit haben, das heißt anwesend sein, Nähe vermitteln, Geborgenheit. Und wo es mir möglich ist, auch deutlich spüren lassen, daß ich diesen Menschen so mag, wie er ist, mit all den guten und schlechten Seiten und mit seiner ganzen Lebensgeschichte. Das Schönste wäre natürlich, wenn es so wäre, daß ich nicht bloß vermittle, daß ich ihn mag wie er ist, sondern daß ich diesen Menschen liebe so wie er ist."

Welche Botschaft wollen Sie auf Ihrem Sterbebett Ihren Kindern hinterlassen?

„Ich kann Erfahrungen nicht weitergeben, aber ich kann von Erfahrungen berichten. Und da würde ich sagen, daß ich erlebt habe, daß die bedingungslose Liebe das Schönste ist, was es überhaupt gibt. Ich meine vor allem, bedingungslos zu lieben – nicht in erster Linie, bedingungslos geliebt zu werden. Ein Ratschlag für's Leben, auch eine persönliche Erfahrung, die ich gemacht habe, wäre: ich hab mich eine Zeitlang über einen Schüler in meiner Klasse schnell erregt, weil er unaufmerksam war und Arbeitsanweisungen nicht nachkam und andere gestört hat und so weiter, was oft so zusammenkommt. Und wenn ich am Morgen vor oder nach der Meditation an diesen Schüler gedacht hab und mir klargemacht hab, daß er wie alle anderen auch ein Geschöpf Gottes und in Gottes Hand ist, dann konnte ich viel liebevoller mit ihm umgehen. Ja, es war eigentlich so, daß ich mich überhaupt nicht aufregen mußte. Wenn ich dann bloß hin bin und hab ihm die Hand auf die Schulter gelegt, dann mußte ich nichts sagen, dann gab's kein Problem mehr.

Noch ein Beispiel: die ganze Schule war bei einer Feier beisammen, und ein Schüler, der inzwischen in der Sonderschule ist, der hat wieder begonnen wie üblich seine ganze Umgebung zu stören, indem er seine Nachbarn geschubst und gezwickt und geschlagen hat und hat dazwischengerufen und versucht, die Stimmung zu stören und zu zerstören. Das war auch so einer, den ich mir jeden Morgen vor Augen geführt hab. Ich bin dann hin zu ihm und hab ihn bei der Hand genommen, bin dann ein paar Schritte zurück, hab mich hinter ihn gestellt, mit der linken Hand sein linkes und mit der rechten sein rechtes Handgelenk umfaßt und die Hände genommen und sie unter meinen Händen über Kreuz auf seine Brust gelegt, und da hat er 20 Minuten Ruh gegeben ohne sich zu rühren. Und das war ganz locker, nicht daß ich ihn gezwungen hätte. Es war dann eigentlich ein ganz angenehmes Gefühl. Und ich denke, daß das damit zusammenhängt, daß ich in Ruhe, als ich Zeit hatte, ihn mir vor Augen geführt und mir klar gemacht hatte, das ist jemand, der Hilfe braucht und dem ich wünsche, daß es ihm gut geht."

Wofür leben Sie?

„Ich denke, daß ich so gedacht bin, daß ich glücklich bin, dazu gehört, daß ich frei bin, daß ich Liebe geben kann und Liebe erfahren kann."

Welche Frage fehlt im Zusammenhang dieser Fragen?

„Was hindert mich daran, das alles zu leben und jetzt schon zu leben? Zum Beispiel die Frage, wie würden Sie Ihr Leben ändern, wenn Sie wüßten, Sie haben nicht mehr lange zu leben – warum schieb' ich das raus, warum hab' ich den Mut nicht jetzt schon, warum zeig' ich meine Zuneigung nicht jetzt schon deutlicher, warum erinnere ich mich nicht jetzt schon öfter und deutlicher an alles Schöne, was mir begegnet ist?"

Was hindert Sie, das alles jetzt schon zu leben?

„Wie heißt's immer: das ist eine gute Frage. Da muß man differenzieren. Meine Zuneigung zu zeigen hab ich Hemmungen, weil ich denke, das könnte auch falsch verstanden werden. Wenn ich sterbe, wär's mir wurscht. Was mich noch hindert, ist Rücksichtnahme auf Vorhaltungen wie ‚das tut man nicht' oder ‚in deinem Alter…' oder ‚wenn du mich liebst, müßtest du doch so oder so handeln', oder ‚man kann nicht zwei oder mehr zugleich lieben'. Und wenn ich dann so hör, ‚da gibt's ja keinen, der das machen dürfte', oder ‚ich kenne keine Schule, an der so was möglich wäre' – da gerate ich in Zweifel. Das ‚so was' war, wie zwei Kolleginnen einen sie betreffenden Beschluß, den ich als Schulleiter bereits gefällt hatte, aufzuheben wünschten, und ich hab', nachdem beide es wollten, nachgegeben. Da gerate ich dann in Zweifel, wenn es heißt, ‚ich kenne keine Schule, an der so was möglich wäre', als hab ich was gemacht, was man nicht machen darf. Mittlerweile sag ich mir, na gut, ich hab mich für die Änderung entschieden, wenn es das an keiner Schule gibt, dann hab ich es halt als einziger gemacht. Aber im ersten Moment gerate ich doch in Zweifel, wenn mir solche Vorhaltungen gemacht werden."

Wolfgang

Dann fangen die Irrungen
von neuem an

„Wolfgang. Ich bin jetzt noch 54, ich lebe in einer Großstadt, was ich beruflich mache ist eigentlich Kommunikation und grafische Gestaltung. Bin verheiratet und habe zwei Kinder."

Wie lange möchten Sie leben?
„Manchmal habe ich das Gefühl, es ist schon lang genug, weil ich denke, daß nichts mehr Aufregendes kommt, daß ich alle wesentlichen Dinge, die das Leben mir bietet, schon erlebt habe. Dann wieder wäre ich zufrieden, wenn ich – wie alt bin ich jetzt – also zehn Jahre will ich noch leben, sagen wir mal 65 werde. Ich war bis jetzt noch nie ernsthaft krank, aber ich denke, daß Krankheit noch einen ganz anderen Aspekt in das Leben bringen könnte. Berufliche und partnerschaftliche Erfolge habe ich gehabt und zum Teil auch wieder verloren, aber ich habe das Gefühl, daß ich noch nicht an die richtige Lebenstiefe gekommen bin."

Wie lange, glauben Sie, werden Sie leben?
„Da laß ich mich überraschen. Das weiß ich nicht."

Wenn Sie erführen, daß Sie nur noch kurze Zeit zu leben hätten, vielleicht noch ein Jahr, was würden Sie an Ihrem Leben ändern?
„Ich würde viel intensiver leben. Im Wesentlichen würde ich so weiter leben und die Dinge, die bisher ungeklärt sind, noch klären. Ich halte nicht viel davon, wie ein Wilder um die Welt zu jetten und noch so viel wie möglich äußere Eindrücke aufzunehmen."

Wenn Sie erführen, daß ein Mensch, der Ihnen nahesteht, nur noch kurze Zeit zu leben hat, wie würden Sie Ihr Verhalten zu ihm ändern?
„Da kämen wahrscheinlich ein bißchen Schuldgefühle, und ich

92

würde versuchen, das, was ich demjenigen gegenüber bisher falsch gemacht habe, zu verbessern."

Welche Botschaft wollen Sie am Ende Ihres Lebens Ihren Kindern hinterlassen?

„Das Problem ist, ich meine manchmal, eine Botschaft gefunden zu haben – für mich selbst auch –, und am nächsten Tag zweifle ich, ob es überhaupt eine Botschaft war. Als Botschaft würde ich sagen, sie sollten versuchen, ihr Leben möglichst facettenreich zu leben, möglichst frei zu denken und sich nicht zu stark von anderen Meinungen beeinflussen zu lassen."

Wofür leben Sie?

„Worauf hab ich mich da eingelassen!

Früher war ich in dem Glauben, daß Leben mehr zufällig ist, und mit zunehmendem Alter glaube ich, daß mein Leben in ein System hineingehört. Dem liegt zugrunde, daß in der Natur nichts zufällig abläuft, sondern alles Gesetzen gehorcht. Also, daß ich Teil eines großen Systems bin, daß ich aber den Ort, wo ich da stehe, nicht erkennen kann. Ich bemühe mich zwar, ihn zu erkennen, weiß aber, daß ich ihn nicht finden kann, weil mein Bewußtsein nicht ausreicht."

Im Zusammenhang dieser Fragen – welche Frage fehlt?

„Warum sind Sie hier, welche Funktion haben Sie und was passiert danach, wenn Sie tot sind?"

Warum sind Sie hier?

„(Ich will in mein Bettchen!) Ich weiß es nicht."

Welche Funktion haben Sie?

„Zu lernen. Erkenntnis zu gewinnen und zu suchen und gleichzeitig zu wissen, daß ich nichts finden werde."

Und was passiert danach, wenn Sie tot sind?

„Können wir es nicht ein bißchen einfacher machen? – Sie haben mich reingelegt damit!

Im Grunde glaube ich ja an die Wiedergeburt. Dann fangen die Irrungen, in denen ich auch in diesem Leben schon gefangen war, wieder von neuem an."

Lena

Morgen kann es zu spät sein

„Lena, Mitte fünfzig, verwitwet. Ich lebe in der Stadt, und das gern, nachdem ich bis zum 18. Lebensjahr auf dem Land gelebt habe. Die ersten 21 Jahre meines Lebens war ich katholisch. Mit 21 wurde ich dann aus Überzeugung evangelisch, und jetzt bin ich herausgewachsen aus den Konfessionen. Ich lebe ohne Partner, habe einen gesunden Sohn, mit dem mich ein freundschaftlich erwachsenes Verhältnis verbindet, und einen kranken Sohn. Zu ihm habe ich seit seiner Kindheit ein sehr konflikthaftes Verhältnis, das sich erst gebessert hat, seit er durch seine Krankheit gezwungen war, wieder zu mir zu ziehen. Ein Wendepunkt in meinem Leben war mit 42 die Trennung von meinem damaligen Mann. Mein Entschluß, mich von ihm zu trennen, hat zu dem tragischen Ende geführt, daß er sich umgebracht hat. Ich stehe aber trotzdem zu meiner Entscheidung, die Verbindung aufzulösen. Ich hatte therapeutische Hilfe, um danach mit meinem Leben besser zurecht zu kommen."

Wie lange möchten Sie leben?
„Solange ich gesund und nicht pflegebedürftig bin."
Wie lange, glauben Sie, werden Sie leben?
„Ich werde nicht uralt. Vielleicht siebzig."
Wenn Sie erführen, daß Sie nur noch kurze Zeit zu leben hätten, was würden Sie an Ihrem Leben ändern?
„Nicht viel. Eine Griechenlandreise müßte noch drin sein. Aber sonst würde ich weiter arbeiten, nicht zu Hause bleiben. Ich könnte mit der Gewißheit, bald zu sterben, besser umgehen, wenn ich nicht allein wäre. Ich habe befreundete Kolleginnen, die mich auch in der Vergangenheit aufgefangen haben, als es mir schlecht ging."
Wenn Sie erführen, daß ein Mensch, der Ihnen nahesteht, nur noch kurze Zeit zu leben hat, wie würden Sie Ihr Verhalten zu ihm ändern?

„Es ist schon so. Mit meinem kranken Sohn. Es wird intensiver und liebevoller."

Welche Botschaft wollen Sie am Ende Ihres Lebens Ihren Kindern und den Menschen hinterlassen?

„Lebt bewußt! Genießt jeden Augenblick, genießt die kleinen Freuden, immer mit dem Gedanken, morgen kann es zu spät sein."

Wofür leben Sie?

„Zum Teil für mich, zum großen Teil für den kranken Sohn, zum Teil für mir nahestehende Menschen."

Im Zusammenhang dieser Fragen – welche Frage fehlt?

„Die Frage nach dem Sinn."

Was ist Ihre Antwort auf die Frage nach dem Sinn?

„Da ich schon mal da bin, ist der Sinn wohl der, daß ich für andere da bin – und, daß ich auch von den anderen etwas bekomme. Dieser Austausch ist das, was ich mir zum Teil unter Gott vorstelle. Die Kraft, die in den Begegnungen wirkt, ist das, was man Gott nennen könnte. ‚Gott ereignet sich zwischen den Menschen,‘ habe ich einmal einen Pfarrer sagen gehört."

Ludwig

Tanzen, weil das Leben weiter geht

„Ludwig, 55 Jahre alt. Der wichtigste Einschnitt in meinem Leben: daß ich als Alkoholiker den Ausstieg aus der aktiven Sucht vor 17 Jahren geschafft habe. Das war der erste Umschwung zum Positiven, wie ein zweiter Geburtstag. Der zweite wichtige Einschnitt war, wie ich zehn Jahre später den Weg aus einer fürchterlichen Depression gefunden habe."

Wie lange möchten Sie leben?

„93 Jahre."

Wie lange, glauben Sie, werden Sie leben?

„Das wird funktionieren, das hab' ich als ganz kleines Kind beschlossen. Wie ich auf 93 komme, weiß ich nicht."

Wenn Sie erführen, daß Sie nur noch kurze Zeit zu leben hätten, was würden Sie an Ihrem Leben ändern?

„Ich täte nicht mehr das, was ich jetzt plane – die Fotos einkleben, ein zweites Buch schreiben, die Wohnung umgestalten. Ich würde Abschiedsbriefe vorbereiten, wo meine Frau nur noch das Datum einzusetzen brauchte: ‚Leider bin ich am … verstorben,' und meine Frau brauchte nur noch den Datumsstempel reinzuhauen."

Wenn Sie erführen, daß ein Mensch, der Ihnen nahesteht, nur noch kurze Zeit zu lebe hat, wie würden Sie Ihre Beziehung zu ihm ändern?

„Die Beziehung ganz besonders eng gestalten und bis zum Schluß dabeisein. Und wenn diejenige es selbst wüßte, daß sie sterben muß, versuchte ich ihr den Spruch nahezubringen: ‚Du bist nicht von uns, sondern vor uns gegangen.'"

Welche Botschaft wollen Sie am Ende Ihres Lebens den Menschen hinterlassen?

„Ich glaube, gar keine. Ich möchte, daß sie nicht traurig sind. Es gibt ein Beerdigungslied der Schwarzen, ‚New Orleans Function', das ist bis zur Mitte traurig, dann kommt Dixielandmusik. Das möchte ich spielen lassen, damit die Trauergemeinde dann tanzt, weil das Leben weiter geht. Und ich möchte symbolisch mit dabei sein, indem ein Bild von mir dasteht."

Wofür leben Sie?

„Ich lebe zu meinem eigenen Vergnügen."

Im Zusammenhang dieser Fragen – welche Frage fehlt?

„Glauben Sie an ein Leben nach dem Tode, bei dem die Identität des einzelnen gewahrt bleibt, also kein Aufgehen im Nirvana?"

Glauben Sie an ein Leben nach dem Tode, bei dem Ihre Identität gewahrt bleibt?

„Ich hoffe es."

Wigbert

Mit großer Lust lebe ich

„Wigbert Wicker, ich bin 55 Jahre alt, von Beruf Regisseur. Neugierig – und wütend, weil ich nicht tausend Jahre lebe oder länger. Und ich hoffe, nach meiner Zeit hier Mozart und Giuseppe Verdi zu begegnen."

Wie lange möchten Sie leben?
„Bis ich mich nicht mehr bewegen kann. Oder bis ich das Leben nicht mehr begreifen kann. Oder bis mir ein Glas Bier keinen Spaß mehr macht oder ich nicht mehr auf die Viererspitze gehen kann."
Wie lange, glauben Sie, werden Sie leben?
„Noch dreißig Jahre."
Wenn Sie erführen, daß Sie nur noch kurze Zeit zu leben hätten, was würden Sie an Ihrem Leben ändern?
„Überhaupt nichts."
Wenn Sie erführen, daß ein Mensch, der Ihnen nahesteht, nur noch kurze Zeit zu leben hat, wie würden Sie Ihr Verhalten zu ihm ändern?
„Nichts, ich hätte die gleiche Zuneigung wie sonst und ich würde ihn nicht nervös machen durch zusätzliche und für ihn bedrückende Hilfeleistungen."
Welche Botschaft wollen Sie am Ende Ihres Lebens den Menschen hinterlassen?
„Es war nur ein Vorbeischaun. Macht, indem Ihr nur reinschaut, nichts kaputt."
Wofür leben Sie?
„Für mich und die Menschen, die ich liebe."
Im Zusammenhang dieser Fragen – welche Frage fehlt?
„Ob ich mit Lust lebe."
Leben Sie mit Lust?
„Mit großer Lust."

Andreas

Religion ist wichtig,
nicht, welche Kirche es ist

„Andreas, 58 Jahre alt, Versicherungsvertreter. Ich bin in Jugoslawien geboren, hab' dort eine Feinmechaniker-Lehre gemacht, war Skilehrer, hab' Eishockey gespielt. Sport hat mir viel bedeutet, die Lehre weniger. Ich hab' geheiratet und bin nach zwei Jahren nach Deutschland gegangen. Die Frau wollte hier nicht leben und ist zurück, dann haben wir uns scheiden lassen. Ich ging wegen des Skifahrens nach München, wurde Skilehrer, war dann eine Zeitlang in Amerika. Mit dem Geld, das ich dort verdient hatte, habe ich hier die Meisterschule für Feinmechanik gemacht. Dann war ich selbstständig, und als ich gesundheitliche Probleme mit der Bandscheibe bekam – ich konnte die Fernseher nicht mehr tragen –, habe ich das mit der Versicherung gefunden."

Wie lange möchten Sie leben?
„Sehr lang. Aber ich habe mir den Zeitpunkt meiner Geburt nicht ausgesucht, und wann ich Abschied nehme, da sollen die oben sich Gedanken machen. Ich kann nur beitragen, gesund zu leben. Es liegt nicht in meiner Macht zu bestimmen, wann ich Abschied nehme. Ich bin gläubig und habe einen guten Draht nach oben."
Wie lange, glauben Sie, werden Sie leben?
„Ich bilde mir ein, daß ich sehr alt werde. Eine Zahl kann ich nicht nennen."
Wenn Sie erführen, daß Sie nur noch kurze Zeit zu leben hätten, vielleicht noch ein Jahr, was würden Sie an Ihrem Leben ändern?
„Gar nichts. Ich bin bereit jeden Tag."
Wenn Sie erführen, daß ein Mensch, der Ihnen nahesteht, nur noch kurze Zeit zu leben hat, wie würden Sie Ihr Verhalten zu ihm ändern?

„Auch nicht sehr viel, nachdem ich schon jetzt versuche, ihm das Höchste zu geben. Nur wenn er zu weit geht, kann ich grantig werden, aber das hat mit dem nichts zu tun. Aber ich würde alles versuchen, ob man da nicht was ändern kann. Oft hat sich herausgestellt, daß die Diagnose nicht stimmt."

Welche Botschaft wollen Sie auf Ihrem Sterbebett Ihrem Kind hinterlassen?

„Als erstes: paß auf, was du ißt. Übertreibe nicht, du hast nur eine Gesundheit. Lebe genügsam, stelle nicht zu hohe Ansprüche an dich und andere. Und die wichtigste Botschaft: nur das Gute zählt, das Böse laß weg. Und am Ende: versuch, ein bißchen gläubig zu sein."

Wofür leben Sie?

„Wenn ich andere Leute zufrieden mache, macht mich das am glücklichsten, oder wenn sie durch meine Arbeit, durch meinen Rat glücklicher sind."

Im Zusammenhang dieser Fragen – welche Frage fehlt?

„An welcher Stelle steht Religion für Sie?"

An welcher Stelle steht Religion für Sie?

„Absolut an erster Stelle. Ich will nicht behaupten, daß ich ein guter Katholik bin, aber ich will behaupten, daß man in der Not damit viel weiter kommt als ohne Glauben. Ich gehe, wenn ich kann, in die Kirche und höre die Predigt. Jede Predigt hat, wenn sie einigermaßen gut ist, was für sich – und wo bekommt man das sonst. Ich sehe die Sache so: die Kirche ist eine menschliche Institution, und mich stört, daß die katholische Kirche sich als alleinseligmachend erklärt. Ich war in Japan und hab' Leute in die Tempel gehen sehen. Ich finde Religion ganz wichtig, nicht, welche Kirche es ist."

Dorothea

Aus einem reinen Gefühl leben

„Dorothea, 66 Jahre alt. Ich wuchs von einem Kindermädchen betreut auf, die Eltern hatten wenig Zeit. Mit zwanzig Jahren Flucht, ich wurde auf eigene Füße gestellt, studierte bis zur Währungsreform Naturwissenschaften. Dann verdiente ich durch Bürotätigkeit Geld, um meinem Bruder das Studium zu finanzieren. Heirat, zwei Kinder. Der Mann starb, als die Kinder zwei und fünf Jahre alt waren. Ich ließ mich dann zur Volksschullehrerin ausbilden und übte diesen Beruf aus. Eine zweite Heirat, als der Große aus dem Haus war und der Kleine mit der Schule fertig. Diese Ehe scheiterte, aber ich bin nicht geschieden. Jetzt bin ich Rentnerin und lebe allein."

Wie lange möchten Sie leben?
„Schmerzen machen mir nichts aus. Aber ich möchte geistig nicht so senil sein, daß ich auf die Hilfe anderer angewiesen bin."
Wie lange, glauben Sie, werden Sie leben?
„Vielleicht noch zehn Jahre."
Wenn Sie erführen, daß Sie nur noch kurze Zeit zu leben hätten, vielleicht noch ein Jahr, was würden Sie an Ihrem Leben ändern?
„Ich habe jetzt das Gefühl, zu sehr verkopft zu sein. Ich möchte es möglich machen, aus einem reinen Gefühl zu leben. Was ich tue, würde ich beibehalten: ich führe Krankenhausgespräche und betreue kranke Kinder."
Wenn Sie erführen, daß ein Mensch, der Ihnen nahesteht, nur noch kurze Zeit zu leben hat, wie würden Sie Ihr Verhalten zu ihm ändern?
„Ich würde versuchen, noch liebevoller zu ihm zu sein. Wenn er es möchte, ihn öfter besuchen."
Welche Botschaft wollen Sie auf Ihrem Sterbebett Ihren Kindern hinterlassen?
„Es ist nicht wichtig, daß du viel Geld verdienst, daß im mate-

riellen Sinn alles um dich wunderschön ist. Es ist viel wichtiger, daß du dir Zeit für dich nimmst, daß du dich erkennst und so auf die anderen Menschen gut eingehen kannst."

Wofür leben Sie?

„Früher hätte ich gesagt, für meine Familie. Aber mein Sohn ist erwachsen und hat ein eigenes Leben, und mein Mann hat eine junge Freundin gefunden. Ich habe mir nun diese Aufgabe im Krankenhaus und mit den kranken Kindern gesucht, aber das füllt mein Leben nicht aus. Ich möchte doch mich selber noch vervollkommnen. Den Anspruch habe ich."

Im Zusammenhang dieser Fragen – welche Frage fehlt?

„Was verstehen Sie unter richtigem Leben?"

Was verstehen Sie unter richtigem Leben?

„Das weiß ich heute noch nicht. Ich möchte es in der mir verbleibenden Lebensspanne ergründen."

Ida

Lieben zu lernen

„Ida Bergmüller, ich werde bald 67 Jahre alt. Seit zehn Jahren lebt mein Mann nicht mehr hier auf dieser Welt. Es war wunderbar, mit ihm zu leben. Ich habe drei mal sieben Jahre gelebt, bis ich ihn getroffen habe, dann war ich fünf mal sieben Jahre mit ihm verheiratet. Nach seinem Tod hab ich gedacht, ich werde noch mal drei mal sieben Jahre leben müssen. Zunächst habe ich nicht gewußt, wie ich es werde überstehen können. Durch die große Güte und Liebe Gottes durfte ich erfahren, daß in meinem tiefen Leid immer wieder Licht zu mir gekommen ist. Immer öfter, immer mehr, immer heller und strahlender. Ich durfte erleben, wie viel das Leben noch für mich bereit hält in seiner Fülle, in seinem Reichtum. Ich habe eine wunderschöne Beziehung zu Hugo, zu meinem verstorbenen Mann, und heute, nach zehn Jahren, hat sie eine ganz besondere Qualität erhalten. Sie ist in beglückender Weise schmerzfrei geworden. Vielleicht ist es mir gelungen, ihn gänzlich freizugeben für seinen Weg drüben. Die Trauer zu durchleben war mir schwerste Arbeit. Ich mußte einen weiten Weg gehen durch tiefe dunkle Täler. Mir kommt der Vergleich mit einer großen Liebe in einer guten Partnerschaft: die Liebe wird nicht weniger, sie wird anders. Sie wird milder, stiller, inniger, tiefer. So ist es mit der Trauer. Ich fühlte es immer und fühle es heute ganz besonders: Hugo geht es unbändig gut. Und ich darf hier meinen Weg gehen. Ich darf blühen, so wie er es mir immer gewünscht hatte. Einmal ein Ausspruch von ihm: ‚Wenn ich einmal nicht mehr bin, dann mußt du so sein wie jetzt.' Ich bin sehr glücklich geworden wieder, und ich sehe einen weiten guten Weg vor mir. Ich fühle mein Leben fruchtbar und sinnvoll und bedanke mich dafür in tiefer Demut bei meinem Schöpfer.

Dieser Begriff von drei mal sieben Jahren hat sich inzwischen für mich verändert. Ich hab das Gefühl, es liegt noch so viel vor mir, daß ich noch viel länger Zeit brauche. Mein größter, mein einziger Wunsch ist es, daß ich soviel Reife erlange, daß ich wieder zu Hugo darf. Er war von einer unerhörten Reife. Und er war mir nicht einen Augenblick fremd, beim Kennenlernen nicht und auch bei seinem Tode ist es mir wieder zu Bewußtsein gekommen, daß wir schon früher miteinander verbunden waren. Schon beim Kennenlernen ist es mir aufgefallen, welche unerhörte Vertrautheit zwischen uns war. So eine Vertrautheit habe ich nicht annähernd mit einem anderen Menschen erfahren, im ganzen Leben nicht.

Etwas, was für mich wichtig ist: ich habe die Empfindung, daß wir genau richtig füreinander waren, er für mich und ich für ihn. Bei allen Komplikationen und Mißverständnissen, die das Leben in der Zweisamkeit mit sich bringt. Denn gerade nach dem Tod kommen einem immer auch Gedanken, was man hätte besser machen können. Und selbst unter diesem Aspekt habe ich das ganz sichere Gefühl, ich war die Richtige für ihn. Er für mich sowieso, aber auch ich für ihn. Wie ich meinen Mann kennengelernt hab', ist für mich ein Stern aufgegangen."

102

Wie lange möchten Sie leben?

„Wenn ich es mir aussuchen kann, dann würde ich gern so lange leben, bis ich das Gefühl habe, mein Leben ist vollendet. Und jetzt hab' ich noch so das Gefühl, es ist noch eine schöne Zeit, eine nicht zu knappe Zeit."

Wie lange, glauben Sie, werden Sie leben?

„Ich meine, es steht mir noch einige Zeit zur Verfügung."

Wenn Sie erführen, daß Sie nur noch kurze Zeit zu leben hätten, vielleicht noch ein Jahr, was würden Sie an Ihrem Leben ändern?

„Ich glaube, nichts."

Wenn Sie erführen, daß ein Mensch, der Ihnen nahesteht, nur noch kurze Zeit zu leben hat, wie würden Sie Ihr Verhalten zu ihm ändern?

„Noch liebevoller sein. Mein Wunsch wäre, diesen Menschen begleiten zu dürfen."

Welche Botschaft wollen Sie am Ende Ihres Lebens den Menschen hinterlassen?

„Daß der Mensch mit Gott alles ist und ohne Gott sehr arm."

Wofür leben Sie?

„Mich selbst zu erfahren, meine Mitte zu finden."

Im Zusammenhang dieser Fragen – welche Frage fehlt?

„Was ist das Wichtigste im Leben?"

Was ist das Wichtigste im Leben?

„Lieben zu lernen."

Evelyn

Erstmal entrümpeln

„Evelyn. Ich bin 67 und Rentnerin. Ich war in der Altenpflege beschäftigt, habe ein privates Altenheim selbständig geleitet. Ich habe eine Psychiatrieausbildung gemacht und war auch in einem psychiatrischen Krankenhaus tätig."

Wie lange möchten Sie leben?

„Solange ich gesund bin."

Wie lange, glauben Sie, werden Sie leben?

„Keine Ahnung. Es kann jeden Tag zuende sein, das weiß man ja nie."

Wenn Sie erführen, daß Sie nur noch kurze Zeit zu leben hätten, vielleicht ein Jahr, was würden Sie an Ihrem Leben ändern?

„Eigentlich nichts. Ich würde nur jeden Tag überlegter – also alles noch genauer planen. Ich denke manchmal schon, daß ich noch eine Aufgabe habe. Ich habe zwei Söhne, die mich eigentlich alle beide noch brauchen. Ich glaube, ich könnte gar nicht viel ändern, ich versuche schon, alles so bewußt wie möglich zu machen. In meinem Alter ist man eh schon dankbar für jeden Tag, den man gesund erlebt. Wenn ich ganz unabhängig wäre und frei und niemanden zu versorgen hätte, der von mir abhängig ist, dann würde ich vielleicht noch eine schöne Reise machen auf eine einsame Insel, wo man so richtig über sein Leben nachdenken kann und wo ich noch nie war."

Wenn Sie erführen, daß ein Mensch, der Ihnen nahesteht, nur noch kurze Zeit zu leben hat, wie würden Sie Ihr Verhalten zu ihm ändern?

„Auch nicht grundlegend. Man sollte ohnehin jeden Menschen so behandeln, als ob er nur noch kurze Zeit zu leben hätte. Was hab ich einmal so schön gelesen: ,Den eignen Tod, den stirbt man eben, doch mit dem Tod der andern muß man leben. ,Je älter man wird, desto schwerer wird das. Obwohl es manchmal auch leichter wird. Eine alte Dame wurde mal gefagt, ob sie viele Feinde und Neider hätte, da hat sie gesagt: ,nein nein, die hab ich alle überlebt.'"

Welche Botschaft wollen Sie auf Ihrem Sterbebett Ihren Söhnen hinterlassen?

„Da gibt es so schöne Gedichte.. ,Bewahrt einander vor Herzeleid…' Nehmt Rücksicht aufeinander. Und denkt immer so, als ob ihr nur noch kurze Zeit zu leben hättet. Bereit sein ist alles. Und: das letzte Hemd hat keine Taschen.

Bei uns ist das eh nicht so wichtig, weil sich nichts aufgehäuft hat. Aber wo was ist nach dem Tode, hu – da geht's los, da melden sich Angehörige, die man zuvor nie gesehen hat. Aber wenn's ans Erben geht, sind die dann da, und haben sich vorher nie gekümmert um den Verstorbenen."

Wofür leben Sie?

„Das überleg' ich mir oft. Ich möchte also wirklich den Sinn erkennen. Zunächst für meine Kinder, und das ist mir das Wichtigste. Daß alles in Ordnung wäre, wenn ich wüßte, ich hab' nicht mehr lang zu leben. Ich hab' mir früher immer vorgestellt, wenn ich auf dem Sterbebett liege, dann wünsche ich mir, daß alle um mich sind und ich nicht allein sterbe, und daß ich keine Angst haben muß und nicht verlassen bin – aber da wird wohl nichts draus. Denn meine Kinder sind ja nicht bei mir, wenn ich sterbe, und sonst hab' ich ja niemanden mehr."

Im Zusammenhang dieser Fragen – welche Frage fehlt?

„Wie stellen Sie sich Ihren Tod vor?"

Wie stellen Sie sich Ihren Tod vor?

„Inzwischen wünsche ich mir auch wie jeder, den ich höre, daß ich morgens einfach nicht mehr aufwache und nicht mehr da bin. Vor allem aber, daß mich vor dem Sterben der Verstand nicht verläßt, aber der verläßt in den letzten Stunden einen jeden. Darum ist es schön, wenn man vorbereitet ist. Das bin ich zwar, aber wenn ich mir vorstelle, ich sterb' jetzt in absehbarer Zeit, dann würde ich erstmal entrümpeln, daß nichts übrig ist, was die Hinterbliebenen belastet. Da wäre einiges wegzutragen. Wenn ich vorhin gesagt hab, ich würde nichts ändern – da wäre schon noch einiges zu tun. Ich habe so vieles aufgehoben, was ich selbst kaum brauch, was sollen die andern damit anfangen? Ich möchte niemanden damit belasten."

Johanna

Sterben kann man
kaum jemandem zumuten

„Johanna. Ich bin 1925 geboren, bin jetzt 67 Jahre alt, Hausfrau und Mutter von vier Söhnen, von denen nur zwei noch leben. Ich war 17, als ich in den Arbeitsdienst kam, einen Tag nach dem Abitur. Mein letzter Französischlehrer in Freiburg im Breisgau schenkte mir zum Abitur die Heilige Johanna von Shaw in Englisch und Deutsch, drückte mir beide Hände, sah mich an – ich hatte immer etwas Angst vor ihm, denn ich merkte, daß er als Mann von mir angetan war, und ich war ja noch ein Kind – und sagte: ‚Johanna, passen Sie auf, daß Sie nicht auf dem Scheiterhaufen enden!‘ Dieser Spruch ist mir wieder eingefallen, als mir im Arbeitsdienst das mit dem Eid passierte. Nach sechs Wochen Grundausbildung, während der man auch politisch ausgebildet und bearbeitet wurde, wurde man vereidigt. Der Eid war ungeheuerlich – man sollte beeiden, daß man sich für Führer, Volk und Vaterland bis zum letzten Blutstropfen einsetzen wollte. Und bei der Fahne mußte man das schwören, furchtbar. Die Eidesformel wurde uns am Abend vorher zum ersten Mal vorgelesen, und ich fand das ‚bis zum letzten Blutstropfen‘ so ungeheuerlich. Ich hab mir nicht viel überlegt, war sehr naiv, ging in das Büro und hab vor der versammelten Führerschaft oder Frauenschaft erklärt, diesen Eid könne ich nicht leisten. Ich ging dann in die Schlafbaracke und erzählte das den anderen Mädchen, die übrigens ‚Maiden‘ hießen – wir mußten immer ‚Maiden‘ sagen. In dieser ‚Kameradschaft‘, so hieß eine Schlafgemeinschaft, waren zufällig besonders viele Abiturientinnen. Nach langen Gesprächen schlossen sie sich alle mir an und erklärten mir, ‚wir gehen morgen mit dir in die Führerinnenbaracke und werden diesen Eid auch nicht leisten.‘ In der Nacht kam die eine Führerin, die mich wie eine Tochter liebte, zu mir ans Bett, weckte mich ganz leise und sagte, ‚ich flehe Sie an, sagen Sie das nicht, wenn Sie morgen noch mal gefragt werden. Ich kann Ihnen nicht sagen, was mit Ihnen passieren wird, aber ich flehe Sie an, bitte kommen Sie morgen ins Büro und sagen Sie, Sie wollen den Eid doch leisten. Es wird sonst furchtbar für uns beide, aber besonders für Sie.'

Am nächsten Morgen hab' ich das den anderen auch gesagt. Ich glaube, wir alle haben da zum ersten Mal die Gefahr gespürt, in der wir da waren. Wir hatten mit dem Leben ja noch gar keinen Kontakt gehabt, es war eine gute Schule gewesen und die Lehrer waren auch alle keine Nazis. Ich war kein überlegter Widerstandstyp, es war nur eine instinktive Abwehr. Ich hab' mir das nicht überlegt gehabt, wohl weil ich noch so jung war.

Ich mußte mich dann verantworten vor dem Gremium, das den Eid abnahm und eigens zu diesem Zweck angereist war. Die anderen Führerinnen, sicher nicht meine nette da, hatten es denen schon erzählt, daß ich den Eid nicht ablegen wollte, und dann nahmen die mich in die Zange: ,woher dieser Gesinnungswandel?' Ich hab denen sehr glaubhaft dargestellt, daß ich die ganze Nacht mit mir gerungen hätte, und nun schließlich aus Überzeugung den Eid ablegen wolle, während ich ihn vorher ja nur nachgeplappert hätte. Da kann man natürlich heute sagen, deshalb blieb ja auch das Regime am Ruder, weil alle Angst hatten. Weil jeder seine Haut retten wollte. Und das stimmt auch, und das kann man gut sagen, und das sage ich auch. Aber weil jeder leben wollte, und das muß man erst mal erleben. Da habe ich gegen meine Überzeugung aber doch meine Haut gerettet, und das war auch feige. Vor ungefähr sechs Jahren habe ich in der ,Zeit' von einem jungen Arbeitsmann gelesen, der den Eid verweigert hatte und dafür standrechtlich erschossen wurde. Ich weiß nicht, ob das bei den Mädchen im Arbeitsdienst auch so gehandhabt wurde.

Das war das erste Mal in meinem Leben, daß ich Todesangst hatte und am Leben bleiben wollte. Das ist keine Entschuldigung, aber eine Erklärung. Natürlich funktionieren solche Systeme nur, weil die meisten Leute am Leben bleiben wollen. Mir haben als Kind die Märtyrer sehr imponiert, aber ich konnte dann doch keiner sein. Es schmeckt einem natürlich nicht, daß man dieses Format nicht aufbringen konnte, so im nachhinein. Aber nun hatte ich das nicht."

Wie lange möchten Sie leben?

„Manchmal denke ich, es ist genug. Nicht, weil ich lebensmüde bin, sondern weil ich das Gefühl habe, es ist etwas Abgeschlossenes. Und dann kommt wieder das Gegenteil, daß ich doch noch länger leben möchte. Genau an Jahren wie lange, das könnte ich nicht sagen. Ich weiß ja auch im voraus nicht, wie ich noch werde. Manchmal, wenn ich sehr glücklich bin, auch allein, in einer Stadt, denke ich ‚mein Gott – jetzt möchte ich sterben!' Das letztemal in Siena, nachts bei Vollmond, das war so wunderschön."

Wie lange, glauben Sie, werden Sie leben?

„Ich habe mir einmal fest eingebildet, ich sterbe mit 33. Das war so mit dreißig Jahren etwa. Und als ich 33 war, ist mein Sohn verunglückt und am Tag drauf gestorben. Da war mir eigentlich, als wäre ich gestorben. Danach habe ich nie mehr drüber nachgedacht, hab' dann auch noch zwei Söhne bekommen."

Wenn Sie erführen, daß Sie nur noch kurze Zeit zu leben hätten, vielleicht ein Jahr, was würden Sie an Ihrem Leben ändern?

„Ich wäre ehrlicher zu anderen Leuten. Ich würde mich Dinge trauen, die ich mich jetzt nicht traue. Obwohl ich keine Hemmungen vor anderen habe, aber ich habe Angst. Nicht davor, denen weh zu tun, sondern davor, daß ich denen was sage, worauf die mir dann weh tun könnten. Ich habe Angst, verletzt zu werden. Ich weiß, daß ich oft mehr sagen sollte, es wäre meine Pflicht.

Auch würde ich einigen Leuten endlich schreiben und mich bedanken und etwas sagen, von dem ich immer denke, ich kann es ja später noch sagen. Aber dann kann ich es ja nicht mehr sagen. Übrigens hab ich mir das schon sehr oft überlegt, auch als ich jünger war, was würde ich dann machen. Ich würde alles so machen, wie ich es bis jetzt mache, nur eben ganz ohne Angst. Es ist doch eine ungeheure Chance zu wissen, es kann mir keiner, ich geh ja bald. Es gibt schon Leute, vor denen ich Angst habe, und die brauchte ich dann nicht mehr zu haben."

108

Wenn Sie erführen, daß ein Mensch, der Ihnen nahesteht, nur noch kurze Zeit zu leben hat, wie würden Sie Ihr Verhalten zu ihm ändern?

„Das ist natürlich viel härter. Wie überhaupt der Tod anderer viel härter zu verkraften ist als der Gedanke an den eigenen Tod. Denn nach dem eigenen Tod ist man selber ja nicht mehr da, aber nach dem Tod geliebter Menschen muß man ja das Leben noch aushalten ohne die. Ich habe das Sterben eines alten Menschen mit meinem Schwiegervater erlebt. Wir wurden aus dem Krankenhaus angerufen, daß er nur noch einen Tag zu leben hätte. Wir fuhren hin und stellen Sie sich vor, es hatte ihm dort noch niemand gesagt, daß er sterben würde. Er lag an Infusionen, die Familienmitglieder standen hinter seinem Rücken in einer Ecke, hielten sich aneinander fest und weinten, als ob *sie* sterben würden. Sein Gesicht hatte sich total verändert. Wahrscheinlich kann man das auch biologisch erklären, aber ich denke, es war eine Veränderung von innen. Er hatte einen Ausdruck, den er nie gehabt hatte. Er hatte das Gesicht eines westfälischen Bauern, und jetzt war es durchgeistigt. Als er uns mit dem Arzt stehen sah, winkte er mich zu sich. Er wollte mir etwas ins Ohr sagen, ich sollte mich ganz runter beugen. Dann hat er mich gefragt, ,sag mal, Deern, muß ich sterben?‘ Er sagte ,Deern‘, weil ich so jung war. Ich sagte dann nur, ,ja, Opa.‘ Dann hat er meine Hand gefaßt, das konnte er noch. Viel konnte er nicht mehr sagen, aber das hieß wohl so viel wie ,danke.‘
Und dann fiel mir ein, daß er, wenn die ganze Familie spazierenging durchs Dorf, einen vorschickte und sagte, ,Boselmann, geh du voran,‘ und der ging dann vor. Das sagte ich dann zu ihm – ,Boselmann, geh du voran, und wir kommen alle hinter dir her!‘ Da haben wir beide gelächelt. Und da hat er mich was gelehrt, der Schwiegervater. Sein Gesicht war zwar etwas maskenartig, es waren kaum mehr Falten in dem Gesicht, das können die Mittel gegen die Schmerzen gewesen sein.
Aber ich fand es so durchgeistigt, sein Gesicht.
Aber eigentlich haben Sie mich etwas anderes gefragt, nämlich was ich täte, wenn er in kurzer Zeit stirbt. Das wünsche ich mir einfach, daß niemand, den ich sehr liebe, vor mir stirbt.“

Welche Botschaft wollen Sie auf Ihrem Sterbebett Ihren Kindern hinterlassen?

„Den Grabspruch des Magisters von Biberach:
Ich leb und weiß nit, wie lang,
Ich stirb und weiß nit, wann,
Ich fahr und weiß nit, wohin,
Mich wundert, daß ich fröhlich bin!"

Wofür leben Sie?

„Na, das ist aber eine Frage! Wofür? Da könnte ich ganz brutal sagen, ich bin in diese Welt gesetzt worden, ohne gefragt zu werden. Jetzt leb ich erstmal für das Leben, und schließlich, um dann nicht mehr zu leben. Dieser antike Gedanke, daß wir sterben, um den anderen Platz zu machen, der hat mich immer überwältigt. Wir genießen das Dasein eine Zeitlang und dann sterben wir, um den anderen Platz zu machen.

Im Zusammenhang dieser Fragen – welche Frage fehlt?

„Leben Sie gern?"

Leben Sie gern?

„Ja. Auch wenn ich im Grunde genommen denke, die Welt ist ein Jammertal. Aber das ist meine ganz persönliche Sicht. In dem Jammertal gibt es natürlich auch wunderschöne Oasen. Was man noch fragen könnte: ‚Wie möchten Sie sterben?'"

Wie möchten Sie sterben?

„Also möglichst schmerzlos. Ich kann Schmerzen nicht gut aushalten. Wenn man mir sagen würde, du mußt ein halbes Jahr unter fürchterlichen Krebsschmerzen sterben...
Ich möchte es möglichst wissen, zuvor. Früher hätte ich gedacht, ich möchte, daß jemand bei mir ist, aber jetzt denke ich, ich möchte lieber allein sein, denn man ist ja ohnehin allein im Sterben. Und man kann das ja auch kaum jemandem zumuten. Das ist ja eine Zumutung, es sei denn, jemand hat das gelernt, Sterbebegleitung. Jedenfalls wäre es ein Horror für mich, der Gedanke, zu sterben mit einer weinenden Familie im Hintergrund wie bei meinem Schwiegervater. Der wollte doch anständig sterben und seinen Tod möglichst auch erleben, und die konnte er nicht einmal sehen, die anderen, die standen da hinter

dem Bett rum – die hatten selbst Todesangst, denke ich jetzt. Möglichst normal will ich sterben. Irgendwann einfach aufhören zu atmen. Mir fällt gerade auf: mit meinen Söhnen kann ich im allgemeinen über alles reden. Aber wenn ich mal sage, wenn ich tot bin, dann hätte ich gern dies oder jenes so oder so, dann machen sie nicht mehr mit. Dann ist das für mich eine Mahnung, so kann man doch nicht darüber sprechen, nicht zu anderen, nur zu sich selbst. Wenn ich gesagt hatte, ‚da bin ich doch schon längst über den Jordan‘, hab’ ich gemerkt, das war geschmacklos von mir oder herzlos. Das sind Tabus, wenn man an die rühren möchte, das geht doch nicht. Da kann man nicht locker sein.

Ich will mich selbst davon überzeugen, daß das normal und alltäglich ist – ich bin geboren und gehe irgendwann über den Jordan. Darüber reden wie jetzt mit Ihnen, weil ich auch das Gefühl habe, Sie verstehen mich, ist wohltuend. Aber wenn der Gedanke einen hinterrücks überfällt, dann ist das wie ein Überfall. Dann sind all diese Sachen, die man sich vornimmt ‚so möchte ich darüber denken‘ wie weggefegt.

Was mich dann wieder lebensfroh macht, wie, kann ich gar nicht sagen, das sind philosophische Bücher oder Vorlesungen, die auf mich wie ein Stimulanz wirken, besonders, wenn dann noch jemand dabei ist, mit dem man sich unterhalten kann. Das kann man ganz wenigen Leuten glaubhaft versichern, daß das reine Freude ist, philosophische Vorlesungen. Oder Bücher und Unterhaltungen auch. Die meisten denken, das sei lebensfern und zu schwierig, aber es ist das Leben. Was macht denn die Philosophie – die denkt über alles nach, was im Leben vorkommt.“

Nochmals Johanna: Warum nicht schon jetzt?

Zwei Monate nach unserem Gespräch rief Johanna mich an um mir zu sagen, daß es ihr Mut gemacht und ihr Leben verändert habe. Ich bat sie, ihre Erfahrung aufzuschreiben. Hier ist sie:

„Im Oktober des Jahres 1992 ging ich zu Dr. Petra Knapp in ihre Wohnung in der Ainmillerstraße. Weil sie an einem Buch über Todesangst und Lebensfreude schrieb, hatte sie mich und andere Menschen gebeten, ihr im Zusammenhang mit diesem Thema stehende Fragen zu beantworten. Eine der Fragen, die sie mit nüchternem aber sehr eindringlichem Tonfall stellte, war diese: ‚Was würden Sie tun, wenn Sie erführen, daß Sie nur noch kurze Zeit zu leben hätten?‘ – oder ähnlich. Weil ich mir diese Frage schon oft selbst gestellt hatte – auch schon in der Zeit, als ich noch jung war –, glaubte ich, eine Antwort zu haben. Aber ich hatte keine und wußte auch in diesem Moment, eine Antwort würde ich nur in dem je eintretenden Fall finden. Aber eines gab ich doch zur Antwort, etwas, was mir in diesem Augenblick ohne Überlegung einfiel: ‚Dann mußte ich keine Angst mehr haben.‘ Keine von den Ängsten, die ich immer wieder im Leben hatte vor Menschen, die mir gegenüber Drohungen aussprechen und damit auch immer Erfolg hatten. Aus Angst verhielt ich mich dann so, wie sie es erwarteten, eigentlich feige und meiner unwürdig.

Als ich später vor dem Haus stand, fielen mir plötzlich, wirklich plötzlich, die berühmten Schuppen von den Augen. Ich glaube, ich griff mir sogar an den Kopf. Ich hatte die Erkenntnis gewonnen: Warum verhalte ich mich nicht schon JETZT so? Der Tod ist mir ja schon immer gewiß, die Länge oder Kürze des Lebens dürfte doch vor dessen Hintergrund – oder soll ich sagen: vor seiner Folie – keine Rolle spielen.

Das warme und helle Gefühl, das bei diesen Gedanken in mir aufstieg, habe ich in der Zeit darauf nicht immer spüren können, manchmal hatte ich sogar Angst, ich könne die ganze gemachte Erfahrung wieder verlieren. Dann gehe ich den Gedankenweg noch einmal, es ist manchmal schwer, manchmal aber leicht wie beim erstenmal.“

Jenny

Üben, das klare Licht zu erkennen

„Jenny. Ich bin 67 und habe drei Kinder. Ich bin auf der Suche nach dem, was für mich stimmig ist, lange durchs Leben geholpert. Die Ehescheidung war für mich *die* Lebenskrise. Diese Krise war eine Chance. Lebenskrisen können wirksam sein wie ein Lama, wie ein guter Freund. Sonst hoppel ich da munter umeinander und fühle mich gut auf dem Wege. Wenn mein geschiedener Mann mich anruft und fragt, ‚wie geht's dir?‘, kann ich nur immer dasselbe sagen: ‚ich fühl mich heiter und gut.‘"

Wie lange möchten Sie leben?
„Begrenzt. Nicht zu lange. Ich hab meinen Vater mit 99 Jahren begraben, das hat vieles an Fragen in mir wachgerufen. Wenn ich sehr krank werde, kann ich mir vorstellen, daß ich dann handle, um selber den Zeitpunkt zu bestimmen. Ich bin fest entschlossen, es nicht bis zu Ende durchzustehen und nicht auf Abberufung zu warten, sondern selbst zu handeln. Wenn sich das Leben aber so dahinläppert, weiß ich nicht, ob ich dann sage, ich bestimme den Zeitpunkt. Ich erlebe Leben immer noch als Fülle und voller Neuigkeiten und Überraschungen. Wenn es mir gut schmeckt, esse ich mich nie ganz satt. Als fraktales Muster auf das Leben übertragen hieße das, nicht warten ‚was bringt der nächste Tag?‘ Wenn Sie nachher gehen, mache ich eine Radltour von zwei Stunden, und das mache ich täglich. Es ist noch so viel Fülle und Aktionismus da. Aber es war mir ein großer Anschauungsunterricht, wie es bei meinem Vater fast unmerklich jeden Tag etwas weniger wurde. Und ich frage mich, merkt man es selbst, wenn man abbaut? Ich hab' meine Kinder aufgehetzt, es mir dann zu verstehen zu geben."
Wie lange, glauben Sie, werden Sie leben?
„Ich fühle mich sehr gesund und sehr aktionsfreudig. Meine Mutter, alle Frauen der Familie starben um die sechzig, mein

Vater starb mit 99 – so die Mitte, mit 75 bis achtzig. Das würde mir auch reichen, denke ich. Wenn ich nicht mehr erfassen kann, was der Tag bringt und so die Isar im Herbst – ja, so rechne ich ungefähr."

Wenn Sie erführen, daß Sie nur noch kurze Zeit zu leben hätten, vielleicht noch ein Jahr, was würden Sie an Ihrem Leben ändern?

„Ich würde mein Leben dann sehr ausrichten, intensivieren. Mit einem Meditationsmeister, einem Menschen meines Vertrauens, würde ich sehr viel meditieren, und Gespräche mit meinen Kindern würde ich suchen. Wenn ich das könnte – ich wäre dann ja wahrscheinlich krank –, kleine schöne Wanderungen machen. Der Schwerpunkt läge aber auf Meditieren. Ich stehe kolossal unter dem Einfluß eines Seminars von diesem Sommer über den Bardo Thödol, das Tibetanische Totenbuch. Es geht darum, das Urlicht zu erkennen, und um es zu erkennen, muß ich üben. Die Voraussetzung ist üben, üben, üben – sonst erschreckt das klare Leuchten und wird nicht als solches erkannt. Wenn man Glück hat und intensiv genug übt, erscheint es ja schon. Und im Augenblick des Todes ist es dann ein Wiedererkennen. Auch von Menschen, die im Zwischenzustand waren und wieder zurückgeholt wurden, weiß man ja, daß sie das Licht gesehen haben. Das soll wohl in allen Kulturen so sein."

Wenn Sie erführen, daß ein Mensch, der Ihnen nahesteht, nur noch kurze Zeit zu leben hat, wie würden Sie Ihr Verhalten zu ihm ändern?

„Ich würde ihm zuhören, ihn begleiten, mit all meinen Möglichkeiten, hauptsächlich mit all meinen spirituellen Erfahrungen mich ihm widmen. ‚Widmen' ist so ein schönes Wort im Buddhismus. Dazu muß ich sagen, daß das auf einem persönlichen Erlebnis beruht. Auf seinem Sterbelager wurde mein Vater von einem Verwirrungszustand überfallen, während ich bei ihm war. Ich hatte gar keine Beziehung zu ihm, wir waren uns ganz fremd. Ich nahm seinen Zustand auf als Projektion seines Selbst und ich konnte ihn auf einer tiefen Bewußtseinsebene treffen, ihn spiegeln und ihm dadurch seine Identität wieder schenken. Aus dem völlig verängstigten verwirrten Gesichtsausdruck wurde ein Strahlen, ein Leuchten: sich selbst durch den anderen gefunden zu haben. Entdeckt zu haben, daß sein Bewußtsein und mein Bewußtsein einmünden in einen letzten Bewußtseins-grund. Und wir beide waren glücklich. Dieses gemeinsame Erle-ben hat bei uns beiden deutlich nachgewirkt, aber das war schon wie nicht von dieser Welt. Als ich das meinem Bruder erzählt hab, sagte ich, ‚ich habe ihm seine Identität zurückgespiegelt.‘ Aber jetzt glaube ich, darum geht's nicht – ich habe ihm viel-mehr gezeigt, worum es geht. Aha! darum geht es, das war es ei-gentlich, was ich hätte erkennen sollen! Es war tatsächlich mehr, als daß er nur wieder eine Sicherheit hatte. Es war so überra-schend und so ein Glück. Die Achtsamkeit und das Gewahrsein, den nackten Geist zu erfahren, dazu bin ich erst wach und acht-sam darauf geworden durch das Seminar im Sommer. Es galt nicht, eine Beziehung wieder aufleben zu lassen, die gab's gar nicht. Daher komme ich viel eher auf den gemeinsamen Be-wußtseinsgrund."

Welche Botschaft wollen Sie am Ende Ihres Lebens Ihren Kindern hin-terlassen?

„Schaut euch um, haltet die Augen offen, seid neugierig und kri-tisch gegenüber allem, was jemals jemand in der Welt gesagt hat, übernehmt nichts. Dann werdet ihr vielleicht den Weg finden, den ich als den letzten möglichen für mich erkannt habe. Haftet nicht an dem oberflächlichen alltäglichen Bewußtsein, zähmt euren abschweifenden Geist. Und versucht euren Geist zu ver-körpern, so daß euer Geist wirklich in euch präsent ist und ihr in diesem Erkennen euer Leben selber steuern könnt. Den Geist verkörpern in sich und aus diesem Bewußtsein leben, da fällt al-les Kleckerliche ab. Das bedeutet keine Ichbezogenheit. Das Ich verschwindet da völlig. Es bedeutet Wechselwirkung und gegen-seitige bedingte Abhängigkeit eines jeden von allen anderen. Das umfaßt so vieles, das ist schwer in solche Enge zu pressen. Das ist so ein langer Atem, das kann man nicht in so kleine Schritte aufteilen."

Wofür leben Sie?

(Sie lacht) „Ganz bestimmt hab ich keine Sinndeutung meines Seins. Ziel des Buddhismus ist, daß der Kreislauf der Wiederge-burten aufhört und in den Bewußtseinsgrund mündet. Das ist noch nicht meins. Mein Bild ist eher, diese Energiefelder, wenn

ich das als Ozean sehe, bin ich eine für einen Moment aufschei-
nende ephemere Manifestation, kristallisiere mich aus und sinke
zurück. Und daß ich sauber und ausgeformt wieder lande – dafür lebe ich."

Im Zusammenhang dieser Fragen – welche Frage fehlt?
„Wie weit auf dem Weg Ihres Lebensentwurfs sind Sie denn gekommen?"

*Wie weit auf dem Weg Ihres Lebensentwurfs sind Sie denn gekom-
men?*
„Da brauch' ich noch Äonen!"

Leopold

Verbunden mit dem Ganzen

„Leopold. Ich bin jetzt 70, Jurist im Justizdienst, jetzt im Ruhe-
stand. Verheiratet, vier Kinder Jahrgang 1945 bis 1960, drei Enkel.
Meine Eltern waren für mich eine Fülle an Liebe und an guter, natürlich wie üblich auch ungeschickter, Wegweisung, aber im Wesentlichen ein ungeheures Glück. Eine Großmutter als Inbegriff
liebender Fürsorge. Die Lehrer waren ungemein, über das übliche
Maß hinaus gebildete und erzieherisch fähige Lehrer, die zugleich
auch Freunde waren, damals schon. Eine herrliche Heimat, Tepl
und Marienbad. Dann ein scheinbar widriges Schicksal, das natürlich auch Aufgabe war und mir mehr Leben erschlossen hat, als mir
sonst zugekommen wäre. Ich war fast zu Tode verwundet worden
mit schwersten dauernden Verletzungen. Reichtum: eine großartige Frau und liebe, gesunde und schöne Kinder. Alles andere war
nur noch ein Herauswachsen aus diesen Geschenken. Mit einer
Fülle von Fehlern, Versäumnissen, aber gutem Willen."

Wie lange möchten Sie leben?
„Ich habe immer gedacht, daß ich 120 Jahre alt werde, genauer: 104. Wie ich auf die Zahl komme, weiß ich nicht. Ich möchte leben, bis mein Leben erfüllt ist. Wie lang, ist mir eigentlich nicht so wichtig.

Es ist ja nie zuende. Die Aufgaben hören nicht auf, die Liebe, die man geben kann und geben möchte, hört auch nicht auf und von daher ist ein bleibendes Bedürfnis da, ewig zu leben. Aber da ich den Tod nicht als Zäsur sehe, mehr als Wandlung, ist es auch nicht so wichtig, alles zu erfüllen, was man so unendlich vor sich sieht. Wichtig ist, den Augenblick zu erfüllen. Das schließt nicht aus, daß man die Zeit empfindet, von ihren Inhalten oft geradezu überflutet wird zeitweise, und darin standhalten, auswählen, sich entscheiden muß. Auch die mit der Zeitlichkeit und der Endlichkeit verbundene Angst empfindet. Wichtig ist, sich dem zu stellen – nein, das ist zu aktiv –, wichtig ist, daß man das Leben gelassen lebt. Das Erleben ist ein Teil, das Bewußtsein, das Leben ist das Ganze. So daß man zwar der Einzelne ist, in seiner Existenz aber völlig verbunden mit dem Ganzen."

Wie lange, glauben Sie, werden Sie leben?
„Bis 80, das ist eine einigermaßen realistische Einschätzung, jetzt bin ich 70. Ich bin jetzt gerade dabei, Ordnung zu machen, Testamente zu schreiben, und es kann sein, wenn diese Dinge erledigt sind, daß eine Verwandlung vor sich geht, die mich tatsächlich zu den 104 Jahren führt. Es kann aber auch sein, daß ich mittendrin abberufen werde. Ich denke, daß viele Tode selbst gewählt, nein, selbst bestimmt sind. Daß wir es selbst in der Hand haben, wie lange wir leben. Nicht so sehr durch gesunde Ernährung, sondern indem wir alles ausschöpfen in Freude und Leiden.

Von dieser Vitalität hängt viel ab. Das tragen wir zu unserer Lebenslänge selbst bei. Daß uns das dann gewährt wird, ist auch wichtig. Wir haben Macht, aber keine Allmacht. Wir stehen allerdings immer in dem Widerstreit, die Macht zur Allmacht ausweiten zu wollen oder nach Niederlagen uns ohnmächtig zu fühlen."

Wenn Sie erführen, daß Sie nur noch kurze Zeit zu leben hätten, vielleicht noch ein Jahr, was würden Sie an Ihrem Leben ändern?

„Ich glaube, man könnte gar nicht so viel ändern. Änderung ist kein äußerer Vorgang, sondern eigentlich ein innerer. Ich würde allenfalls dieses Aufräumen, dieses Summieren, dieses Sammeln der Substanz beschleunigen, verkürzen. Ich würde mich noch intensiver den Menschen zuwenden, die ich liebe, und ihnen möglichst viel Freude machen. Dabei wäre entscheidend, daß nicht dieses Krampfhafte dabei wäre, Freude machen *wollen*. Freude kommt aus der Liebe. Es würde eine Steigerung der Liebe eintreten, und zwar eine ungewollte. Das Wollen ist sicher notwendig als Planen für Weg und Ziel, aber das Wesentliche ist, daß das Leben aus dem Leben herausströmt und damit eben die Liebe.

Die Menschen, die einem ferner sind – es gibt keinen, den ich nicht liebe –, denen gegenüber habe ich diese Trauer, daß man nicht jeden erreicht von der Endlichkeit her. Da kommt der Trost aus der Unendlichkeit und Barmherzigkeit Gottes. Auch hier wieder: Macht ist nicht Allmacht. Auch das müssen wir sehen.

Ergebnis wäre also: so viel zu ändern wäre nicht, nur zu intensivieren und noch offener zu sein. Und ich würde in Ruhe das Ende erwarten."

Wenn Sie erführen, daß ein Mensch, der Ihnen nahesteht, nur noch kurze Zeit zu leben hat, wie würden Sie Ihr Verhalten zu ihm ändern?

„Kaum. Ich würde ihm mehr Zeit widmen. Ich würde versuchen, ihn auf diesem Weg liebend zu begleiten. Aber eigentlich tue ich dies schon immer. Das haben frühe Erfahrungen mich gelehrt, der frühe Tod des Vaters, die Einsicht, welches Geschenk jeder Mensch ist, der Wert jedes Lebens. Von daher ist eine natürliche Zuwendung zu den Menschen bei mir da, ein originäres Interesse.

Was sich ändern würde, wäre, daß weniger Selbstliebe und mehr Liebe zum anderen da wäre. Das hab ich in den letzten Jahren erfahren mit Menschen, die gestorben sind – zum Teil früh, wie ein Freund, der mit Mitte 50 starb. Der hat, wie ich später von seiner Frau erfahren habe, zu ihr gesagt, ‚mit allem, was du an

Fragen und Sorgen hast – geh zum Leopold.' Hier zeigt sich der Wert der menschlichen Gemeinschaft.

Im Grunde sind Trennungen ein Stück Tod. Entfremdungen, Entfernungen, alles das ist bereits ein Stück Tod. Ein Tod, den – ich sehe das aus der religiösen Antwort: ,Tod als Urschuld' – wir gestalten, wir selber. Durch Schuld, durch Mangel an Wahrnehmung, an Aufmerksamkeit, an gutem Willen, an Liebe. Liebe ist Aufmerksamkeit, Erkennen, ist unsere Pflicht als Forderung des Tages, des Augenblicks.

Ich würde ihm mehr Liebe, mehr Zeit widmen. Die Zeit ist unser einziger Reichtum. Ich habe 1949 in einer Krise aufgeschrieben: ,Die Zeit ist unser einziger Reichtum, mit ihr sollst du sorgsam umgehen und nur zahlen, was es wirklich wert ist.'"

Welche Botschaft wollen Sie auf Ihrem Sterbebett Ihren Kindern und den anderen Menschen hinterlassen?

„Liebt einander!"

Wofür leben Sie?

„Um den Entwurf zu erfüllen, der ich bin.

Und zwar im Ganzen und für mich. Und das ist eigentlich eine ungeheure Freude. Je älter ich geworden bin, von Kindheit an, umso mehr haben sich die Dinge erschlossen, die Zusammenhänge. Ich habe letzhin meinem Sohn diesen Satz dargelegt: ,ich liebe Dein Gesetz, o Herr.' Das Gesetz nicht als etwas, das einengt, das zwingt, sondern die Gesetzlichkeit als Zusammenspiel, als Zusammenwirken. Worauf das beruht, diese Gesetzlichkeit ist etwas Wunderschönes. Das ist keine Einengung, sondern ist Erfüllung, je mehr man das begreift. Der eigene Wille wird nicht eingeengt, er wird entfaltet. Ich habe mich auch gefragt, wie komme ich zu dieser Ansicht, ist es nicht ein Kompensieren von Mängeln? Dem frühen Verlust des Vaters und später der Verwundung – aber die Leichtigkeit, mit der ich diese Dinge nehmen konnte, das ist meiner Ansicht keine Kompensation gewesen. Die Kraft, die da strömte, durch die es immer selbstverständlich war, daß man alles Schwere besteht, das war keine Kompensation. Zunächst schon, da ist manches sicher Kompensation, es kommt nur darauf an, daß sie später aufgelöst wird und man zum Grund dringt."

Im Zuammenhang dieser Fragen – welche Frage fehlt?

„Wie stellen Sie sich den Fortgang vor?"

Wie stellen Sie sich den Fortgang vor?

„Eine Verwandlung und eine Wandlung. Die Verwandlung, die darin steht, daß Leib und Seele sich trennen, daß der Leib aufgeht in der Erde – eine herrliche Vorstellung! – zu allen möglichen Substanzen zu werden: die Blume, die aus dem Grab wächst, die Würmer, deren Nahrung ich bin, die Erde, die sich aus mir bildet. Und darin wieder die Gesetzlichkeit: alles besteht aus den gleichen Bausteinen, Atomen, Molekülen. Und das andere, die Wandlung: die gestalteten Kräfte, der Geist, den ich durch mein Leben mitgestaltet habe, der wird jetzt eingezogen, wieder aufgenommen ins Ganze. Daher ist es auch nicht gleichgültig, wie man lebt, was man aus seinem Leben macht. Ich kann mir vorstellen, daß die Würmer manchmal sagen, ‚schon wieder so eine Raucherlunge!' Ich möchte den Würmern ein Festmahl geben. Deswegen möchte ich auch nicht verbrannt werden. Und die Blumen! Deswegen möchte ich auch nicht zu verkalkt sterben, die Pflanzen gedeihen dann nicht. Der Tod kann ein letzter großer Akt der Liebe sein. Gegenüber den Würmern, aber nicht ich gebe mich ihnen, ich werde ihnen gegeben. *Wie* ich ihnen dargeboten werde, das, kann ich mir vorstellen, ist ein letzter großer Einklang mit der Natur. Ich sehe die Natur als Leben an und behandle sie auch so, wie eine Geliebte.

Der geistige Aspekt, das ist ein Geheimnis, dem ich gelassen entgegengehe. Ein Flug in die Heimat. Das Wissen von allem. Natürlich durch eine Phase der Trauer und des Schmerzes, aber das wissen wir ja, wenn wir gute geistige Kaufleute sind und am Abend unsere Bilanz machen. Aber dann jemand, der den Schuldschein zerreißt, einen anlächelt und alles ist gut."

Lilo

Ich möchte Spuren hinterlassen

„Lilo Gleuwitz, 73 Jahre, Redakteurin. Das Thema Freundschaft ist mir sehr wichtig. Je älter ich werde, desto mehr Freunde habe ich, und die sind alle viel jünger als ich. Das ist etwas, was mich sehr beglückt und was ich sehr pflege."

Wie lange möchten Sie leben?
„Ich möchte nur so lange leben, solange ich nicht pflegebedürftig bin."
Wie lange, glauben Sie, werden Sie leben?
„Das ist ja eine Mischung zwischen Hoffnung und Statistik – nach meinem augenblicklichen Gesundheits- und Geisteszustand schätze ich so bis Ende siebzig."
Wenn Sie erführen, daß Sie nur noch kurze Zeit zu leben hätten, vielleicht noch ein Jahr, was würden Sie an Ihrem Leben ändern?
„Das ist eine schwierige Frage, weil das auch vom Gesundheitszustand abhängt. Wenn man nur noch ein Jahr zu leben hat, ist man ja wahrscheinlich zum Beispiel krebskrank und hat gar nicht die Energie, viel zu ändern. Ich glaube, ich würde noch intensiver leben bis in allerkleinste Kleinigkeiten. Ich hab zum Beispiel erst in letzter Zeit kapiert, wie schön ein einzelnes Blatt ist von einem Baum, oder eine Kastanie.
Ich würde Spuren hinterlassen. Das mache ich übrigens jetzt schon. Mit Spuren hinterlassen meine ich zum Beispiel, Erinnerungen an mich zu schaffen. Es gibt so ganz einfache Beispiele: ich habe ein winziges Gärtchen in Prien mit einem dreijährigen Apfelbaum, und dieses Jahr hat er sehr viele wunderschöne Äpfel getragen. Da hab' ich zu der Zeit, als die Äpfel am Baum reif waren, meine Tochter und ihre beiden Kinder, zwei Mädchen, eingeladen. Und wenn die drei einen Spaziergang machten oder zum See runtergingen, haben sie sich einen Apfel selbst gepflückt. Ich denke, daß das bei den Kindern von vier

und zwei Jahren schon haften bleibt: die Oma und die Äpfel vom Baum.

Ich entdecke an mir, daß ich spontan nett zu Leuten bin, und hinterher kommt mir erst, daß ich unbewußt dadurch auch Spuren zu legen versuche. Es ist mir ein paarmal passiert, daß sich jemand bei mir an einem Buch begeistert hat, und acht Tage später hab ich es ihm anonym nach Hause geschickt – also nicht das, sondern das gleiche. Oder wenn mir jemand so beiläufig erzählt hat, daß ein Verwandter von ihm krank ist oder er selbst, daß ich dann nach einer Weile anrufe und frage, wie's geht. Ich hab mir auch angewöhnt, und das ist auch aus diesem Wunsch, Spuren zu hinterlassen, Leuten, hinter deren Rücken ich gut rede, das auch direkt zu sagen – sei es die Verkäuferin, die mich immer nett berät, oder der Briefträger, der mir Einschreiben noch einen Tag aufhebt, wenn ich nicht da bin –, daß ich das denen auch sage, wie ich mich darüber freue, daß ich das nicht selbstverständlich hinnehme. Wenn ich früher Artikel von Kollegen gut fand, dann habe ich es für mich selbst nur bewundert, während ich jetzt zu ihnen hingehe und es ihnen sage: ,da hast du aber was ganz Tolles geschrieben!' Ich hab mir in letzter Zeit auch angewöhnt, aus überhaupt keinem Anlaß Geschenke zu machen. Da hat meine Tochter von mir einen Riesensonnenblumenstrauß bekommen und als Begleitbrief stand drauf: ,Nur so.'"

Wenn Sie erführen, daß ein Mensch, der Ihnen nahesteht, nur noch kurze Zeit zu leben hat, wie würden Sie Ihr Verhalten zu ihm ändern?

"Da müßte man wissen, wie nah er einem steht."

Sehr nah. Sie können an den Menschen denken, der Ihnen am nächsten ist.

"Da mag ich nicht dran denken! Wenn er mir sehr nahe steht, dann bin ich einfach nett zu ihm. Das kommt auf die Verfassung des Menschen an, der Trost braucht. Das ist eine schwierige Frage. Wenn er weiß, daß er stirbt, und es sicher wäre, daß ich ihn länger überlebe, dann würde ich ihn nach seinen Wünschen fragen, ihm Versprechen geben für seine Angehörigen oder was er noch an Wünschen hat.

Und wenn er nicht weiß, daß er stirbt, aber ich es weiß, dann

122

würde ich lügen. Ich würde von seiner Zukunft sprechen, einer schönen Zukunft. Und, was nicht zum Lügen gehört, ich würde ihm sagen, was er mir alles gegeben hat, was er mir bedeutet hat schon immer, Sachen, die ich ihm noch nicht gesagt habe – ich würde ihm zeigen, welche Spuren er bei mir hinterlassen hat.

Ich würde ihm auch sagen, wie leid es mir tut – ich würde Differenzen ausräumen, die wir hatten, die würde ich versuchen zu klären. Und das wäre dann mehr um meinet- als um des anderen willen."

Welche Botschaft wollen Sie auf Ihrem Sterbebett Ihren Kindern hinterlassen?

„Das hört sich banal an, aber ich meine eigentlich: offen sein für das, was von anderen Menschen auf einen zukommt – und anderen geben, was man zu geben in der Lage ist.

Ich habe früher so etwas wie einen Dünkel gehabt: wenn ich mich nicht über Philosophie, Kunst, vor allem Literatur, mit Menschen unterhalten konnte, dann war es nichts. Und das ist eine grenzenlose Dummheit. Gerade die sogenannten einfachen Menschen können einem so viel vermitteln, was der Mensch in seiner Gesamtheit ist. Vom Gemüsehändler an der Ecke habe ich in den letzten Jahren mehr gelernt als aus vielen philosophischen Bänden. Das meine ich mit ‚von anderen Menschen aufnehmen.' Ich bin öfter in einer Reisegesellschaft mit einer Frau zusammen, sie ist im Hauptberuf Zigarettenautomatenaufstellerin, und da war die Tür zu, als ich das gehört hab. Und im Lauf der Zeit hab ich gemerkt, was für eine wunderbare Frau sie ist. Ich stamme aus einer Familie mit Klassenbewußtsein. ‚In unseren Kreisen' das war das Wort zu Hause. Man macht sich so arm, wenn man so denkt. Mein Vater hätte nie einem Arbeiter die Hand gegeben. Eine Klassenkameradin, deren Mutter war Waschfrau; als das bekannt wurde, durfte sie nicht zu meinem Geburtstag kommen. Ich hab erst viel später begriffen, wie arm man sich dadurch macht, wenn man sich dem verschließt. Und deshalb auch meine Botschaft an die Überlebenden, sie sollen sich dem nicht verschließen. Ich habe übrigens auch einen wahnsinnigen Respekt bekommen vor den Müttern behinderter Kinder, was das für tapfere Frauen sind. Wie sie ohne Stütze der

Religion ihr ganzes Leben einem Kind widmen, das nie – ein Musterbeispiel: das Kind erkennt die Mutter nicht, wenn sie kommt, gibt überhaupt kein Echo von sich. Die haben mir einen neuen Begriff von Liebe gegeben."

Wofür leben Sie?

„Ach du lieber Gott – die Frage haben sich schon größere Geister als ich gestellt. Das ist wirklich wahnsinnig schwer...
Ich zimmer mir eigentlich aus den Gegebenheiten meines Lebens eine Aufgabe zurecht. Wenn ich unter anderen Umständen leben würde, wenn ich nicht geschieden, sondern noch verheiratet wäre, wäre ich derselbe Mensch, aber ich hätte ganz andere Lebensaufgaben. Jetzt sehe ich einen Teil meiner Lebensaufgabe darin, Eltern behinderter Kinder, soweit das in meiner Kraft steht, zu helfen. Auch ein bißchen, um weiterzutragen, was mir gegeben wurde, was ich erfahren habe, was ich gelernt habe, die Erinnerung an Menschen durch mich weiterleben zu lassen. Ein Beispiel: mein erster Mann ist mit 27 Jahren gefallen – ein absolut unvollendetes Leben –, und jetzt hab ich kürzlich erfahren, daß meine ältere Enkelin keine Bilder von Krieg und Soldaten sich ansehen mag, weil meine Tochter ihr erzählt hat, daß und wie mein erster Mann gefallen ist. Also über zwei Generationen hinweg hab ich noch ein bißchen sein Leben weiter geführt. Und mein Bruder ist mit 27 Jahren im selben Jahr von den Nazis erschossen worden, und dieses Stück Familiengeschichte steckt so tief in meiner Tochter, daß sie absolut gefeit ist gegen jede, aber auch jede politische Rechtswendung. Sie ist lange nach seinem Tod geboren, da war wieder ich der Mittler. Das ist auch ein Stückchen Lebensaufgabe."

Im Zusammenhang dieser Fragen – welche Frage fehlt?

„Glauben Sie an Gott? Glauben Sie an ein ewiges Leben? Glauben Sie an Wiedergeburt? Und ich würde alle drei Fragen mit Nein beantworten. Ich glaube zumindest nicht an Gott so, wie ihn uns die christliche Religion nahebringen will. Ich glaube aber an einen von Menschen überhaupt nicht zu begreifenden Geist, der sich aber um das einzelne Individuum überhaupt nicht kümmert. Wenn ich zum Beispiel nur daran denke, was alles im menschlichen Körper angelegt ist an Hormonen, Enzymen, an tausend chemischen Zusammensetzungen, die Gene und so weiter, daß jeder Mensch anders ist als der andere, das ist so abenteuerlich, da hab ich einen Wahnsinnsrespekt vor der Schöpfung. Ich möcht nicht sagen, vor dem, der es geschaffen hat, das weiß man ja nicht. Aber um dieses wirklich auf eine beinahe banale Formel zu bringen, was mir augenblicklich über das Christentum durch den Kopf geht: ein allmächtiger Gott, der seinen eigenen Sohn einen fürchterlichen Kreuzestod sterben läßt, damit er sich mit der Menschheit wieder versöhnt, das ist für mich überhaupt nicht diskussionsfähig. Ich kann mir Jesus als einen Menschen vorstellen, der zum ersten Mal in der Weltgeschichte Liebe gepredigt hat. Zu Jesus als Mensch, nicht als Gottes Sohn, hab ich eine Beziehung."

Fritz

Kraft aus innerer Harmonie

„Fritz, ich werde jetzt 75, ich war Arzt. Ich bin ein gläubiger Mensch. Ich habe ein erfülltes Leben hinter mir und finde, daß das Leben lebenswert ist. Ich bin meinen Eltern sehr dankbar, daß sie mir die Augen geöffnet haben für alles Schöne, ob das Natur, Kunst, Musik war. Das war wohl entscheidend. Ich habe sehr viel Freude an geistigen Dingen und ebenso große Freude an körperlicher Bewegung. Beides halte ich, besonders im Alter, für sehr wichtig. Wichtig ist für die Menschen auch, Freundschaften zu pflegen und auf andere Menschen zuzugehen."

Wie lange möchten Sie leben?
„Ich freu mich am Leben, aber wenn es morgen vorbei ist, ist es vorbei."

Wie lange, glauben Sie, werden Sie leben?

„Das wissen die Götter, und die verraten es nicht."

Wenn Sie erführen, daß Sie nur noch kurze Zeit zu leben hätten, was würden Sie an Ihrem Leben ändern?

„Gar nichts."

Wenn Sie erführen, daß ein Mensch, der Ihnen nahesteht, nur noch kurze Zeit zu leben hat, wie würden Sie Ihr Verhalten zu ihm ändern?

„Wenn ein Mensch mir nahesteht, bin ich ihm ja sowieso nahe und er ist mir nahe, und es ist eine Verbindung, die auf jeden Fall gut ist, so daß ich mein Verhalten zu ihm nicht ändern müßte. Vielleicht würde ich mich bemühen, noch mehr für ihn da zu sein."

Welche Botschaft wollen Sie auf Ihrem Sterbebett Ihren Kindern und den anderen Menschen hinterlassen?

„Daß es wichtig ist, die innere Harmonie zu finden und, wenn man sie gefunden hat, zu erhalten. Und achtzig Prozent der Probleme sind selbstgeschneidert, oder sogar neunzig Prozent, und die übrigen Probleme muß man als Faktum hinnehmen und nicht unnötige Kraft verschwenden, um dagegen anzurennen, um sie zu lösen. Während man alle selbstgeschneiderten Probleme auch selber lösen kann."

Wofür leben Sie?

„Um meine Persönlichkeit zu vollenden, mein Menschsein. Ich meine nicht meine äußere Stellung in dem Sinn, wie man sagt, ,das ist eine große Persönlichkeit.' Ferner ist mir wichtig, daß ich meine Pflichten und Verantwortung der Gemeinschaft gegenüber erfülle. Dazu braucht man die Kraft, die nur aus der inneren Harmonie kommen kann."

Im Zusammenhang dieser Fragen – welche Frage fehlt?

„Wie ist Ihre Einstellung, ob es ein Schicksal gibt und ob das Schicksal überwaltet ist?"

Gibt es ein Schicksal, und ist das Schicksal überwaltet?

„Ja. Ich glaube, daß unser Leben nicht zufällig ist und daß alles einen Zweck und Sinn hat. Das habe ich totkranken Patienten oft gesagt, die nach dem Warum ihres unnützen Lebens fragten. Denen habe ich gesagt, daß die Frage nach dem Sinn und Zweck ihres augenblicklichen Daseins von unserer eigenen Warte aus nicht beantwortet werden kann, daß aber ihr Nochdasein wichtig ist für irgend jemanden oder irgend etwas."

Berta

Ganz allein mit meiner Hände Arbeit

„Berta, achtzig Jahre alt, Mutter von einem Sohn. Der Mann ist 1945 im Krieg gefallen, da bin ich dann ganz ohne alles dagestanden. Ich hab' damals keine Wohnung und gar nichts gehabt, und mein Sohn war fünf. Den hab' ich dann ganz allein durchgebracht mit meiner Hände Arbeit. Erst einmal hab' ich aus dem hintersten Eck vom Bayerischen Wald nach München kommen müssen, daß ich eine Wohnung gekriegt hab. Ich war bei meiner Kusine im Lebensmittelgeschäft, hab' da tagsüber verkauft und dazu in der Früh um drei hab' ich Zeitungen ausgetragen. Da hab' ich schon was mitgemacht, und das zwanzig Jahre lang. Jetzt hab' ich eine nette Familie gefunden, wo ich immer hingeh' zum Aufräumen und Bügeln, da fühl ich mich wie daheim. Mit meinem eigenen Sohn und seiner Familie versteh ich mich sehr gut.
Mein Name hat mir als Kind nicht gefallen. Die anderen haben so schön geheißen, Rosina und Maria und Theresa. Aber dann, wie meine Schwester einen Schlaganfall gehabt hat und lag im Krankenhaus und hat nicht mehr reden können, da hat sie aber meinen Namen noch gewußt. Ich hab' sie gefragt, ,Rosa, kennst mich noch?' Sie hat ja nicht mehr reden können, aber den Namen hat's noch sagen können. ,Ja -, mit ganz großen Augen, ,ja, Berta bist.' Einmal war eine Nichte mit drin, die hat sie nicht erkannt. Von da ab war mein Name für mich wieder schöner."

Wie lange möchten Sie leben?

„Solang's mir gut geht."

Wie lange, glauben Sie, werden Sie leben?

„Das weiß ich eigentlich gar nicht, was ich mir denk dabei."

Wenn Sie erführen, daß Sie nur noch kurze Zeit zu leben hätten, vielleicht noch ein Jahr, was würden Sie an Ihrem Leben ändern?

„Gar nichts. So weiterleben bis Schluß ist. Denn so geht es mir jetzt ganz gut."

Wenn Sie erführen, daß ein Mensch, der Ihnen nahesteht, nur noch kurze Zeit zu leben hat, wie würden Sie Ihr Verhalten zu ihm ändern?

„Mit denen, die so ganz nahestehen, bin ich sowieso immer sehr nett – da tät ich gar nichts ändern."

Welche Botschaft wollen Sie auf Ihrem Sterbebett Ihrem Sohn hinterlassen?

„Das, was ich weitergeben will, das sag ich ihm heut schon. Weil wir uns im Leben so gut verstehen. Und mein Sohn lebt nicht so, daß ich sagen müßte, ‚du, das könntst so und so machen, das wär mein Wunsch.'"

Wofür leben Sie?

„Eigentlich die ganze Zeit her für meinen Sohn. Und für den Enkel, und die Schwiegertochter ist auch sehr nett."

Im Zusammenhang dieser Fragen, welche Frage fehlt? Was würden Sie noch fragen an meiner Stelle?

„Da fällt mir nichts ein."

Georg S.

Ein unbegrenztes Gottvertrauen

„Georg Stiglmeier, ich bin ein Sehbehinderter, ein Blinder, ein einfacher Handwerker mit einer kinderreichen Familie. Ich bin 83 und wohne an einem Südhang des Bayerischen Waldes."

Wie lange möchten Sie leben?

„Solang mir's Gott bestimmt hat."

Wie lange, glauben Sie, werden Sie leben?

„Vielleicht bis zum 85. Lebensjahr – jetzt war ich 83. Mir ist aber kürzlich der Tod erschienen, er hat mich ordentlich angegrinst. Ich war dort auf dem Stuhl gesessen. Der Spranger Leo ist im 59. Jahr jetzt gestorben, und der war mir ja auch recht nahe. Vor mir ist er gestanden, ich hab ihn kennt, hab gesagt, ,da ist er ja, der Bruder Tod.' Ich hab ihn angesprochen: ,wann willst du mich holen?' Er hat aber keine Antwort gegeben, hat mich nur so hinterhältig angegrinst und hat sich dann abgewendet. Ich seh ja im Traum meistens. So ein rötliches Gesicht hat er gehabt und so breitmaulig war er."

Wenn Sie erführen, daß Sie nur noch kurze Zeit zu leben hätten, was würden Sie an Ihrem Leben ändern?

„Ich würde mir eine verläßliche Person, eine Frau würde ich mir wünschen, die mich an bestimmten Tagen besucht, so dreimal die Woche. Und nicht nur für Stunden, einfach so, ganz frei, daß man sich unterhält. Denn die Einsamkeit macht mir schon zu schaffen. Ich würde mich noch intensiver religiös befassen, wenn das möglich wär' – ich bemüh' mich ja schon so. Sonst hätte ich keine besonderen Wünsche mehr."

Wenn Sie erführen, daß ein Mensch, der Ihnen nahe steht, nur noch kurze Zeit zu leben hat, wie würden Sie Ihr Verhalten zu ihm ändern?

„Das ist eine schwierige Frage – wenn ich denke, daß die da drüben sterben müßte oder auch von den Unsrigen jemand – ich weiß nicht, was ich da tun sollte. Ich bin da ja ziemlich gehemmt, gehindert, kann die ja nicht öfter besuchen und meine Liebe und Zuneigung fühlen lassen. Ich möcht halt recht gut sein dazu."

Welche Botschaft wollen Sie auf Ihrem Sterbebett Ihren Kindern hinterlassen?

„Reichtümer hab ich keine, und meine Fähigkeiten sind zum Teil so vererbt, daß die Kinder auch strebsam sind. Ich hatte ein unbegrenztes Gottvertrauen von Jugend an und wurde nie enttäuscht. Wenn es auch oft nicht so schnell ging, bin ich doch immer zum Ziel gekommen. Wie bei dem Eigenheim. Ich hatte kein Geld und es ist doch geworden. Und auf dieses Gottvertrauen möchte ich hinweisen. Auch zur Mutter Jesu war ich so eingestellt, daß ich Hilfe von ihr erhoffte und auch nicht enttäuscht wurde. Ich hab versprochen, daß ich eine Muttergottesstatue am Haus anbringe, wenn ich einen passenden Baugrund bekäme, und das hat dann funktioniert. Der Bürgermeister selber hat dann vermittelt. Der Direktor Scheidler von der Landesblindenschule von der Ludwigstraße, der hat in seinen Briefen an mich immer geschrieben, ,Dein väterlicher Freund,' dem hab ich zuerst meine Sorgen vorgetragen. Die Werkstätte war ja viel zu klein, damals hat man die großen Reisekörbe gemacht, acht bis zehn in dem kleinen Raum, ich konnte mich da nicht entfalten. 1932 war das, wie ich ihm das vorgetragen habe. Er hat gesagt, er beschafft mir ein Baudarlehen, ich muß nur erst einen Baugrund haben. Den hat mir der Bürgermeister vermittelt. Der erste Weg war dann zum Bezirksamtmann nach Bogen, Regierungsrat Dr. Holz hat er geheißen. Zu dem bin ich mit meinem Anliegen gegangen. Der hat gesagt, ,ha – Sie san der Stiglmeier, der unbedingt in den Bezirk Bogen wollte von Rottal.' ,Ja, der bin ich.' ,Und was wollen Sie?' ,Ein Haus bauen.' ,Ja, da braucht man Steine und Balken.' ,Ja, darum will ich einen Antrag stellen.' ,Ja, der Bezirk Bogen ist der Ärmste in ganz Niederbayern, wären'S doch in Ihrem goldenen Rottal geblieben.' Ja, der war ein alter Nazi und ich ein Behinderter. Ich bin dann heim, hab mich an die Schreibmaschine gesetzt und meinem väterlichen Freund geschrieben, daß mein Antrag auf ein Baudarlehen nicht angenommen wurde. Dann hat er mir's schriftlich gegeben, daß ich ein Baudarlehen bekomme, und das sollte ich vorlegen beim Bezirksamtmann. Wir haben ja immer die 19 Kilometer bis Bogen laufen müssen, wir sind vor fünf Uhr früh losgegangen und waren vor acht in Bogen, nicht auf der Straße, meine Mutter hat ja die Wege gewußt. Aber der hat mich ohne weiteres wieder abgewiesen: ,wir haben kein Geld, wir bekommen kein Geld.' Ich hab sofort wieder nach München berichtet, und dann hat mir der Ministerialrat Gruber eine Entschließung vermittelt: wenn das Bezirksamt Bogen den Antrag des Blinden Stiglmeier nicht annimmt, dann wird die Angelegenheit von München aus geregelt. Das war im Mai 33. Das war dann natürlich am nächsten Tag, daß ich sofort wieder nach Bogen gelaufen bin mit der Entschließung. Ich hab ja nicht feststellen können, was der für einen Gesichtsausdruck gemacht hat. Er hat wieder gesagt, ,*ich kann Ihnen da nicht helfen,*' ist aber mit mir zum Bezirksbaumeister gegangen. Und der hat gesagt, ,wenn der Stiglmeier Geld kriegt von München, dann sollen wir das doch fördern.' Dann hab ich erfahren, daß der Dr. Holz als Polizeipräsident nach Nürnberg gekommen ist von seiner Partei aus. Da kam ein neuer Herr dahin, und ich bekam aus Bogen von diesem Herrn – die Bezirksregierung war unter Hitler dann nach Regensburg verlegt, und von München war dann alles da, und ich bekam von Bogen die Nachricht, ich soll in Sachen Baudarlehen nach Bogen kommen. Am nächsten Tag sind wir natürlich sofort 'nausmarschiert. Ich hatte ·Anspruch auf zwei Baudarlehen mit ein Prozent Zins und ein Prozent Abzahlung und einem halben Prozent Verwaltungskosten. Das war mit Baugrund fünfeinhalbtausend Mark – und nochmal eins, ein Reichsbaudarlehen über achthundert Mark zu viereinhalb Prozent. Alles das war schon vorgelegen, und der andere hatte gesagt, ,nein, wir haben kein Geld!' Aber ich hatte ja die Hilfe von Direktor Scheidler. Ich hab dann schauen müssen, daß ich den Rest noch aufbringe. Und für das Baugrundstück hat mir der Bayerische Blindenhilfsverein die dreihundert Mark leihweise vorgestreckt."

Wofür leben Sie?

„Meine Arbeit, ich hab immer mit Fleiß gearbeitet, für meine Familie, und jetzt im Glauben auf ein besseres Leben im Jenseits."

Im Zusammenhang dieser Fragen – welche Frage fehlt?

„Wieso sind doch immer wieder Menschen dazu gekommen, mit mir so freundlich umzugehen?"

Was denken Sie, wieso sind immer wieder Menschen so freundlich mit Ihnen umgegangen?

„Weil sie bemerkt haben, daß ich im Leben trotz meiner Behinderung doch erfolgreich sein kann. Erfolgreich meine ich nicht wirtschaftlich, aber einfach in allem. In der Familie hat es so ziemlich geklappt, in der Ausbildung von den Kindern."

Gertrud

Ich möchte immer noch etwas lernen

„Gertrud, ich bin 84 Jahre alt. Mein Partner ist vor sieben Jahren gestorben. Ich war in seiner Sterbestunde bei ihm, mit meinem Sohn, in der Klinik. Wir haben seine Hand gehalten und er ist in unseren Armen gestorben. Und das hat mir geholfen und Trost gegeben, nun mein Leben allein weiterzuleben. Ich bin ja nun der Ansicht – das mag für die anderen vielleicht schrecklich sein –, daß, wenn manche jahrelang weitertrauern und rumsitzen am Friedhof und jammern, daß man nicht damit seine Liebe ausdrückt. Die Menschen, die sich nicht damit abfinden können, die denken nur egoistisch an sich, daß sie nun verlassen worden sind. Ich bin dafür, daß man sich jeden Tag Aufgaben schafft, sich sportlich betätigt oder künstlerisch. Ich spiele Boccia, ich habe eine Canasta-Partnerin, ich spiele Schach mit einem Partner, ich besuche Freunde, ich habe Gäste und mache kleine Reisen. Und ich arbeite noch sehr gern, ich lasse mich möglichst nicht bedienen. Ich will alles noch selber machen. Ich lese täglich meine Zeitung und ab und zu noch ein Buch. Die Hauptsache ist aber, daß ich am weltlichen Geschehen ununterbrochen teilnehmen möchte. Ich interessiere mich sehr für sportliche Sendungen im Fernsehen, sehe mir unter Umständen sechs Stunden Tennis an und täglich die Tagesschau, und möglichst gute Unterhaltungssendungen und auch interessante medizinische Sendungen. Ich stehe um halb sieben auf und gehe um halb zwölf schlafen, denn ich finde, mehr als sechs oder sieben Stunden darf ein alter Mensch nicht mehr schlafen. Denn das lange Liegen ist schlecht für den Kreislauf und für die Beweglichkeit. Und vor allem reicht mir der lange Tag nicht, um alles zu tun, was ich hätte gern machen wollen. Um sieben beim Frühstück höre ich schon Musik, und wenn es zum Beispiel ein Foxtrott ist, decke ich mit Tanzschritten meinen Tisch. Die anderen haben mich gefragt, ,warum bist du denn so gelenkig?' – ja, weil ich mich ja dauernd bewege. Die anderen sitzen nur rum und verknöchern. Es gibt alte Menschen, die meinen, daß sie sich nichts mehr zumuten können, und das stimmt nicht.

In meiner Todesanzeige möchte ich das Gedicht von Hermann Hesse ‚Stufen‘ abgedruckt haben:

Stufen

Wie jede Blüte welkt und jede Jugend
Dem Alter weicht, blüht jede Lebensstufe,
Blüht jede Weisheit auch und jede Tugend
Zu ihrer Zeit und darf nicht ewig dauern.
Es muß das Herz bei jedem Lebensrufe
Bereit zum Abschied sein und Neubeginne,
Um sich in Tapferkeit und ohne Trauern
In andre, neue Bindungen zu geben.
Und jedem Anfang wohnt ein Zauber inne,
Der uns beschützt und der uns hilft, zu leben,

Wir sollen heiter Raum um Raum durchschreiten,
An keinem wie an einer Heimat hängen,
Der Weltgeist will nicht fesseln uns und engen,
Er will uns Stuf' um Stufe heben, weiten.
Kaum sind wir heimisch einem Lebenskreise
Und traulich eingewohnt, so droht Erschlaffen;
Nur wer bereit zu Aufbruch ist und Reise,
Mag lähmender Gewöhnung sich entraffen.

Es wird vielleicht auch noch die Todesstunde
Uns neuen Räumen jung entgegen senden,
Des Lebens Ruf an uns wird niemals enden...
Wohlan denn, Herz, nimm Abschied und gesunde!"

Wie lange möchten Sie leben?
„Ich habe meine Gedanken darüber hier in diesem Wohnstift schon geändert. Ich bin also jetzt sieben Jahre hier. Als ich mit 77 reingegangen bin, da hab ich gedacht, ich möchte nicht neunzig werden. Und seitdem ich jetzt bald 85 bin und ich so zufrieden bin und mir angewöhnt habe, immer positiv zu denken,

würde ich mich darauf freuen, wenn ich neunzig würde. Ich bin so zufrieden, weil ich finde, wenn man zufrieden ist, bleibt man auch gesund und auch immer fröhlich. Man darf ja nicht verbittert werden im Alter! Und ich denke, wenn man es geschafft hat, immer positiv zu denken, dann ist man auch glücklich."

Wie lange, glauben Sie, werden Sie leben?

„Mein Hausdoktor hier hat nach einer Routineuntersuchung gesagt, ich wäre unverschämt gesund, und da habe ich die Hoffnung, daß ich vielleicht neunzig werde."

Wenn Sie erführen, daß Sie nur noch kurze Zeit zu leben hätten, was würden Sie an Ihrem Leben ändern?

„Ich würde gar nichts ändern, sondern mich auf jeden Tag konzentrieren und mich freuen über das, was ich noch machen kann."

Wenn Sie erführen, daß ein Mensch, der Ihnen nahesteht, nur noch kurze Zeit zu leben hat, wie würden Sie Ihr Verhalten zu ihm ändern?

„Auch nicht. Ich würde auch nichts anderes machen, und es ihn nicht merken lassen, wie traurig es ist, daß er von mir geht. Ich würde versuchen, ihn aufzuheitern, abzulenken, und wenn er mir sehr nahesteht, mich um ihn kümmern, was mit ihm unternehmen, um ihn abzulenken. Ablenken von seinen dauernden Vorstellungen, daß er jetzt sterben muß. Und ich würde ihm was Tröstliches sagen daß er nicht glauben muß, daß er in einem Jahr sterben muß. Denn das kann man ja nicht mit völliger Sicherheit behaupten, das hat sich oft nicht bewahrheitet. Da kann man doch jemandem sagen, da darfst du gar nicht dran denken."

Welche Botschaft wollen Sie auf Ihrem Sterbebett Ihren Kindern oder den Menschen hinterlassen?

„Gar keine, weil ich weiß, daß Kinder ihr eigenes Leben leben wollen und nie die Ratschläge der Alten hören wollen. Im Gegenteil, ich würde ihnen für ihre Zukunft alles Gute wünschen. Sie sollen nicht traurig sein, daß ich sie verlasse. Und ich würde mich bedanken für alles Liebe, was sie mir getan haben."

Wofür leben Sie?

„Das ist ja die schwierigste Frage… Weil ich mir wünsche, daß ich neunzig werde, dafür, daß ich erlebe, wie sich das weitere

Leben meines Sohnes, meiner Enkel, meiner Schwiegertöchter und Schwiegerenkelin entwickelt. Ich lebe nicht hauptsächlich für mich. Komisch eigentlich, ich freue mich meines Lebens, aber wenn ich es mir richtig überlege, ist mein eigenes Leben für mich nicht so interessant. Früher, als ich jung war, da war das anders, aber jetzt im Alter, da wird die Familie immer wichtiger."

Im Zusammenhang dieser Fragen – welche Frage fehlt?

„Ob ich Todesangst habe."

Haben Sie Todesangst?

„Nein. Ich habe mir das vor einem halben Jahr selbst bestätigen können. Ich hatte die Befürchtung, daß vielleicht eine Operation nötig wäre. Bei diesem Gedanken habe ich mich entschlossen, eine Operation nicht auf mich zu nehmen. Mit 85 sich noch operieren lassen, das ist doch unsinnig – für mich jedenfalls, nicht für jeden, ich will da keine Allgemeinthesen aufstellen. Ich finde für mich keinen Sinn darin, ein Pflegefall zu werden. Dann möchte ich lieber mich nicht operieren lassen und den Tod in Kauf nehmen. Das würde ich lieber dem lieben Gott überlassen.

Ich denke nie an meine Jahreszahl. Ich sage zum Beispiel nie, ‚dazu bin ich zu alt‘, sondern möchte immer noch etwas lernen. Weil ich finde, daß man sich dadurch wieder jünger fühlt. Ich habe zum Beispiel erst mit achtzig Boccia gelernt, und das ist so lustig und so spannend. Außerdem habe ich zehn Jahre nicht mehr Schach gespielt, und jetzt hab ich wieder angefangen und großen Spaß damit.

Eins bereue ich: daß ich mit dem Klavierspielen aufgehört habe als ich etwa 48 Jahre alt war. Mit achtzig wollte ich einer Freundin etwas vorspielen und es ging nicht mehr. Wenn man mit seinem Hobby kürzere Zeit ausgesetzt hat, sollte man im Alter doch wieder damit anfangen. Aber dreißig Jahre Unterbrechung sind einfach zu viel.

Was man machen kann, sollte man tun – was soll man denn machen, wenn man alt wird, man kann sich doch nicht umbringen deswegen. Auch wenn andere sagen, ‚mach doch mit‘, sollte man es ruhig machen, damit das Leben nicht langweilig wird. Man muß auch zufrieden sein mit dem, was man noch kann und hat, wenn man mal zurückstecken muß, denn alles geht wirklich nicht mehr so. Und nicht immer darauf warten, daß die anderen sich rühren, sondern möglichst selber auf die anderen zugehen. Nicht immer glauben, die anderen müssen sich kümmern."

Johann

Die Mehrheit nimmt die Alten nicht ernst

„Johann Staudinger – ich brauch' mich meines Namens nicht zu schämen. Ich werde nächste Woche 93 Jahre. Ich wohne hier mit meinem Sohn und seiner Familie zusammen. Ich war gerne Bauer. Ich habe viel Schönes und viel Schmerzliches erleben müssen in meinem Leben. Die Arbeit war seinerzeit viel schwerer. Alles Handarbeit, keine Maschinen, das war sehr schwer. Auf den Hof hab ich hergeheiratet. Ein Kind hat meine Frau schon gehabt, die war ja schon verheiratet gewesen mit meinem Bruder, der dann früh gestorben ist. Ich hab' dann fünf Kinder gehabt, zwei Buben und drei Mädel. Mit 65 Jahren hab ich den Hof übergeben. Ich war 83, als ich meine Frau verlor, da hab' ich noch mitgearbeitet am Hof solang ich konnte. Dann hab ich ein Hobby gehabt, ich hab' Figuren geschnitzt und mehrere Gedichte geschrieben."

Wie lange möchten Sie leben?
„Jeder Mensch will alt werden, und das bin ich. Aber man will nicht alt sein, das Alter hat seine Beschwerden. Mit 93 Jahren läßt der Verstand nach, man wird vergeßlich. Aber an Sachen von früher kann ich mich gut erinnern. Wenn ich eine spanische

Zeitschrift lese, kommen mir die Wörter wieder in den Sinn, die ich vor siebzig Jahren gelernt habe."

Wie lange, glauben Sie, werden Sie leben?

„Wenn ich an meine älteste Schwester denke, die ist so alt worden wie ich jetzt bin. Dann hat sie einen Oberschenkelhalsbruch bekommen und ist danach nicht wieder gesund geworden. Aber die hätt noch länger gelebt. Ich hab noch guten Appetit und bin gesund, ich kann noch zwei, drei Jahre leben, nehm ich an. Wenn nichts passiert."

Wenn Sie erführen, daß Sie nur noch kurze Zeit zu leben hätten, was würden Sie an Ihrem Leben ändern?

„Ich würde mein Leben nicht ändern. Ich bin ein Mensch, der nichts Unrechtes getan hat. Und wenn doch, wenn ich einmal bei zuviel Bier ein dämliches Wort gesagt und einen Menschen beleidigt habe, das hab ich dann zurückgenommen, hab mich entschuldigt. Und ich hab nie an einem höheren Wesen gezweifelt, hab an die Gottheit geglaubt, weil mich das Schicksal geführt hat."

Wenn Sie erführen, daß ein Mensch, der Ihnen nahesteht, nur noch kurze Zeit zu leben hat, wie würden Sie Ihr Verhalten zu ihm ändern?

„Ich könnt es nicht anders machen. Ich bin mit meiner Familie, mit meinen Kindern, wo ich lebe, so gut – selbst wenn ich wüßte, daß der Betreffende in einem halben Jahr sterben wird, ich könnt es nicht ändern."

Welche Botschaft wollen Sie auf Ihrem Sterbebett Ihren Kindern hinterlassen?

„Ich habe ein Buch für die Kinder geschrieben, da steht das schon drin. Ich hab kein Unrecht getan. Ich habe immer das Recht verteidigt und vor keinem Menschen Angst gehabt und meinen Standpunkt vertreten und auch von meinem Nächsten verlangt, daß der zu mir so ist."

Wofür leben Sie?

„Ich habe in meiner Familie und meinem Beruf und gegenüber der Allgemeinheit immer nur das Beste gewollt und hab schwere Erfahrungen machen müssen, weil ich im Dritten Reich Bürgermeister war. Das steht alles in dem Buch drin. Mein Grundsatz war, ‚was du nicht willst daß man dir tu, das füg auch keinem andern zu‘.“

Im Zusammenhang dieser Fragen – welche Frage fehlt?

„Was halten Sie von den alten Menschen? Ich hab nämlich die Erfahrung gemacht, daß die Mehrheit die Alten nicht mehr ernst nimmt. Die Jugendlichen, die wenn ich anblicke, die schaun sofort weg. Das ist mir ein Zeichen, die wollen mit mir nichts zu tun haben.“

Was halten Sie von den alten Menschen?

„Ich halte soviel, daß manche im Alter den Verstand nicht mehr haben. Die werden kindisch. Aber ich selber urteile noch genau wie früher. Man ist natürlich nicht mehr so beredt, aber es tut mir immer weh, wenn ich die Mißachtung der anderen erlebe. Den Kindern seh ich's nach. Aber wenn ältere Menschen fast schon einen Abscheu haben vor den Alten, das tut mir immer weh.“

Doch er hörte sie nicht

Nimm, sagte die Stimme, und er streckte seine Hand aus, in der Erwartung, eines jener wundervollen Geschenke zu bekommen, die nicht von dieser Welt stammten, denn die Stimme war gut, und er hatte Vertrauen zu ihr.

Doch es geschah nichts.

Er saß da und wartete und wartete. Die Zeit lief an ihm vorbei, lächelte mitleidig auf ihn hinab und ließ ihn einen alten Mann werden, der wie erstarrt dasaß, den Arm erhoben und voller Sehnsucht zum Himmel blickend. Die Bäume, die ihm an heißen Tagen Schatten spendeten, erzählten ihm ihre uralten Geschichten, der Regen, der ihn durchnäßte, und der Wind, der sein Haar zerzauste, erzählten ihm von fernen Ländern und anderen Welten, und in den Morgenstunden, wenn der Nebel noch über den Feldern hing, erzählte ihm die Dämmerung ihr Geheimnis.

Doch er hörte sie nicht.

Er hatte nur Augen für den Himmel und wartete.

Es war in jener Nacht, die schwärzer als alle anderen war, in der kein Stern leuchtete und der Mond sich ängstlich zurückgezogen hatte. Die Finsternis war vollkommen, und der Himmel fiel auf die Erde. Ein Blitz zerriß die Dunkelheit, und einen Augenblick sah er alles.

Er sah, daß die Himmel leer waren.

Da begriff er, und eine Träne rollte langsam über seine Wange.

Raphaela Knapp

Todesangst

Nichts ist selbstverständlich

Beginne, das Sonnensystem zu sehen.
Friedrich Dürrenmatt

Fünf von fünfzig Befragten erwidern „ewig" auf die Frage, wie lange sie leben möchten, und Wigbert ist wütend, daß er nicht tausend Jahre oder länger lebe. Wer will nicht ewig leben? Weder gestehen wir uns unsere Sehnsucht nach Unsterblichkeit ein, noch begreifen wir mit aller Schärfe, daß wir sterben werden. Ein wenig lassen wir die Sehnsucht zu und ein wenig auch den Tod, doch beides bleiben blasse Gedanken, nicht wirksam genug, unser Dasein zu erschüttern. Genau besehen leben wir in der nebelhaften Illusion, unsterblich zu sein. Solange der Tod, wie Gerhard formuliert, „ein nebensächliches Ereignis" ist – und das ist er für uns alle meistens – so lange geht er uns nichts an. Und geht er uns nichts an, so hat er mit uns nichts zu schaffen. Also betrifft er uns nicht.

Dagegen aber ist das Wissen um Zeit und Endlichkeit, das Bewußtsein des eigenen Todes ein ungeheures Privileg. Erst dieses Wissen bewirkt die Einsicht, daß der gegenwärtige Augenblick nicht selbstverständlich ist.

Leben wir, als lebten wir ewig, so ist der Preis, den wir zahlen, Angst. Angst, diese Illusion zu verlieren, Angst, das Leben zu verlieren, Angst, Menschen oder Dinge zu verlieren, die für uns das Leben bedeuten, Angst vor Bedrohung durch den Tod oder durch Gegner oder Gefahren, die diese Bedrohung symbolisieren. Begreifen wir dagegen, daß wir nicht in der Ewigkeit, sondern in der Zeit leben und lassen wir die Angst zu vor dem eigenen Sterben, so leben wir sterblich. Wir haben die Illusion der Ewigkeit hinter uns gelassen, um die reale Gegenwart zu entdecken.

Müßten wir nicht sterben, so hätte unser Leben keinen Sinn. Aber daß wir sterben müssen, verleiht ihm noch nicht seinen Sinn, ist lediglich die Voraussetzung, die „Bedingung der Möglichkeit" für Sinn, wie die Philosophen sagen. Das Wissen um unseren Tod stößt uns unsanft auf den Weg, auf dem wir um unser Leben ringen, um den Sinn unseres Lebens, darum, wir selbst zu sein.

Aber bedeutet „ich selbst sein" nicht, mit allen Facetten die Welt zu spiegeln? Alles erleben und mit allen Seiten meiner Person antworten auf die unendliche Vielfalt des Lebens? Alle meine Anlagen und Begabungen entfalten zu höchster Vollendung, mir zur Lust und den Menschen zur Freude? Und brauche ich dafür nicht viel mehr Zeit als dieses eine begrenzte Leben?

Nein. Der Sinn meines Lebens liegt nicht darin, alles zu werden, was ich sein könnte – Heiliger und Verbrecher, Künstler, Wissenschaftler, Vagabund und Gärtner –, alles geht nicht. Der Sinn ist vielmehr, der zu werden, der ich eigentlich bin, und das ist eines, nicht alles. Im großen Orchester nicht alle Instrumente, sondern das meine möglichst gut zu spielen. Um dieser eine zu werden, ist es nötig, auf das andere zu verzichten. Dieser Verzicht ist oft schmerzlich.

In der Jugend drängt uns unermeßliche Sehnsucht hinaus aus der Familie und der Geborgenheit in ihr. Die Geborgenheit war gut, sie hat uns Vertrauen zur Welt, zum Leben und zu unserer Kraft geschenkt. Aber das Nest ist zu eng geworden für unsere Kraft. Wir fühlen, daß wir mehr sein und anderes erleben sollen als die sichere, behagliche Ordnung daheim. In diesem Lebensalter erscheint uns Verzicht klein, zaghaft und armselig. Unvorstellbar, nicht alles zu erleben, nicht jedes Land der Erde zu erkunden, nicht jede Tür zu den Geheimnissen menschlicher Existenz zu öffnen, nicht alle Höhen und Tiefen des Lebens zu erfahren. Mörikes „wollest mit Freuden und wollest mit Leiden mich nicht überschütten, doch in der Mitten liegt holdes Bescheiden" erscheint dem Jugendlichen ein Zeugnis feiger Kleinbürgerlichkeit. Nur das Extreme erscheint ihm wert seiner Sehnsucht, nur das Ferne groß. Im verschlungenen Tanz des Daseins möchte er seinen Platz finden, um mitzutanzen und Großes zu tun, etwa nach seinen Kräften die Welt zu retten vor ihren vielfältigen Bedrohungen. So vieles lockt, so vieles ruft, es ist schwer, sich für einen Weg zu entscheiden und andere zu lassen, auf denen Kampf und Gelingen, Größe und Glück auch möglich erscheinen. Die Überfülle von Welt und Leben trifft auf die eigene Leere, die innere Ort- und Ratlosigkeit.

Die innere Leere kann durch nichts Äußeres aufgefüllt werden. Es ist ganz aussichtslos, einem Jugendlichen, der nach dem Sinn des Lebens fragt, oder irgendeinem Menschen, den diese Frage bewegt, mit dem Hinweis auf die Schönheit der Welt zu antworten. Die Welt gibt keine Antwort auf innere Ortlosigkeit. Einem Menschen, dem der Sinn seines Lebens dunkel ist, der sich wie eine hohle Staffage fühlt und vor Leere verzweifelt, dem erscheint die anmutigste Frau uninteressant, die aufregendste Reise langweilig, der hellste Sommertag blaß. Von dieser Erfahrung berichtet der amerikanische Schriftsteller Anatole Broyard:

> *„Ich entsinne mich einer Episode aus den fünfziger Jahren, als ich einem Freund namens Jules den Selbstmord auszureden versuchte. Er hatte es schon einmal versucht, und als ich zu ihm ging, sagte er:,Nenn' mir einen guten Grund, weiterzuleben.' Er war 30 Jahre alt.*

> *Ich begriff, was ich zu tun hatte. Wie ein Immobilienmakler fing ich an, ihm Leben zu verkaufen. Schau bloß die Welt an, sagte ich. Wie kannst du nicht neugierig auf sie sein? Die Straßen, die Häuser, die Bäume, die Geschäfte, die Menschen, die Bewegung und die Stille. Schau die Frauen an, jede auf ihre Art so anziehend. Denk an all die Dinge, die du mit ihnen unternehmen kannst, an die Orte, die ihr bereisen könnt. Denk an Bücher, Bilder, Musik. Denk an deine Freunde.*

> *Während ich so redete, ging mir durch den Kopf, ob ich Jules die Wahrheit sagte. Er meinte, nicht; denn nach einer Woche steckte er seinen Kopf in den Gasherd. Ob ich das, was ich ihm sagte, selbst glaubte, weiß ich bis heute nicht. Jedenfalls fuhr ich fort, wie alle anderen zu leben. Jetzt aber glaube ich es.“*

„Jetzt aber" heißt: jetzt, nachdem Broyard erfahren hat, daß er Krebs hat und daß diese Krankheit in kurzer Zeit zu seinem Tode führen kann. Er hat in der Auseinandersetzung mit diesem Wissen genau das erfahren, was jeder von uns wissen sollte, auch wenn ihn keine tödliche Krankheit befallen hat. Denn, wie Georg sagt, eigentlich sind wir ja alle zum Tode verurteilt, nur wissen wir nicht, wann das Urteil vollstreckt werden wird. Durch dieses Wissen veränderte sich Broyards Erleben: „Was immer ich dachte, fühlte oder tat, es kam mir vor, als ob ich jetzt über eine Art Metrum, wie in der Poesie oder bei den Taxis, verfügte." Was Broyard „Metrum" nennt, entspricht Heideggers „Maß" in seinem Kernsatz: „Der Tod ist die noch ungedachte Maßgabe des Unermeßlichen."[1] Das heißt, das Unermeßliche, was jenseits von Zeit und Raum und so weder vorstellbar noch ermeßbar ist, das Sein selbst, gibt uns ein Maß, ein Metrum, so daß wir überhaupt existieren können. Im Maßlosen wäre Existenz nicht möglich. Es gibt uns dieses Maß, indem es uns ein Ende setzt. Ohne Ende verliefe unser Dasein im Unendlichen.

Broyard berichtet weiter über seine Reaktion: „*Wenn man erfährt, daß das Leben bedroht ist, kann man dieses Wissen akzeptieren oder sich ihm verschließen. Ich akzeptierte es. Es war keine Wahl, sondern eine automatische Umschaltung, eine stillschweigende Vereinbarung zwischen meinem Körper und meinem Verstand. Die Zeit, dachte ich, hat mir auf die Schulter geklopft, und nun ist mir endlich der letzte Redaktionsschluß mitgeteilt worden.*" (Broyard war leitender Redakteur der New York Times Book Review und hatte sein Leben lang viel für Zeitschriften geschrieben.) „*Was mich überraschte, war die Einsicht, daß mein behaglicher Lebensgang eines Tages durch etwas Unbekanntes unterbrochen werden könnte. Es klingt zwar abgedroschen, aber ich gestehe, daß ich zum erstenmal begriff, mein Leben werde nicht ewig dauern.*

Die Zeit war nicht länger harmlos, nichts mehr gleichgültig... Als meine Freunde erfuhren, daß ich Krebs habe, fanden sie mich überraschend fröhlich und redeten von meinem Mut. Doch mit Mut hat es nichts zu tun, jedenfalls nicht für mich. Soweit ich es beurteilen kann, ist es eine Frage der Leidenschaft. Ich bin von Leidenschaft erfüllt – zu leben, zu schreiben, alles zu tun. Diese Leidenschaft ist selbst eine Art Unsterblichkeit. Während ich immer Schwierigkeiten hatte, mich zu konzentrieren, bin ich jetzt so konzentriert wie ein Diamant oder ein

---

[1] Martin Heidegger, Der Satz vom Grund, Pfullingen 1957, S. 187.

Mikrochip. "Dann beschreibt er das Erlebnis mit Jules. *„... Ob ich das, was ich ihm sagte, selbst glaubte, weiß ich bis heute nicht, jedenfalls fuhr ich fort, wie alle anderen zu leben. Jetzt aber glaube ich es. Als meine Frau mir vor einigen Tagen einen Hamburger grillte, dachte ich, es sei der fabelhafteste Hamburger der Welt. "*

Klar, daß es nicht der Hamburger ist, sondern die Intensität, mit der Broyard jeden Augenblick erlebt, seit er weiß, daß er sterben wird. Seit er „zum erstenmal begriff, mein Leben werde nicht ewig dauern," erfüllt ihn Leidenschaft. „Diese Leidenschaft ist selbst eine Art Unsterblichkeit" und befähigt ihn zur Konzentration auf jeden Augenblick. Zu dieser Leidenschaft, die zum Tun treibt, sagt der große Ludwig Hohl:

> *„Alles, was wir handeln, muß, wenn es Wert haben soll, vom Betrachtungspunkt der Kürze unseres Lebens aus gehandelt sein. .. stehst du aber da"* (nämlich auf dem Betrachtungspunkt der Kürze unseres Lebens, oder im Begreifen, daß dein Leben nicht ewig dauert), *„so willst du vor allem andern selber rasch noch etwas tun (– und mit einem ganz andern Ernste, als jenes Tun geschieht, in dem dich fremde, äußere Mächte gefangen halten). Es ist aber etwas tun und solches Tun – eigenes Tun, zu dem dich nicht fremde äußere, sondern innere Gewalten nötigen –, das einzige, was Leben gibt, was retten kann. "*[2]

Also nicht die Welt, die Frauen und Freunde und nicht die Kunst sind Antwort auf die Frage nach dem Grund, weiterzuleben. Auch der Tod gibt nicht die Antwort. Aber das Wissen um ihn versetzt uns in die Möglichkeit, unser Leben mit dem Ernst der Leidenschaft und den jeweiligen Augenblick mit Heiterkeit zu erfüllen. Broyard schreibt weiter: *„Mit dieser Krankheit hat sich einer meiner periodisch wiederkehrenden Träume erfüllt. Mehrmals träumte ich, daß ich ein Verbrechen begangen hätte – oder vielleicht war ich nur eines Verbrechens angeklagt, das blieb ungewiß. Als es zur Gerichtsverhandlung kam, weigerte ich mich, einen Anwalt zu engagieren.*

[2] Ludwig Hohl, Die Notizen oder Von der unvoreiligen Versöhnung, Frankfurt am Main 1981, S. 9.

Statt dessen erhob ich mich und hielt in eigener Sache eine leidenschaft-
liche Verteidigungsrede. Diese Rede war so bewegend, daß ich meine
Haut prickeln fühlte. Es war unvorstellbar, daß die Geschworenen
mich nicht freisprechen würden – nur wachte ich jedesmal vor dem Ur-
teil auf. Jetzt ist Krebs das Verbrechen, das ich begangen oder nicht be-
gangen habe. Und meine beste Verteidigung ist die Beredsamkeit des
Lebenden."

Ähnliche Träume von Gerichtsverhandlungen sind mir in meiner Praxis und in Traumseminaren wiederholt erzählt worden. Es
geht in solchen Träumen um das innere Gericht, vor das wir uns
gestellt sehen. Manchmal werden wir für unbewußte Wünsche angeklagt, die unser innerer Zensor schon für Taten nimmt, manchmal für Unterlassenes schuldig gesprochen. Wo es um Krankheit
geht, um Sterbenmüssen, ist die beste Verteidigung vor dem exi-
stenziellen Richter, der über Scheitern oder Gelingen befindet,
„die Beredsamkeit des Lebenden," leidenschaftlich und bewußt zu
leben.

„Die Art, wie meine Freunde sich um mich geschart haben, ist
großartig. Sie erinnern mich an einen Vogelschwarm, der sich vom
Wasser in den Sonnenuntergang erhebt. Falls diese Metapher als et-
was extravagant oder satirisch angehaucht erscheint, dann deshalb,
weil ich mich über das Betragen meiner Freunde ein wenig amüsiere:
alle diese witzigen Leute, die plötzlich fromme, erhebende Dinge re-
den. Sie sind nicht, wie ich, berauscht von meiner Krankheit, son-
dern ernüchtert. Sie haben mir die Verantwortung, ernst zu sein, ab-
genommen und wirken nun in ihrer Ernüchterung beschämt oder be-
trübt. Sie sind nicht mehr mutwillig und zu Späßen aufgelegt, son-
dern schlichter – sogar älter. Als hätten sie alle über Nacht Glatzen
bekommen.

Ihre Besorgnis um mich wirkt sich aber dahingehend aus, daß ich
mich außerordentlich lebendig fühle. Andererseits – und das ist un-
dankbar – bleibe ich auch außerhalb ihrer Sorge, ihrer Liebe und guten
Wünsche. Ich bin von ihnen getrennt durch die großartige Überzeu-
gung, daß ich der Gesunde bin und sie die Kranken. Wie ein existen-
tieller Romanheld bin ich durch Wahrheit kuriert worden, während sie
noch unter dem Ekel der Uneingeweihten leiden. Sartre hat recht: Man
muß jeden Augenblick so leben, als sei man bereit zu sterben. ... Ich

sehe den Rest meines Lebens – alles erscheint mir jetzt in Bildern – als
einen schönen Paisley-Schal gebreitet über einen Konzertflügel.
    Warum ein Paisley-Schal? Weshalb ein Konzertflügel? Ich habe
keine Ahnung. So stellt sich mir halt die Lage dar. Ich muß meine Vor-
stellungen zusammen mit meiner Medizin nehmen. "[3]

Was bedeutet der Schal mit schönem Muster über einem Konzertflügel? Der Schal ist bunt, der Flügel schwarz. Der Schal ist
weich und warm, man kann sich darin eingehüllt vor der Kälte
schützen. Das Wesentliche des Flügels ist, daß aus seinen Drähten
und aus seinem Holz Musik ertönt. Als Schriftsteller mag Broyard
sich als Erbe des Orpheus empfunden haben, dessen Leier in Pla-
tons Phaidon in einem Unsterblichkeitsgleichnis eine Rolle spielt:
wird sie zerbrochen, so kann doch die Harmonie, die aus ihr er-
tönte, nicht zerstört werden. Vielleicht schwingt in Broyards Bild
des Flügels unter dem Schal auch der schwarze Flügel des Todes
mit, der, unter dem farbigen Leben verborgen, dieses trägt. Daß
Broyard folgende Verse Rilkes aus „Die weiße Fürstin" kannte, erscheint mir eher unwahrscheinlich, ich zitiere sie wegen der Ähn-
lichkeit des Bildes dennoch:

> „Sieh, so ist Tod im Leben.
> Beides läuft so durcheinander, wie in einem Teppich
> die Fäden laufen; und daraus entsteht für einen,
> der vorübergeht, ein Bild.
> Wenn jemand stirbt, das nicht allein ist Tod.
> Tod ist, wenn einer lebt und es nicht weiß."[4]

Broyard starb 1990 in seinem 70. Lebensjahr, ein Jahr, nachdem er
den Artikel geschrieben hatte, aus dem ich oben zitiert habe.

Denken wir an den eigenen Tod, so stoßen wir auf einen vermeint-
lichen Widerspruch: der Tod ist uns gewiß, jedoch nicht vorstellbar. Wieso nicht vorstellbar? Können wir uns nicht „Freund Hein"

---

[3] Anatole Broyard, Berauscht von meiner Krankheit, SZ Neujahr 1991
Nr. 299, S. 42.
[4] Rainer Maria Rilke, Sämtliche Werke 1. Band, Frankfurt am Main 1955,
S. 225.

als Knochenmann mit Stundenglas und Sense vor Augen rufen? Ja – das ist die Allegorie des Todes, eben ein Versuch, etwas an sich Unvorstellbarem Gestalt zu verleihen. Aber so gewiß wir wissen, daß wir eines Tages nicht mehr da sein werden, so wenig sind wir imstande, uns die Welt ohne uns vorzustellen. Wir können es versuchen: stellen wir uns vor, wir liegen auf dem Sterbebett. All unser innerstes Gefühl bäumt sich auf und wehrt sich, denn wir wollen nicht sterben, wir wollen leben, und diese Vorstellung ist schrecklich. Aber möglich ist sie. Nur – solange wir sterben, leben wir. Also stellen wir uns unsere Beerdigung vor: die Hinterbliebenen, die um uns trauern, den Sarg oder die Urne mit dem, was von uns übrig ist, darin. Auch das ist vorstellbar. Doch haben wir dabei die Bedingung übersprungen, uns die Welt ohne uns vorzustellen. Haben wir uns nicht unvermerkt miteingeschlichen? Wir wurden in unserer Vorstellung unsichtbarer Beobachter der Trauergemeinde und stellten uns vielleicht sogar vor, wir hören, was die anderen über uns, den Verstorbenen, sagen würden. Wir sind als Betrachter immer mit dabei, wenn wir uns eine Vorstellung bilden. Stellen wir uns die Welt in hundert Jahren vor. Wir werden gewiß nicht mehr leben. In unserer Vorstellung schauen wir aber gleichsam über den Zaun oder durch ein Guckloch oder von einer Wolke aus dem Äther herab, und als dieser Zaungast sind wir eben doch in unserer Vorstellung mitenthalten. Aus dieser Sachlage leitet Schopenhauer übrigens den Trost ab, der Mensch sei als Gattung unsterblich.

Der nie rein gelingende Versuch, sich den eigenen Tod vorzustellen, kann aber ungemein heilsam sein in dem Sinn, daß wir dadurch bewußter und inniger leben. Ich stand vor kurzem am Grab meiner Eltern. Es war ein stiller und sehr warmer Sommertag. Mir ging vieles durch den Sinn: ich stellte mir vor, wie sie jetzt aussähen, wenn sie noch lebten, dachte, was ich ihnen gern erzählen würde, erinnerte mich an mein Leben mit ihnen, an das, was gut war und an vieles, was ich versäumt hatte und was nun nicht mehr nachholbar ist. Ab und zu zupfte ich ein Unkraut zwischen den Rosen aus der Erde und versuchte, die sich mir dabei immer wieder aufdrängenden Bilder der verwesenden Körper im Grab wegzuschieben. Da auf einmal wurde die Erde dieses Friedhofs, wurde das Grab meiner Eltern und die anderen Gräber für mich in anderer Weise wirklich als je zuvor: es ist nicht nur die Erde der Toten, es ist die Erde, die auch mich umschließen wird, die Erde, in der auch ich liegen werde, bald. Und ich sah die sonnenbraune Haut meines Armes an und spürte die helle Lebensfreude durch meinen ganzen Körper pulsieren und mir graute bei der Vorstellung, daß dies alles, mein Fleisch und meine Augen und meine Knochen, daß ich ganz und gar da unten liegen werde und nicht mehr sein.

Denke ich an diese Stunde an meinem zukünftigen Grab, dann überfällt mich dasselbe Entsetzen, bald nicht mehr zu sein, und wieder die innige Freude, jetzt zu sein, diesen Tag zu leben, und ich lebe mit Inbrunst. Ich bin gesund und lebendig und reich. Ich bin reich, weil es ein paar Menschen gibt, die ich liebe und die mich lieben, weil ich einen Beruf habe, den ich mit Freude und anderen zur Freude ausübe, vor allem aber bin ich reich, weil ich lebe und weiß, daß das nicht selbstverständlich ist.

Nichts ist selbstverständlich.

Nichts ist selbstverständlich. Nicht, daß es uns gibt, nicht, daß wir heute noch leben. Das Haus, in dem wir wohnen, ist nicht selbstverständlich, dieser Baum nicht und nicht die Erde, und auch das ganze Universum ist nicht selbstverständlich. Nichts muß sein, und daß es ist, ist ein Wunder.

Von diesem Reichtum, der mir bewußt ist, seit ich weiß, daß ich sterben werde – es wirklich weiß, nicht bloß so, als sei der Zeitpunkt noch weit entfernt, so daß mich mein Tod jetzt noch nichts angeht – von diesem Reichtum teile ich mit. Es ist das Wissen, daß die Gegenwart ein Geschenk ist, das uns ermöglicht, den Glanz wahrzunehmen. Denn jeder Tag verlöre seinen Glanz, wenn er unendlich wiederkehrte irgendwann im Lauf der Ewigkeit.

Entsetzen

Es bleibt,
daß ich der Erde gehöre,
grausiger Mutter,
in geliebtesten Augen dunkelnd.

Ernst Meister

Solange Menschen – einzelne sowie Völker – die Erde als nährend und bergend und sich selbst von ihr getragen erfahren oder, wie in der Dritten Welt, um das nackte Überleben mit ihr ringen müssen, im Erleben einer erfüllten oder sich versagenden Symbiose also, stellt sich die Frage nach dem Sinn des Lebens angesichts des Todes nicht. Sie kann nicht gestellt werden, weil sie von der vordergründigen Angst vor dem Verlust der nährenden Quelle verstellt wird. Der Kampf ums Dasein läßt keinen Raum für die Frage nach dem Sinn dieses Daseins. Es ist ähnlich wie am Beginn einer Liebesbeziehung, wo es uns wichtiger erscheint, daß der geliebte Mensch überhaupt da ist und für uns da ist, als daß wir uns fragten, welche Gestalt wir unserer Liebe geben wollen.

In der eigentlichen Angst umfängt uns die Symbiose nicht mehr, das Einssein mit einer mütterlich bergenden Welt. Wir erfahren uns fallengelassen aus der Geborgenheit, geworfen in eine Welt, in der uns der Sinn nicht mehr fraglos umgibt. Wie ausgesetzt erleben wir uns. Der Sinn umgab und trug uns deswegen fraglos, weil wir uns seiner nicht bewußt waren. Wir fragten nicht nach ihm, weil es keinen Grund zu fragen gab. Wenn die Mutter immer da ist, muß das Kind nicht fragen, „wo ist sie?" Wir fragen nach dem Sinn erst, wenn er sich entzieht, meist dann, wenn er uns angesichts des Todes fragwürdig geworden ist: was hat ein Leben für einen Sinn, dessen Ziel es ist, als von Würmern zerfressener Leichnam im Grab zu liegen? Deus absconditus: Gott hat sich verborgen, und er wird zunächst verborgen bleiben. Falls wir es nicht vorziehen, unsere Augen vor der grauenhaften Wahrheit zu verschließen und zu vergessen suchen, was wir sahen, indem wir zurückflüchten in den Schoß unseres Kinderglaubens. Halten wir die Klarheit aber aus, so wird uns der Boden unter unseren Füßen weggezogen durch das Wissen, daß wir keinerlei Sicherheit haben, morgen noch zu leben, das nächste Jahr zu erleben, keinerlei Sicherheit auch, daß der Mensch, den wir lieben, noch mit uns das nächste Jahr erleben wird. In der Angst wissen wir, daß wir sterben werden und dann ganz allein sein werden, selbst wenn wir begleitet werden. Denn der uns die Hand hält, bleibt im Leben – wir nicht. Johanna sagt, früher hätte sie sich gewünscht, daß jemand bei ihr sei, wenn sie stürbe, „aber jetzt denke ich, ich möchte allein sein, denn man ist ja ohnehin allein im Sterben." Selbst im gemeinsamen Sterben stirbt jeder allein, tiefer allein vermutlich als einer, dessen Sterben von einem nahen Menschen begleitet wird. Kein anderer Mensch ist Trost in dieser Erfahrung, und die Welt birgt nicht. Die Verbindung mit dem mütterlichen Urgrund der Natur ist zerrissen, wir sind allein in der Erfahrung der Angst vor dem Tod. Unsere Geburt als Individuum hat begonnen. Wir erleben uns anders als die Natur um uns, indem wir allein um unsere Endlichkeit wissen. Kein Tier, keine Pflanze weiß ums Sterben, darum leben sie wie in einer Ewigkeit. Rilkes achte Duineser Elegie spricht wunderbar von diesem Unterschied.

Auch wenn wir noch so sehnsüchtig uns einfügen möchten in das ruhige Werden und Vergehen der Natur, wenn wir uns in ihren Atem einlassen, einen Baum umarmen, um seine Kraft zu spüren, nachts auf einer Wiese oder am Strand unter dem Sternenhimmel liegen – wir bleiben Fremde, zu Gast in der Geborgenheit. Es gibt keinen Weg zurück. Wir können nur weitergehen auf dem Weg, ganz sterblich ganz wir selbst werden, um am Ende auf andere Weise wieder Zugang zu finden zum Heiligen, zur Geborgenheit in der Einheit.

Auch die Kontinuität der menschlichen Geschichte erweist sich in der Erfahrung der Todesangst als illusorisch. Daß ich Teil dieses Volkes mit seiner Historie bin, daß ich Enkel und Urenkel bin und daß ich vielleicht Großvater oder Großmutter bin und Ur- und Ururenkel haben werde – dieses Eingefügtsein in ein größeres Ganzes, das uns durch Erzählungen überliefert wurde und uns in den Sinnzusammenhang eines umfassenderen Werdens der Menschenfamilie stellte – es zerreißt wie eine Perlenkette angesichts der Frage: „wozu?" Dein Kind ist ein anderer Mensch als du, sein Leben und sein Weiterleben nach deinem Tod wird deinem Leben genauso wenig Sinn verleihen, wie dein Leben deinem verstorbenen Großvater oder deiner Mutter die Frage nach dem Sinn seines oder ihres Lebens beantworten könnte. Zwischen den vielen Menschen unserer Gegenwart, Vergangenheit und Zukunft, die alle gleichsam Knotenpunkte unseres gesellschaftlichen und geschichtlichen Beziehungsnetzes bilden, stehen wir angesichts unserer Endlichkeit ganz allein. Das Netz bewahrt uns nicht vor dem Sterbenmüssen. Daß wir eingespannt sind in dieses Netz, schenkt uns Verwandte, Freunde, Feinde, Geliebte. Doch kein anderer Mensch als wir selbst, kann unserem Leben Sinn verleihen.

In Broyards Bericht erscheint das Begreifen, „daß ich nicht ewig leben werde", weniger von Angst getönt als von einem leidenschaftlichen „Carpe diem" angesichts des „Memento mori". In den Gesprächen mit Ursula, Josefine, Ralf, Irmgard und Johanna wird dagegen der Gedanke an Panik zugelassen. Panik angesichts des baldigen Todes ist imstande, sich zu lähmendem Entsetzen zu entwickeln, das wie gebannt auf das Ende starren läßt. Die Bejahung der Gegenwart, welche im Wissen um das Sterben ermöglich werden könnte, wird so ganz im Gegenteil verhindert.

Bisher war die Zeit kein Problem, in ihrer Strömung trieb Neues an und Altes fort in die Vergangenheit. Man selbst fühlte sich getragen von diesem Strom. Das Wissen, daß das Leben ein Ende haben werde, war abstrakt, eine Angelegenheit der Philosophieprofessoren und der Priester. Einen selbst ging es nicht an, man meinte, unermeßlich Zeit zu haben. Dann stirbt vielleicht die Großmutter, der Vater, oder man begleitet einen anderen nahen Menschen beim Sterben und wird so vom Entsetzen vor dem Tod ergriffen, wie jenes junge Mädchen I. K., von der weiter unten die Rede sein wird. Oder die eigene Endlichkeit wird einem bewußt in Schwellensituationen, wie Entscheidung für einen Beruf, für Ehe, für Kinder, oder um das dreißigste Lebensjahr herum, wenn es nicht mehr zu leugnen ist, daß die Jugend mit ihrem offenen Horizont unbegrenzter Möglichkeiten nun unwiderrruflich vergangen ist, wie in Ingeborg Bachmanns Erzählung „Das dreißigste Jahr":

„Wenn einer in sein dreißigstes Jahr geht, wird man nicht aufhören, ihn jung zu nennen. Er selber aber, obgleich er keine Veränderung an sich entdecken kann, wird unsicher; ihm ist, als stünde es ihm nicht mehr zu, sich für jung auszugeben. Und eines Morgens wacht er auf... und er stürzt hinunter ins Bodenlose... Er wirft das Netz Erinnerung aus, wirft es über sich und zieht sich selbst, Erbeuter und Beute in einem, über die Zeitschwelle, die Ortschwelle, um zu sehen, wer er war und wer er geworden ist. Denn bisher hat er einfach von einem Tag zum andern gelebt, hat jeden Tag etwas anderes versucht und ist ohne Arg gewesen. Er hat so viele Möglichkeiten für sich gesehen... Mit den extremsten Gedanken und den fabelhaftesten Plänen hatte er sich darum jahrelang abgegeben, und weil er nichts war außer jung und gesund, und weil er noch so viel Zeit zu haben schien, hatte er zu jeder Gelegenheitsarbeit ja gesagt. ...
Bei jeder Gelegenheit hatte er ja gesagt zu einer Freundschaft, zu einer Liebe, zu einem Ansinnen, und all dies immer auf Probe, auf Abruf. Die Welt schien ihm kündbar, er selbst sich kündbar.

Nie hat er einen Augenblick befürchtet, daß der Vorhang, wie jetzt, aufgehen könne vor seinem dreißigsten Jahr, daß das Stichwort fallen könne für ihn, und er zeigen müsse eines Tages, was er wirklich zu denken und zu tun vermochte, und daß er eingestehen müsse, worauf es ihm wirklich ankomme. Nie hat er gedacht, daß von tausendundeiner Möglichkeit vielleicht schon tausend Möglichkeiten vertan und versäumt waren – oder daß er sie hatte versäumen müssen, weil nur eine für ihn galt.
Nie hat er bedacht...
Nichts hat er befürchtet.
Jetzt weiß er, daß auch er in der Falle ist."[5]

⁵ Ingeborg Bachmann, Das dreißigste Jahr, in Band 111 der Bücher der Neunzehn, München 1964, S. 67 ff.

Auch für Albert Camus ist das 30. Jahr bedeutsam: *„Es kommt ein Tag, da stellt der Mensch fest, daß er 30 Jahre alt ist. Damit beteuert er seine Jugend. Zugleich aber bestimmt er seine Situation, indem er sich in Beziehung zur Zeit setzt. Er nimmt in ihr seinen Platz ein. Er erkennt, daß er sich an einem bestimmten Punkt einer Kurve befindet, die er – dazu bekennt er sich – durchlaufen muß. Er gehört der Zeit, und mit jenem Grauen, das ihn dabei packt, erkennt er in ihr seinen schlimmsten Feind. Ein Morgen wünscht er sich, ein Morgen, während doch sein ganzes Selbst sich dem widersetzen sollte."*[6]

Mir ist für das Entsetzen vor dem Tod kein eindringlicheres Zeugnis bekannt als die von dem Psychotherapeuten V. E. von Gebsattel überlieferten Worte seiner 20jährigen Patientin I. K.. Diese war nach menschlichem Ermessen noch durch Jahrzehnte von ihrem eigenen Todestag getrennt. Sie hatte das Sterben ihrer melancholischen Mutter zwei Jahre hindurch begleitet und sie dabei aufopfernd gepflegt. Nach dem Tod der Mutter kam sie wegen starker Gewichtsabnahme, Schlafstörung, Appetitlosigkeit, ängstlicher Erregung und Niedergeschlagenheit in die psychotherapeutische Behandlung von Gebsattels. Lange Zeit, berichtet von Gebsattel, habe „eine eigenartige Störung ihres Zeiterlebnisses im Mittelpunkt ihres Krankheitsbewußtseins" gestanden:

„Ich habe den ganzen Tag ein Gefühl, das mit Angst durchsetzt ist und das sich auf die Zeit bezieht. Ich muß unaufhörlich denken, daß die Zeit vergeht. Während ich jetzt mit Ihnen spreche, denke ich bei jedem Wort: ‚vorbei‘, ‚vorbei‘. Dieser Zustand ist unerträglich und erzeugt ein Gefühl von Gehetztheit. Ich bin immer in Hetze. Das fängt beim Erwachen an und knüpft an Geräusche an. Wenn ich einen Vogel piepsen höre, muß ich denken: ‚das hat eine Sekunde gedauert‘. Wassertropfen sind unerträglich und machen mich rasend, weil ich immer denken muß: ‚jetzt ist wieder eine Sekunde vergangen, jetzt wieder eine Sekunde.‘ Ebenso wenn ich die Uhr ticken höre... Ich kann nicht verstehen, daß Menschen Pläne machen und einen Sinn mit solchen Zeitan-

[6] Albert Camus, Der Mythos von Sisyphos, Hamburg 1959, S. 17.

gaben verbinden und dabei ganz ruhig bleiben. Ich fühle mich darum allen Menschen entfremdet, so als gehörte ich nicht dazu, als sei ich ganz anders. Wenn die Menschen reden, so kann ich sie nicht verstehen, das heißt mit dem Verstand schon, aber eigentlich verstehe ich doch nicht, daß sie so einfach und ruhig reden und nicht unaufhörlich denken: ‚Jetzt rede ich, das dauert so und so lange, dann tue ich das, dann jenes, und das alles dauert 60 Jahre, dann sterbe ich, dann kommen andere, die leben auch ungefähr so lange und essen und schlafen wie ich, und dann kommen wieder andere, und so geht es weiter, ohne Sinn, Tausende von Jahren.‘ Auch wenn ich Menschen sich bewegen sehe, bei jeder Bewegung, zum Beispiel wenn jemand über den Rasen geht und Schritte macht, muß ich denken: ‚eine Sekunde, wieder eine Sekunde –‘; und das regt mich furchtbar auf und erfüllt mich mit Angst. Diese Gedanken sind fortwährend in mir. Auch wenn ich sie nicht ausdrücklich denke, sind sie als Gefühl in mir. Ich denke oft, daß ich nicht krank bin, sondern, daß ich etwas erkannt habe, was die anderen nicht erkannt haben... Ich verstehe überhaupt nicht, daß man anders denken kann... Mit allem, was ich tue, wird die Strecke, die mich vom Tode trennt, kürzer. Darum habe ich Angst, vor allem, was ich tue, aber auch vor dem Denken. Wenn zum Beispiel jemand sagt, er freue sich auf den Frühling, auf die Blumen im Garten und so weiter, so kann ich das nicht verstehen, denn ich muß immer denken, daß, wenn der Frühling gekommen ist, die Strecke wieder ein Stück kürzer geworden, der Tod wieder ein Stück näher herangekommen ist. Wie kann man sich darüber freuen? Dabei fürchte ich mich gar nicht vor dem Tod, ja, ich denke ihn mir sehr schön, aber der Gedanke, daß alles vergeht und daß das Leben immer kürzer wird, macht mir Angst. Auch wenn ich zum Beispiel häkele, liegt der Nachdruck nicht darauf, daß die Decke wächst, die ich häkele, sondern darauf, daß durch das Wachsen der Decke die Lebensstrecke immer kürzer wird. Das finde ich furchtbar. Darum will ich mir immer das Leben nehmen, um von diesem Denken loszukommen, habe aber das Leben sehr gern. Ich *habe furchtbare Angst... davor, daß eine Minute nach der anderen vergeht und der Tod immer näher kommt...*"[7]

I. K. hat tatsächlich etwas erkannt, was nicht alle Menschen erkannt haben. Und selbst derjenige, dem es gelingt, vor dem Hintergrund dieser Erkenntnis als er selbst in leidenschaftlicher Zuwendung zur Gegenwart zu leben, hat das Entsetzen nicht ein für allemal hinter sich gelassen. Es ist nicht so, wie wenn man ein Examen machte und dann hat man sein Diplom für sein ganzes weiteres Leben. Nein, das Entsetzen begleitet uns, einmal erfahren, unser weiteres Leben hindurch und springt uns – Johanna spricht davon – immer wieder an, manchmal gerade in der hellsten Heiterkeit. Unvermutet erscheint hinter dem Hellen das dunkle Entsetzen, das Wissen: dies alles vergeht. Und der Glanz der Gegenwart leuchtet umso heller vor dem dunklen Hintergrund. Durch das immer wiederkehrende Entsetzen – Hohl nennt es „der Tod wird hinterlistig, schon faßt er uns wieder am Ärmel..." – werden wir dazu getrieben, wir selbst zu sein, mit Heidegger: eigentlich zu existieren, und dieses Selbstsein aus dem Verfallen, aus dem Verlorensein in Alltagsbetriebsamkeit herauszureißen. Allerdings kann das Entsetzen sich wandeln: je mehr wir lernen, aus unserer Mitte und in unserer Gegenwart zu leben, umso konstanter aber ruhiger begleitet uns das Bewußtsein des Todes, und es wird getragen von der Freude, jetzt und hier ganz da zu sein.

„Nur das stärkste Leben hält dem Tode stand", sagt Hohl[8] – gleichermaßen verleiht das Wissen um den Tod dem Leben erst seine mögliche Stärke. Stärke nicht als Stärke gegen den Tod, sondern als Stärke des Lebens, als Intensität der Lebendigkeit.

[7] V. E. Freiherr von Gebsattel, Prolegomena einer medizinischen Anthropologie, Berlin 1954, S. 2ff.
[8] Ludwig Hohl, a. a. O., S. 715.

Maßgabe

> Die Zeit ist unser einziger Reichtum,
> mehr haben wir nicht.
>
> *Leopold*

Dem Flug eines Falken vergleicht ein altes russisches Lied das Leben des Menschen, eines Falken, der nachts durch einen erhellten Festsaal fliegt, zum einen Fenster herein, zum anderen wieder hinaus. Eine kurze Weile im Licht und Lachen und Lärm, gleich darauf verschwunden im Dunkel der Nacht. Ähnliche Bilder finden sich wahrscheinlich in fast allen Kulturen. Tschuang Tse sagt:

> „Das Menschenleben auf dieser Welt ist nur wie die Gestalt eines Schimmels, der an einer Felsenschlucht vorüberflitzt. Im Augenblick ist er vorbei. In plötzlichem Erwachen entsteht das Leben; in plötzlichem Abgleiten vergeht es schweigend."[9]

Und im 90. Psalm heißt es – nach Bubers Übersetzung –: „das Menschlein, wie des Grases sind seine Tage, wie die Blume des Feldes, so blüht's. Wenn der Wind drüber fährt, ist sie weg, und ihr Ort kennt sie nicht mehr."

Ungeheuer schnell ist die Zeit eines Lebens vergangen, von seinem Ende her gesehen, so schnell, daß es wie ein Sturz erscheint, ein Hereinstürzen aus dem Nichtsein ins Dasein und wieder hinaus in die Nichtexistenz. Samuel Beckett zeichnet am Ende des Stückes „Warten auf Godot" für diese Erfahrung das Bild der Geburt über einem Grab:

> „Eines Tages wurden wir geboren, eines Tages sterben wir, am selben Tag, im selben Augenblick... Sie gebären rittlings über dem Grabe, der Tag erglänzt einen Augenblick und dann von neuem die Nacht... Rittlings über dem Grabe und eine schwere Geburt. Aus der Tiefe der

---

[9] Lin Yutang (Hrsg.), Laotse, Hamburg 1955, S. 159.

Grube legt der Totengräber träumerisch die Zangen an."[10]

Wie vom Ende her die Lebenszeit perspektivisch verkürzt erscheint, beschreibt Kafka in seinem kurzen Prosastück „Das nächste Dorf":

> „Mein Großvater pflegte zu sagen: ‚Das Leben ist erstaunlich kurz. Jetzt in der Erinnerung drängt es sich mir so zusammen, daß ich zum Beispiel kaum begreife, wie ein junger Mensch sich entschließen kann, ins nächste Dorf zu reiten, ohne zu fürchten, daß – von unglücklichen Zufällen ganz abgesehen – schon die Zeit des gewöhnlichen, glücklich ablaufenden Lebens für einen solchen Ritt bei weitem nicht hinreicht.'"[11]

Aber nicht nur alten Menschen kann die Zeit als ungemein kurz und in einem rasenden Tempo vergehend erscheinen. Auch ein jüngerer Mensch, den die Erkenntnis seiner Sterblichkeit ergriffen hat, kann die Zeit als Sturz erfahren, selbst, wenn er völlig gesund ist und vermutlich noch ein langes Leben vor sich hat. Als sei einem der Boden unter den Füßen weggezogen, als halte die Erde einen mit ihrer Gravitationskraft nicht mehr fest und man müsse von ihr weg ins Weltall abstürzen, als habe eine ungeheure Faust das farbige Bild der umgebenden Wirklichkeit durchstoßen und dahinter zeige sich das schwarze Nichts, der reine klaffende Abgrund, das Chaos – so wird von jungen Erwachsenen der Schrecken erfahren, der sie ergriff, als ihnen bewußt wurde, daß sie nicht ewig leben würden. Der Sturz im Entsetzen vor der eigenen Endlichkeit wird aufgefangen in der Erkenntnis, daß anders wir nicht leben könnten als geborgen innerhalb dieser Grenze. Sie hält das Chaos fern, so daß wir Gestalt werden können.

Von Rabbi Menachem Mendel von Kozk ist ein Ausspruch überliefert, der mir in diesem Zusammenhang so gut gefällt. Wenn er bei Hiob die Stelle las, „Eine Grenze steckte Er der Finsternis",

---

[10] Samuel Beckett, Stücke Kleine Prosa, Frankfurt am Main 1969, S. 221.
[11] Franz Kafka, Sämtliche Erzählungen, Frankfurt und Hamburg 1970, S. 155 f.

dann pflegte er zu rufen: „Einen Winkel hat Gott in der Finsternis freigegeben, daß man sich darin berge."[12]

Ein Winkelchen ist unser Leben, ausgegrenzt aus der Unendlichkeit. Daß wir einen Anfang haben und ein Ende, ermöglicht erst unser Leben. Denn wäre es endlos, so wäre es ohne Grenze, ohne Kontur, wir könnten nicht Menschen sein so, wie wir es sind, als Individuen. In einer unendlichen Dauer wäre kein Zeitraum wichtig. Den Augenblick, in dem es darauf ankommt, das Richtige zu tun, den die Griechen Kairos nannten, ihn gäbe es nicht. Denn nichts könnte versäumt werden. Was ich soeben nicht tat, könnte ich irgendwann in der unendlichen Dauer nachholen. Den Weg, den ich jetzt nicht gehe, könnte ich nach Jahrmillionen noch gehen. Keine Entscheidung wäre wichtig, denn das Nichtgewählte könnte später gewählt werden. Nichts im Leben wäre wichtig, alles hätte später noch Zeit. Kein Mensch würde er selbst werden können, denn jede Kontur, jede Gestalt könnte sich in der Unendlichkeit in ihr Gegenteil verändern und von dort wieder sich auflösen. Menschliche Individualität gäbe es nicht. Nichts wäre verbindlich, alles wäre widerrufbar. Es gäbe kein gültiges Ja, kein Nein, keine Schuld, kein Scheitern, keinen Erfolg und kein Gelingen.

Diese Vision eines todlosen Lebens ist lähmend und, denkt man genau, nicht einmal denkbar. Das Unermeßliche hat keine menschliche Gestalt. Unser menschliches Leben hat zur Aufgabe, im Wissen um das Ende und in der Sehnsucht nach Ewigkeit sich zu entfalten zu seiner je eigenen Gestalt.

Jeder soll er selbst werden, nicht weniger und nicht mehr. Er selbst, indem er angesichts zahlreicher Möglichkeiten, die sich ihm eröffnen, und Begabungen, die er mitbringt, diejenigen davon realisiert, die mehr als die anderen seine Antwort auf das Geschenk des Lebens sind. Müßte er nicht sterben, so hätte er nicht den Auftrag, er selbst zu sein. Er könnte nicht einmal er selbst werden, weil Selbstsein heißt, dieser sein und kein anderer. In einem endlosen Sein wäre jeder alles. So ist Heideggers „der Tod ist die Maßgabe des Unermeßlichen" zu verstehen. Das unermeßliche Sein gibt uns

[12] Martin Buber, Die Erzählungen der Chassidim, Zürich 1949, S. 800.

Menschen durch unser Sterben das Maß, hier sein zu können. Dieses Unermeßliche nennt Rilke am Anfang der ersten Duineser Elegie „das Schreckliche":

> „... Denn das Schöne ist nichts
> als des Schrecklichen Anfang, den wir noch grade ertragen,
> und wir bewundern es so, weil es gelassen verschmäht,
> uns zu zerstören."

Ein Sein in der Maßlosigkeit der Unendlichkeit ist undenkbar, denn wir wären zerstört als umgrenzte Individuen. Der Tod zerstört uns nicht – er ermöglicht überhaupt erst unser Dasein als Menschen.

Man stirbt nicht – ich sterbe

Du mußt dein Leben ändern.   *Rilke*

Wann immer wir unsinnliche, abstrakte Sprache – zum Beispiel in der Verwaltung oder im Ritual – hören, können wir uns fragen: was soll diese Sprache verschleiern? Hinter blutleeren papierenen Wendungen steckt entweder ein Machtanspruch, der uns manipulieren will, oder ein Tabu.

Im Fall der Sprachgewohnheit, die statt Sterben „Ableben" sagt, ist es das Tabu des Todes. Sein Zweck ist der, uns zu schützen vor der Erkenntnis „tua res agitur" – es geht um dich. Du lebst, du stirbst. Solange „man" stirbt, ist das Sterben unwirklich. Ja – irgendwann stirbt man auch einmal, aber noch nicht jetzt. Man stirbt, also jemand anders, nicht gerade ich, nicht gerade du, geliebter Mensch.

Über die tabuierende Sprache im Umkreis des Todes schreibt

Benoîte Groult: „„Mein Sohn ist verschieden', sagte mir seine Mutter am Telephon, und ich brauchte ein paar Sekunden, um zu begreifen, daß ,verscheiden' sterben heißt. Das makabre Vokabular des Todes, das lediglich ein paar Tage zuvor und ein paar Tage danach benutzt wird, kam zum Vorschein. Ableben, Überführung des Leichnams, Trauerfeier, Begräbnis, der Verschiedene... Worte ohne Wirklichkeit, Sprache der Bestattungsinstitute für die trauernden Hinterbliebenen und die Todesanzeigen. Für mich war Gauvain nicht verschieden, er war tot.“[13]

Das Tabu des Todes verdeckt unserer Wahrnehmung die Leiche, die Verwesung, den Schmerz. Vor allem aber steht dieses Tabu im Dienst unserer Angst, wirklich gemeint zu sein. Wir haben Angst vor der Wirklichkeit. Angst, daß wirklich wir gemeint sind, daß wir mit unserem Leben den Auftrag und das Geschenk erhalten haben: sei du selbst.

Man ist nicht ich selbst. Heidegger sagt dazu:

> „Das verdeckende Ausweichen vor dem Tode beherrscht die Alltäglichkeit so hartnäckig, daß im Miteinandersein die ,Nächsten' gerade dem ,Sterbenden' oft noch einreden, er werde dem Tod entgehen und demnächst wieder in die beruhigte Alltäglichkeit seiner besorgten Welt zurückkehren. Solche ,Fürsorge' meint sogar, den ,Sterbenden' dadurch zu ,trösten'. Sie will ihn ins Dasein zurückbringen, indem sie ihm dazu verhilft, seine eigenste, unbezügliche Seinsmöglichkeit noch vollends zu verhüllen. Das Man besorgt dergestalt eine ständige Beruhigung über den Tod. Sie gilt aber im Grunde nicht nur dem ,Sterbenden', sondern ebenso sehr den ,Tröstenden'. Und selbst im Falle des Ablebens noch soll die Öffentlichkeit durch das Ereignis nicht in ihrer besorgten Sorglosigkeit gestört und beunruhigt werden. Sieht man doch im Sterben der Anderen nicht selten eine gesellschaftliche Unannehmlichkeit, wenn nicht gar Taktlosigkeit, davor die Öffentlichkeit bewahrt werden soll.“

---

[13] Benoîte Groult, Salz auf unserer Haut, München 1988, S. 317.

160

Johanna sagt, sie empfinde sich als taktlos, wenn nicht herzlos, wenn sie mit ihren Söhnen über ihren Tod sprechen möchte. Und Josef spricht davon, wie sehr er als Priester darunter leidet, daß viele Sterbende „angelogen und getäuscht" werden über ihren Zustand. Heidegger fährt fort:

> „*Das Man setzt sich aber zugleich mit dieser das Dasein von seinem Tod abdrängenden Beruhigung in Recht und Ansehen durch die stillschweigende Regelung der Art, wie man sich überhaupt zum Tode zu verhalten hat. Schon das ‚Denken an den Tod' gilt öffentlich als feige Furcht, Unsicherheit des Daseins und finstere Weltflucht. Das Man läßt den Mut zur Angst vor dem Tod nicht aufkommen.*"[14]

Es gibt überhaupt nicht *das* Leben und *den* Tod. Leben und Tod sind immer Leben und Tod eines konkreten einzelnen Lebewesens. Auch wenn wir angesichts einer festlich heiteren Menge etwa ausrufen: „ist das ein Leben!" so ist die Feststimmung doch von einzelnen hervorgebracht und getragen. Ebenso der Tod in den durch Krieg, Technik- und Naturkatastrophen zerstörten Landstrichen: er ist das Sterben vieler einzelner Menschen, die diesem Schicksal zum Opfer fallen.

Es gibt nicht den Tod, es gibt nur meinen Tod, deinen Tod, seinen Tod. Heidegger nennt diesen Sachverhalt: „der Tod ist jemeinig."[15]

Eine ungebräuchliche Redeweise, die genau das ausdrückt, worum es hier geht: daß Tod nichts anderes ist als die Grenze eines je einzelnen konkreten Menschen, dessen Leben zu einer bestimmten Stunde an einem bestimmten Ort begann, der einen Namen hat, und dessen Leben an einem bestimmten Ort zu einer bestimmten Stunde enden wird. Wie das Wissen um den eigenen Tod auf einmal mit dem Finger auf den betreffenden Menschen zeigt und sagt: „Du! Um dich geht es! Du wirst sterben! Hast du gelebt?", das beschreibt Tolstoj in der Erzählung „Der Tod des Iwan Iljitsch". Die

---

[14] Martin Heidegger, Sein und Zeit, Tübingen 1967, S. 253 f.
[15] Zum Begriff der Jemeinigkeit vergl. Heidegger, Sein und Zeit, S. 42.

Unausweichlichkeit, das wird in ihr deutlich, ist nicht nur die vor dem eigenen Sterbenmüssen, sondern damit die vor dem eigenen Leben, der eigenen Existenz, der eigenen Person.

Iwan Iljitsch lebte sein Leben nach den gesellschaftlichen Normen, bis ihm bewußt wurde, daß er nur noch kurze Zeit leben werde. Er hat – zu Recht – den Eindruck, er habe eigentlich noch gar nicht richtig gelebt. Eigentlich im strengen Sinn dieses Wortes hat er nicht gelebt, als eigene Person. Er ließ sich sein Leben vorgeben durch die Meinungen und Wertungen der Mitwelt und durch die zufälligen Erfordernisse der Alltage – jedes neuen Tages, den er nicht anders lebte als alle anderen Tage: Alltage.

„Iwan Iljitsch sah, daß er dem Tod verfallen war, und befand sich in beständiger Verzweiflung. Im Grunde seiner Seele wußte er, daß er sterben mußte, aber es war ihm nicht möglich, sich an den Gedanken zu gewöhnen, er begriff es einfach nicht, konnte es durchaus nicht fassen.

Jenes Beispiel eines Vernunftschlusses, das er in der Logik von Kiesewetter gelernt hatte: Cajus ist ein Mensch, alle Menschen sind sterblich, folglich ist Cajus sterblich, war ihm sein Leben lang richtig erschienen, aber nur in bezug auf Cajus, durchaus nicht in bezug auf sich selber. Jener war der Mensch Cajus, ein Mensch im allgemeinen, und das war vollkommen gerecht; aber er war nicht Cajus und nicht ein Mensch im allgemeinen, er war stets ein ganz, ganz besonderes Wesen, anders als alle anderen gewesen; er war doch Wanja gewesen, mit Mama, mit Papa, mit Mitja und Wolodja, mit seinem Spielzeug, mit dem Kutscher, der Kinderfrau, dann später mit Katenka, mit allen Freuden, Kümmernissen, Wonnen der Kindheit und Jugend. Hatte denn Cajus jenen Geruch des gestreiften Lederballs gekannt, den Wanja so sehr liebte?... Und Cajus war wirklich sterblich und folglich mußte er sterben, aber für mich, für Wanja, für Iwan Iljitsch, mit all meinen Gefühlen, Gedanken – für mich ist das etwas ganz anderes. Und es kann nicht sein, daß ich sterben muß. Das wäre zu schrecklich.
...

Die Hauptqual für Iwan Iljitsch lag in der Lüge, in der von allen anerkannten Lüge, daß er nur krank und nicht ein Sterbender sei, daß er sich nur ruhig verhalten und die Medizin nehmen solle und alles dann wieder gut werde... Und ihn peinigte diese Lüge, ihn peinigte es, daß sie nicht offen bekennen wollten, was sie wußten und was er

wußte, sondern ihn belogen und ihn selber zwangen, an dieser Lüge
teilzuhaben... Wenn sie ihm wieder eine dieser Komödien vorspielten,
war er oft nahe daran aufzuschreien: ‚Hört doch auf zu lügen! Ihr wißt
und ich weiß, daß ich sterbe. Hört wenigstens auf zu lügen!‘ Aber er
hatte niemals den Mut, es zu sagen. Der furchtbare, schreckliche Akt
seines Sterbens, das sah er, wurde von allen in seiner Umgebung wie
eine der vielen zufälligen Unannehmlichkeiten, ja Taktlosigkeiten des
Lebens behandelt (in der Art, wie man mit einem Menschen umgeht,
der im Salon einen unangenehmen Geruch um sich verbreitet), und
dieses Verhalten gründete sich auf jene Anschauung von ‚Anstand‘, der
er sein ganzes Leben lang gehuldigt hatte.“[16]
Angesichts des Endes begreift Iwan Iljitsch, daß dies sein eigenes Leben ist, daß die Logik, der es nur um allgemeine Sterblichkeit ging, ihn beim eigenen Sterben im Stich läßt, ebenso wie die
Konvention, der das Sterben peinlich ist, und das Feld der blanken
Angst räumt. Und doch hat er als Sterbender noch Zeit zu leben,
und zum erstenmal in seinem Leben als er selbst zu leben. So sagt
Lichtenberg: „Wenn einem zum Tode Verurteilten eine Stunde geschenkt wird, so ist diese Stunde ein ganzes Leben wert.“ Das eigene, eigentliche Leben ist die Spanne Lebenszeit angesichts des
eigenen Todes. Geschieht die Konfrontation mit dem eigenen
Sterbenmüssen zu einer Zeit, da der Mensch noch gesund und auf
der Höhe seiner Kraft ist, zu einer Zeit, da „man nicht ans Sterben
denkt“, reißt dieser Mensch sich also heraus aus dem „man“ oder
wird er herausgerissen durch die Gnade des Wissens um seine Endlichkeit, so lebt er in dem glücklichen Umstand, sein Leben so
ernst zu nehmen wie Iwan Iljitsch erst in seinen letzten Tagen.
Dann wird ihn die Erkenntnis seiner Sterblichkeit nicht lähmen,
sondern er wird etwas tun – im Sinne von Ludwig Hohl:

> *„Der Mensch lebt nur kurze Zeit.*
>
> *Verhängnisvoll ist, sich einzubilden – genauer: die kindische Einbil-*
> *dung zu bewahren –, daß wir lange leben. Alles würde, wenn wir bei-*
> *zeiten von der Kürze unseres Lebens wüßten, sehr geändert sein.*

[16] Leo N. Tolstoj, Die Großen Erzählungen, Frankfurt am Main 1961, S. 54 f.
u. S. 60 f.

Nun sieht unser Leben von der Kindheit aus gesehen freilich lang aus; von seinem Ende aus unerhört kurz; welches ist seine reale Dauer? Sie hängt davon ab, wie oft und von wie früh an du dein Leben als kurz betrachtet hast.

(Denn nicht die Uhr mißt die Länge eines Lebens; sondern das, was drin war.)

Alles, was wir handeln, muß, wenn es Wert haben soll, vom Betrachtungspunkt der Kürze unseres Lebens aus gehandelt sein.

Stehen wir nicht da, so werden wir, auch wenn wir scheinbar tätig sein sollten (äußere Gewalten treiben uns zumeist zu einer scheinbaren Tätigkeit und lassen uns ihr nicht mehr entrinnen), vorwiegend in immerwährender Erwartung leben; stehst du aber da, so willst du vor allem andern rasch noch etwas tun (– und mit einem ganz andern Ernste, als jenes Tun geschieht, in dem dich fremde, äußere Mächte gefangen halten). Es ist aber etwas tun und solches Tun – eigenes Tun, zu dem dich nicht fremde äußere, sondern innere Gewalten nötigen –, das einzige, was Leben gibt, was retten kann.

Solches Tun nenne ich Arbeiten.« Dies ist das vollständige Zitat, das ich auf S. 144 auszugsweise wiedergegeben habe.

Seneca ist in seiner Schrift „De brevitate vitae" der Meinung, es sei angesichts der Kürze des Lebens sinnvoll, sich von den Staatsgeschäften, die im alten Rom als sehr ehrenvoll angesehen wurden, zurückzuziehen, um in Muße sich den Philosophen und dem Philosophieren zu widmen. So sinnvoll Philosophie ist, wäre der Sinn damit zu eng gefaßt, denke ich. Hier werden jene Ausdrucksmedien nicht einbezogen, die sich nicht auf der Ebene des Denkens befinden. Welchen Verlust für die Welt würde es zum Beispiel bedeuten, hätte Beethoven nicht komponiert, sondern stattdessen philosophiert! Mag sogar sein, daß seine Philosophie ein großer Gewinn wäre. Aber gäbe es allein seine späten Streichquartette nicht, um welches heilige Licht wären wir ärmer! Ich denke, Philosophie ist eine, aber nicht die einzige mögliche Antwort auf die Frage nach der besten Betätigung angesichts der Kürze des Lebens. Von den mir bekannten Antworten auf diese Frage erscheint mir Hohls als diejenige, die am ehesten zugleich klar ist und offen für die Vielfalt der Erscheinungsformen menschlichen Tuns: Ar-

164

beiten ist etwas Inneres nach außen bringen. „Arbeit ist immer ein Inneres; und immer muß sie nach einem Außen gerichtet sein."[17]

„,O Herr, gib jedem seinen eigenen Tod!' hat Rilke ausgerufen. ,Gib jedem seine eigene Arbeit' möchte ich lieber gehört haben. ... Der eigene Tod... – das ist wohl wunderbar, ist vielleicht das Höchste. Es fragt sich aber, wie dazugelangen? Der eigne Tod –, ja, er ist die Krönung: was nützt es aber, einem zu rufen ,laß dich krönen!', wirst du ihm nicht eher die Wege zeigen sollen, die zur Krönung führen? Auf die eigene Arbeit folgt notwendigerweise der eigene Tod."[18]

Allerdings betrifft Hohls Antwort, angesichts der Kürze des Lebens gelte es, etwas zu tun, nämlich, etwas Inneres nach außen zu bringen, nur eine Hälfte der Lebensbewegung. Die der anderen Hälfte entsprechende Anweisung lautet, „etwas Äußeres hereinnehmen." Es geht um Produzieren und Sich-Ernähren (auch im Geistigen, auch im Seelischen), um Ein- und Ausatmen, um Nehmen und Geben – im Tun einer Aufgabe ebenso wie in der Liebe.

Auch schränkt Hohls Benennen solchen Tuns – nämlich etwas Inneres nach außen bringen – mit „Arbeiten" es ein auf jede schöpferische Produktion, die Hohl in seiner völligen Einsamkeit in geistiger Fremde und materieller Armut allein möglich war. Die Bezeichnung „Arbeiten" erfaßt nicht das ebenso Leben gebende und rettende Gespräch noch die Liebe.

Etwas tun, etwas Inneres nach außen bringen besagt, tun, was nur ich tun kann und niemand anders. Nicht, weil ich etwas Besonderes bin, sondern, weil in diesem Augenblick nur ich an diesem Ort stehe. Hier und jetzt ist es unwichtig, was ein anderer an meiner Stelle täte, denn der ist nicht da. Wichtig ist, daß ich das Richtige auf meine Weise tue. Das Richtige ist das, was ich tun kann, wenn ich wirklich ich bin, mit allem Vermögen, mit aller Kraft.

Was heißt: mit aller Kraft ich sein? Um es in ein Bild zu bringen: ich stelle mir eine Mauer vor, die von Rosen berankt ist, von roten, weißen und gelben Rosen. Wenn nun eine der gelben Rosen beim Anblick der anderen dächte, „wie üppig und warm leuchten die roten, und wie edel und rein sind die weißen Rosen – hätte ich nicht

---

[17] Ludwig Hohl, a. a. O., S. 19.
[18] Ludwig Hohl, a. a. O., S. 15.

besser eine von deren Farben?" so käme das etwa einem Menschen gleich, der meint, er sollte sich danach richten, was ein anderer an seiner Stelle täte. Die gelbe Rose hat keinen anderen Auftrag als den, ganz und gar gelbe Rose zu sein, mit ihrem Goldgelb, das die Farbe der Individuation ist, mit ihrem besonderen Duft, der nur gelben Rosen zu eigen ist, und je üppiger und inniger sie blüht und duftet, umso schöner. Auf Rosen mag das ja zutreffen, sagt da manch einer, aber auf mich – ich bin nicht gut genug, wenn ich einfach nur ich bin. Ach, wie schön wäre die Erde, wenn die Menschen die Anstrengung, die sie darauf richten, anders zu sein als sie sind, darauf richten würden, ganz sie selbst zu sein!

Von Rabbi Sussja wird berichtet, daß er vor seinem Ende sprach: „In der kommenden Welt wird man mich nicht fragen: ‚Warum bist du nicht Mose gewesen?' Man wird mich fragen: ‚Warum bist du nicht Sussja gewesen?'" [19]

Wir können diese chassidische Erzählung für unsere christliche Tradition so abwandeln: In der kommenden Welt wird man mich nicht fragen, „warum bist du nicht Jesus gewesen?" Man wird mich fragen:

> „Warum bist du nicht – Leser,
> setz' deinen Namen ein! – gewesen?"

Was aber kann ein Mensch tun, um sich selbst zu entdecken, wenn er sich noch weit entfernt von sich selbst fühlt? Wenn er den Eindruck hat, er sei von sich selbst wie durch eine Mauer getrennt? Wie finde ich heraus, wer ich bin?

Die allerstärksten Hindernisse auf dem Weg zu uns sind selbstgebaut. Es sind Gewohnheiten, Einstellungen und Charaktereigenschaften, die wir als zu uns gehörig betrachten und über die wir sagen, „so bin ich nun mal." Es sind Barrieren in uns selbst, für die wir blind sind.

Ich selber hatte das Glück, daß ich von einem wunderbaren Menschen auf dem Weg zu mir selbst begleitet wurde. Darum habe ich keine Erfahrung, ob man dies auch allein auf sich gestellt schaffen kann. Ich denke, es ist insofern schwierig, als man im-

---

[19] Martin Buber, a. a. O., S. 394.

stande sein müßte, dort zu sehen, wo man blind ist. Die unbewußten Barrieren im eigenen Inneren müßte man wahrnehmen können, welche Wachstum und Veränderung verhindern.

Trotz meines Zweifels, ob der Weg allein zu finden sei, gebe ich im folgenden Mittelteil Hinweise, wie ich denke, es gelingen könnte, falls es überhaupt möglich ist. Denn schließlich hat wohl nicht jeder das Glück, einen Lehrer oder Meister zu finden, der ihn begleitet; doch jeder hat den Auftrag, aus der Verlorenheit und Ferne heimzukommen zu sich selbst.

Der Weg in die Mitte

Wer bin ich?

> Der Mensch hat die Pflicht,
> reich zu sein.
>
> *Ludwig Hohl*

Wer einer ist, das spiegelt sich in seinen Wünschen, Sehnsüchten, Ängsten und Begabungen. Dieser Spiegel steht uns jederzeit zur Verfügung, wir brauchen bloß seiner gewahr zu werden und in ihn hineinzusehen.

Aus der Entfremdung führt unsere Sehnsucht uns zurück zu unserem eigentlichen Sein, zu uns selbst. Tief innen wissen wir, wer wir sind, und wir vernehmen es, wenn wir uns selbst ernst nehmen, auf uns hören, uns mögen.

Sich wichtig nehmen, sich selbst mögen – ist das nicht Egoismus? Mag sein, aber dann ist es gesunder Egoismus. Kranker Egoismus entsteht, wenn jemand sich eben nicht ausreichend wichtig nimmt, sich nicht wirklich mögen kann. Unter einem kranken Egoisten verstehe ich einen Menschen, der ausschließlich seinen eigenen Vorteil im Blick hat und diesen auch dann verfolgt, wenn er anderen Menschen damit Schaden zufügt. Man braucht nur die Folgen seiner Einstellung zu bedenken, dann liegt es klar vor Augen, wie einsam er werden wird ohne Freunde, bestenfalls von Lakaien umgeben, und von vielen Menschen verachtet und gehaßt. Wird er glücklich leben können?

Warum hat er überhaupt begonnen, sich so lebensfeindlich zu verhalten? Aus Angst. Angst hat ihn so dumm und neurotisch werden lassen. Vielleicht ist er als Kind gedemütigt worden, wenn er ganz er selbst war, unbefangen und aus vollem Herzen. Vielleicht wurde er dann ausgelacht, vielleicht ständig übersehen oder immer wieder gestraft. War sein Antrieb, er selbst zu sein, war seine Lebenslust nur stark genug, dann ließ sie sich nicht restlos unterdrükken, aber sie wurde fortan von mißtrauischer Angst begleitet: „Vorsicht – immer, wenn ich's mir gut gehen lassen will, hat jemand was dagegen." Und zwar ist dieser Jemand meist ein geliebter und wichtiger Mensch, Mutter oder Vater oder sonst einer, der Macht hat und den man bewundert und mag und dem man ähnlich werden möchte. So hat ein Mensch, der zu einem kranken Egoisten wurde, ganz früh in seinem Leben gelernt, daß die anderen in dem Augenblick zu seinen Feinden werden, in dem er sich auslebt. Sein Motto wird: „Ich oder die anderen."

Wären die Gewichte nur um ein weniges anders verteilt gewesen, dann hätte er sich genauso gut zum Gegenpol, zum Altruisten entwickeln können, zu einem Menschen, der an sich selbst zuletzt denkt und der seine Wünsche befriedigt, indem er anderen Menschen hilft, die ihren zu erfüllen. Psychologisch nennt man das „altruistische Abtretung." Das sieht dann moralisch und edel aus, hat aber seine Wurzel in einer ähnlichen Angst wie beim Egoisten. In beiden Entwicklungen war das einfache Selbstsein gefährdet. Der kranke Egoist verteidigt seine Interessen so vehement aus Angst, und aus Angst kann er sich dabei weder freuen noch gelassen sein. Jeder Triumph über die anderen ist von neuer Angst begleitet, die durch keine Absicherung niedergehalten werden kann. Denn ihr Ursprung ist in der Kindheit. Insofern ist sie eine neurotische Angst, eine Angst also, die aus der Vergangenheit stammt, durch gegenwärtige Anlässe unbegründet ist und in der Gegenwart auch nicht zu beruhigen ist.

Normaler gesunder Egoismus dagegen sieht so aus, daß ein Mensch zuerst an sich und dann auch an die anderen denkt. In dem Sinne, wie Georg Groddeck sagt:

„Immer dreht sich das Leben um die eigene Person, alles andere kommt in weitem Abstand. Erst komme ich und dann noch einmal ich und dann lange nichts und dann erst das andere. Der Egoismus ist nichts Niedriges, sondern die Grundlage unserer menschlichen Existenz. ,Liebe deinen Nächsten wie dich selbst' sind die Worte Jesu, aber nicht mehr als dich selbst. Das höchste Ziel ist also: Liebe deinen Nächsten wie

dich selbst, aber nicht mehr. Alle Aufopferung ist Schwindel.
Selber muß man reich sein, nicht klein und arm, sonst kann
man nichts geben."[1]

Der Unterschied zwischen krankem, neurotischem Egoismus und
gesundem Egoismus liegt darin, ob Angst und Mißtrauen oder Le-
bensbejahung seinen Antrieb bilden. So wie der neurotische Egoist
aus Angst, zu kurz zu kommen, rücksichtslos gegen andere Menschen vorgeht, so ist der gesunde Mensch, der seiner selbst sicher
ist, „egoistisch" aus Freude, und nie wird sich seine Selbstbejahung
zu einer Verneinung der anderen auswachsen. Er mag sich und
freut sich seines Lebens, und aus diesem umfassenden Ja zu sich
und zum Leben sagt er auch Ja zu den anderen Menschen. Er muß
nicht fürchten, daß die anderen ihn nicht sein lassen, er weiß, daß
es auch ihm besser geht in einer Gemeinschaft mit zufriedenen
Menschen. Statt „ich oder die anderen" lebt er nach dem Motto
„ich *und* die anderen." Sein Zauberwort heißt „wir". Bereitwillig
hört er sich die Wünsche und Anliegen des anderen an, ebenso bereitwillig stellt er die eigenen Wünsche und Vorhaben in Rech-
nung. Kommt zum Beispiel ein Nachbar zu ihm und bittet ihn um
irgendein Werkzeug, das er selber gerade braucht, so wird er etwa
sagen, „ja, wie machen wir das? –" und mit dem Nachbarn gemeinsam entscheiden, wessen Vorhaben dringlicher ist. Er kann sich
für seinen eigenen Plan oder für den des anderen entscheiden,
oder sie finden einen Kompromiß. Ein solches Vorgehen ist allemal gesünder, realitätsgerechter und für jeden der beiden Beteiligten angenehmer, als immer gleich die Wünsche der anderen zu
erfüllen oder als grundsätzlich Nein zu sagen aus Angst, sonst
selbst zu kurz zu kommen.

Wer er selbst ist, segelt unter eigener Flagge, ist Kapitän auf seinem Lebensschiff. Er kann großzügig und freundlich sein, und
ebenso kann er entschlossen mit ruhiger Festigkeit Nein sagen,
wenn das Anliegen des anderen zu erfüllen ihn zu weit von seinem
eigenen Kurs abbrächte.

[1] Georg Groddeck, Werke, Band I, Basel und Frankfurt am Main 1987, S. 13.

„Der Mensch hat die Pflicht, reich zu sein."[2] Wir können die Beto-
nung auf „reich" oder auf „sein" legen, jedesmal besagt der Satz etwas um eine Nuance anderes. Betonen wir „reich", so ist damit der
Reichtum der Person gemeint: sei ganz du selbst, für dich und die
Menschen, die dir nahe sind, und wirf die zage Furcht über Bord,
andere könnten dich egoistisch nennen. Wird „sein" betont, so
liegt der Akzent auf der Verwirklichung. In dem Sinn etwa, wie
Ursula sagt, man solle in einer Erkenntnis nicht bloß schwelgen,
sondern sie auch umsetzen.

Denk nicht, du solltest jemand ganz Besonderes sein und dich
dafür besonders anstrengen. Du bist bereits dieser ganz besondere
Mensch. Selbst, wenn du ein eineiiger Zwilling sein solltest – dich
an diesem Platz der Erde, mit deinen Erfahrungen, Gedanken und
Gefühlen gibt es nur einmal, wie Erwin sagt. Nicht die Anstrengung, anders zu sein, sondern daß du zuläßt, der zu sein, der du
bist, gibt dir die Kraft, du selbst zu sein. „Ein Narr gibt mehr, als er
selber hat" lautet ein Sprichwort. Kein Mensch kann anderes geben als was er hat, als was er ist, sonst macht er sich zum Narren.
Du, Mensch, Vor- und Zuname, gib dich, nicht mehr, nicht weniger, dich mit ganzer Kraft. Und Hohls Wort „der Mensch hat die
Pflicht, reich zu sein" gehört wie ein Bruder zu dem Narrensprich-
wort: gib dich, reich!

Keine Macht der Welt kann rechtens von dir etwas anderes verlangen, als daß du du selbst seiest. Es kommt ja auch keinem ver-
nünftigen Geist in den Sinn, von einer Kuh zu verlangen, daß sie
Wein gebe statt Milch, oder von einem Weinstock, daß er Nüsse
trage statt seiner Reben.

Ach, Kühe und Weinstöcke haben es leicht, denkst du jetzt vielleicht, dir aber haben sie von früh an beigebracht, daß so, wie du
warst, es falsch war, und daß du dich besser anstrengtest, anders
zu sein. „Nein!" hieß es, und „was sollen die Nachbarn denken!"
und „benimm dich!" und du paßtest dich an und paßtest auf, was
sie wollten, und lerntest, ihre Erwartungen zu erfüllen, damit sie
dir freundlich begegneten. Und nun ist es dir zur Gewohnheit ge-

[2] Ludwig Hohl, a. a. O., S. 52.

worden aufzupassen, was sie wollen, und du hast verlernt zu fühlen, was du selber willst.

Falls du dich bis jetzt nicht trautest, du selbst zu sein, dann fang damit an und übe jeden Tag, damit du am Ende deiner Tage nicht unerfüllt gehen mußt. Damit du am Ende deiner Tage deinen Auftrag, du selbst zu sein, erfüllt hast. Damit du am Ende nicht an der Krankheit zugrunde gehst, nicht du gewesen zu sein, zum Beispiel an Krebs. Manche Krebspatienten erfahren lange Perioden der Besserung oder werden völlig geheilt, wenn sie sich endlich einmal einen lang gehegten und nie bewußt gemachten oder aus Rücksicht auf andere für unerfüllbar gehaltenen Wunsch erfüllen. Wenn du nicht zu dir selber wirst, wenn du wesentliche Bereiche deines Lebens oder deiner Erlebnismöglichkeiten nicht wahrnimmst, dann bist du in Gefahr zu verkümmern, neurotisch zu werden oder körperlich zu erkranken. Wozu? Um anderen Menschen zuliebe so zu sein, wie die dich haben wollen? Aber wie, wenn du eben diese Menschen durch dein wahres Sein viel echter und stärker berühren würdest? Vielleicht sollst gerade du sie aufwecken, aufrufen zu ihrem eigentlichen Weg? Aber du hast keine Stimme, niemanden kannst du aufwecken, sofern du dich drückst um deinen Lebensweg, der Bequemlichkeit anderer zuliebe und um brav zu sein.

Ich bin ich und du bist du

Warum fällt es uns eigentlich so schwer, nicht brav zu sein? Weil es uns so viel gekostet hat, brav zu werden. Wir haben, als wir Kinder waren, unsere Freiheit und Heiterkeit aufgegeben, um uns nicht mehr schämen zu müssen, um endlich beachtet zu werden oder nicht mehr bestraft zu werden. Mühsam genug haben wir gelernt, uns anzupassen. Sollen wir das über Bord werfen auf die Gefahr hin, daß die anderen aufhören, uns zu mögen? Lieber bleiben wir infantil, angepaßt, kindisch. Kindlich wäre stark, dann wären wir so, wie wir vor der Anpassung, vor dem Sündenfall in ein falsches Selbst waren. So aber, angepaßt an das, was, wie wir glauben, die anderen von uns erwarten, sind wir nicht stark, sondern kindisch, unerwachsen, wir leben nicht aus eigener Verantwortung, sondern für die anderen oder für einen anderen. Wir leben nicht aus Eigenem, sondern über einen Umweg: der andere bildet eine Nabelschnur zum Leben für uns. Damit er zufrieden ist mit uns, tun wir alles.

Der andere, das kann der Chef sein oder der Ehepartner, das eigene Kind, die öffentliche Meinung oder immer noch die Eltern.

Nehmen wir einmal an, es handle sich um ein sogenanntes Liebesverhältnis oder eine sogenannte Partnerschaft zwischen einem Mann und einer Frau. „Sogenannt" sage ich, weil es sich, wenn einer sich dem anderen unterwirft, nicht um Liebe und nicht um Partnerschaft handelt, sondern um Abhängigkeit. Als Kind hatte der Betreffende keine andere Überlebenschance, als den Eltern zu gehorchen und brav zu sein. Jetzt ist er erwachsen, hat sich aber noch nicht befreit aus dem infantilen Beziehungsmuster und sucht sich im Partner eine Ersatzmama oder einen Ersatzpapa. Besser gesagt, er erlebt im Partner diesen Elternteil. Denn diese Suche ist unbewußt und vom vergangenen Erleben gesteuert, nicht bewußt geplant. An die Stelle des Partners kann auch ein anderer Mensch oder eine Instanz treten, oder sogar das eigene Kind. Man behandelt dann das Kind so, als wäre es die Sonne und man selbst ein Planet, als sei es der Mittelpunkt, um den sich alles drehen sollte. Damit erzieht man es zu einem Tyrannen, der nicht weiß, was er wirklich will, und stattdessen sich und andere seinen wechselnden Launen und Stimmungen unterwirft. Denn wenn schon die Mutter nicht weiß, was sie will, wie soll das Kind lernen, einen stabilen Willen zu entwickeln? Psychologen nennen eine solche Einstellung zum eigenen Kind „parentifizieren", das heißt, man setzt es in seinem Erleben an Stelle der eigenen Eltern.

Ebenso parentifiziert man den Partner und die anderen Menschen, wenn man nicht für das eigene Lebensziel, sondern für die Augen und für die Zuneigung des oder der anderen lebt. Man hat die Verantwortung delegiert, an den anderen abgegeben. Dafür hat er sie nun aber auch, die Verantwortung für mein Leben und für mein Glück, so empfindet der Betreffende. Mißlingt etwas oder bin ich unglücklich, so ist der andere oder die Welt schuld.

In (sogenannten!) Liebesbeziehungen wird dieser neurotische Zirkel (neurotisch, weil er auf einer Fixierung in der Vergangenheit beruht und dem Leben des Erwachsenen nicht gemäß ist) besonders offensichtlich. Oft halten die Beteiligten ihre Abhängigkeit sogar für ein Zeichen besonders inniger Liebe. Aber Liebe hat gar nichts zu tun mit Abhängigkeit – sie ist das Gegenteil davon. In der Abhängigkeit erwartet einer vom anderen, daß der ihn glücklich mache, und wenn der andere nicht genau das tut, was der eine erwartet, so ist in seinen Augen dieser andere lieblos und er selbst ist tief gekränkt und unglücklich. An seinem Unglück sei der andere schuld, so empfindet er, und bei nächster Gelegenheit rächt er sich am anderen und tut seinerseits nicht das, worum der ihn bittet – auch, wenn es ihm ein Leichtes wäre, ja, selbst, wenn es ihm selbst auch Freude machen würde, es zu tun. Wie ein trotziges Kind sagt er Nein, nur um den anderen zu strafen. Und wieder hat er sich um ein Stück seiner erwachsenen Freiheit gebracht, indem er nicht nach seinem Wunsch und nach seiner Vernunft, sondern in Abhängigkeit vom anderen – nur eben gegen den anderen – gehandelt hat. Solchermaßen abhängige und nicht als sie selbst lebende Menschen drehen sich im Kreis und geraten mit immer neuen Partnern und mit jedem Menschen, mit dem sie in engeren Kontakt kommen, in die immer gleichen Konflikte. Denn sie suchen in ihren Beziehungen zu anderen Menschen die Lösung eines Problems, das sie nur in sich selber lösen können. Manchmal auch bekämpfen sie in ihren Beziehungen etwas, einen Wunsch oder Charakterzug, der in ihnen selbst unerkannt vorhanden ist und mit dem in sich selbst auseinanderzusetzen sie vermeiden. Solange wir nicht aufrichtiger uns selbst gegenüber werden, solange wir nicht erkennen, daß uns außen immer nur der Spiegel des eigenen Inneren begegnet, so lange sind wir gezwungen, an anderen Menschen zu leiden und sie unter uns leiden zu lassen. Erst, wenn wir erwachsen werden und unsere Konflikte in uns selbst lösen, klärt sich unser Verhältnis zur Außenwelt und wir leben in Gelassenheit, Frieden und Liebe mit den Menschen, die uns nahe sind.

Fritz Perls' Gestaltspruch, den ich für unsere Überlegungen hier leicht abgewandelt habe, sagt das sehr klar:

„Ich tu das Meine,
und du tust das Deine.
Ich bin nicht auf der Welt, um so zu sein,
wie du mich haben willst,
und du bist nicht auf der Welt, um so zu sein,
wie ich dich haben will.
Ich bin ich
und du bist du.
Und wenn wir uns begegnen,
so ist das wunderbar.
Wenn nicht, so können wir es
nicht erzwingen."

Solange wir in infantiler Abhängigkeit von einem „Liebes"partner leben, leben wir für ihn und um seinetwillen. Wir erfahren den Sinn unseres Lebens nicht in der Entfaltung unseres Daseins, sondern im Leuchten seiner Augen, wenn wir ihm Freude machen.

Ja – ist denn das nicht eine der beglückendsten und lebendigsten Weisen, wie Sinn erscheinen kann, das Leuchten in den Augen des Geliebten, das aus der Nähe, aus der Berührung von ihm und mir entspringt? Doch, das ist es, sofern er er ist und ich ich bin. Nicht, wenn einer von uns nicht er selbst ist, sondern der Spiegel der Wünsche des anderen. Spiegel sein, Echo sein ist nicht Liebe, sondern die Bravheit eines angepaßten Kindes, das ein falsches Selbst entwickelt hat, um nicht verletzt zu werden.

Liebe ist nur möglich zwischen zwei erwachsenen Menschen, die sich aus der Verschiedenartigkeit ihrer Persönlichkeiten gegenseitig bereichern, die einander wirklich etwas zu schenken haben, weil jeder dem anderen das gibt, was aus dem Reichtum seines Selbstseins wächst. Erwachsen Liebende brauchen einander nicht, um miteinander die Leere der eigenen Existenz zu verdecken. Sie brauchen einander überhaupt nicht. Jeder der beiden ist imstande, auch ohne den anderen zu leben. Der andere ist nicht Antwort auf die Frage nach dem Sinn des eigenen Lebens. Daß jeder der beiden in sich selbst die Kraft und den Sinn seines Lebens erfährt, macht beide zu ihrer Liebe fähig, die reich ist und sich in Freiheit entfaltet.

Sich mögen

Was machst du, fragt gott
Herr, sag ich,
es regnet,
was soll man tun
Und seine antwort wächst
grün durch alle fenster   *Reiner Kunze*

Zurück zu der Frage: wie erfahre ich, wer ich selbst bin, wie lerne ich mich kennen, mich respektieren, wie lerne ich mich mögen? Wie lerne ich mich lieben, so daß ich auch meinen Nächsten lieben kann wie mich selbst?

Scheinbar fällt es uns leichter, unseren Nächsten zu lieben als uns selbst, aber das ist ein Irrtum. Wir können einen anderen Menschen gar nicht mehr lieben als uns selbst, wir können nicht geben, was wir nicht haben. Und Liebe ist immer auch und zugleich Selbstliebe, Ja zu sich selbst. Ohne das Fundament dieser Selbstbejahung hätte sie keinen Boden, aus dem heraus sie stark und lebendig zum geliebten Menschen hinüberwachsen könnte.

Aber sehen wir nicht auf Schritt und Tritt und vornehmlich bei uns selbst, daß es anders ist, daß es durchaus möglich ist, für einen anderen Menschen alles zu tun, was man für sich selbst zu tun noch längst nicht imstande ist? Sich hintanzustellen, auch in der eigenen Aufmerksamkeit, und um den anderen zu kreisen und für ihn da zu sein? Ja, das stimmt. Nur handelt es sich da um die im vorherigen Abschnitt geschilderte Dynamik: die Kraft der Zuneigung stammt aus der Projektion eigener, nicht wahrgenommener Bedürfnisse auf den anderen; nicht so sehr aus der Kenntnis des anderen Menschen und der aus ihr erwachsenen Liebe. Derjenige, der sich selbst nicht kennt und, soweit er sich zu kennen glaubt, nicht mag, der dabei aber jemand anderen zu lieben meint, der ist im Irrtum oder er benutzt das falsche Wort für sein Gefühl. Liebe erwächst aus Erkenntnis des anderen.

Selbstliebe und Selbsterkenntnis gehören zusammen. Wenn ich mich selbst nicht mag, wie soll ich glauben, daß es ein anderer könnte? Sollte der etwa einen schlechteren Geschmack haben als ich oder weniger Menschenkenntnis, daß er so jemanden wie mich lieben kann? Man sieht, in welche Widersprüche man sich verwikkelt, wenn man ernsthaft darüber nachdenkt.

Weder kann einer, der sich selbst nicht mag, daran glauben, daß ein anderer ihn möge; noch kann er selbst einen anderen Menschen lieben. Er verwechselt seine Sehnsucht nach Liebe mit Liebe. Sehnsucht, durch die Liebe eines anderen erlöst zu werden, aus dem Empfinden heraus „ich bin nichts und du bist alles – liebst du mich, so macht deine Liebe mich zu etwas Wirklichem, erlöst mich aus der Hölle der Leere, der Unwirklichkeit." Oder Sehnsucht, dem inneren vernachlässigten Kind endlich die Liebe zu geben, nach der es hungert, indem man dies Kind auf jemanden projiziert.

Warum tut man das? Wäre es nicht einfacher und näherliegend, sich zuerst nach innen zu wenden und sich gesunden zu lassen? Nein – nichts ist fernerliegend als das eigene Ich, nichts ist schmerzlicher als dem Schmerz der eigenen Verlassenheit zu begegnen, nichts ist beängstigender, als die eigene Existenz wahrzunehmen, in den Spiegel zu sehen und die Frage zu hören: „wozu?"

Dennoch kann man sich ganz praktisch auf den Weg zu sich selbst machen, indem man sich seiner selbst so annimmt, als sei man sein eigener bester Freund oder seine beste Freundin.

Zunächst muß man erschrecken, wie sehr dieser Freund sich vernachlässigt hat. Nur das Nötigste gönnt er sich, so daß er gerade überleben kann, er hetzt sich ab, um Geld zu verdienen, das er dann zu keiner Freude verwendet – nicht sich zur Freude zumindest. Er setzt sich unter Druck, damit er in seiner Arbeit tadellos dasteht, deren Sinn und Ziel ihm nicht am Herzen liegt, und er erfüllt die Anordnungen seiner Vorgesetzten und die Wünsche seiner Angehörigen, damit niemand ihm etwas vorzuwerfen hat. Irgendeine Art Ersatz für wirkliche Freude hat er, eine Marotte oder eine Sucht, die ihn bestenfalls unerfüllt zurückläßt, wenn sie ihn nicht sogar allmählich zerstört. Und das Schlimmste ist: er spürt nicht, wie verzweifelt er dran ist. In all diesem Elend hält er sich für einen durchaus normalen, ja sogar relativ glücklichen Menschen, der keinen Grund hätte, sich zu beklagen.

Er kommt mir vor wie jener Holzkasper Pinocchio, den ich vor Jahren in einem Zeichentrickfilm von Walt Disney sah. Der berührte aus Neugier mit seinem Zeigefinger eine Kerzenflamme. Der Finger fing Feuer, und Pinocchio sah ihm erstaunt beim Brennen zu – da er aus Holz war, spürte er keinen Schmerz. Er fühlt nicht nur nichts, er mag sich auch nicht besonders und schätzt sich nicht, er beachtet sich nicht weiter und hat keine Ahnung, was ihm Freude machen könnte. „Hör auf, so zu dir zu sein – du tust dir ja weh!" möchten wir diesem Menschen zurufen. Und da er sich nichts Gutes tun kann, würden wir ihn gern in den Arm nehmen und uns an seiner Stelle seiner erbarmen.

Genau das sollten wir tun, wenn wir uns selbst einmal wie unseren besten Freund behandeln. Wir können zunächst einmal zulassen, daß wir überhaupt da sind. Auch das ist nicht selbstverständlich. Es gibt Menschen, die ein ständiges Gefühl der Schuld haben, daß es sie überhaupt gibt. Wir lassen also zu, daß wir da sind, wir lassen zu, daß wir nah sind und uns wahrnehmen. Wenn wir anfangen zu fühlen, was wir fühlen, dann haben wir damit den ersten Schritt auf dem Weg in das unbekannte Land unserer eigenen gefühlshaften Existenz getan. Ein Weg, auf dem wir die strahlende Wirklichkeit erleben werden, die wir in allen Suchtmitteln und Drogen vergeblich suchten oder nur verzerrt und flüchtig erblickten.

Wie weiter? Wie lerne ich mich kennen? Wie würden wir es denn wirklich mit einem Freund machen, der jahrelang in der Fremde Entbehrungen erlitten hat und sich nun bei uns erholen und wieder er selbst werden möchte – was täten wir mit ihm? Genau das, was wir ihm täten, sollten wir mit uns selber tun. Ich denke, wir würden ihn zunächst fragen, was ihm gut tun würde, und das, was er sich wünscht, würden wir ihm verschaffen. Wahrscheinlich sind seine – unsere – ersten Wünsche auf dem Weg zu uns selbst ganz einfach: ein ruhiger Spaziergang, Zeit für Musik oder zum Lesen, ein warmes Bad, nach dem wir uns, wenn wir ganz schön und duftend sauber sind, liebevoll einölen, ein gutes Essen, oder einfach nur Ruhe, Zeit für uns, um zur Besinnung zu kommen. Ein zum Anfang passendes Geschenk ist auch ein dickes Buch mit leeren Seiten, um sich alles von der Seele zu schreiben.

Manche Menschen aber können beim besten Willen keine Antwort aus ihrem Inneren vernehmen auf die Frage „was würde mir jetzt gut tun, was möchte ich machen oder haben?" Vielleicht entsteht diese Ratlosigkeit aus einer Gefühlssperre. Das, was jetzt wirklich gut täte und nötig wäre, kann der Betreffende sich unter Umständen deswegen nicht vorstellen, weil es verbunden wäre mit der Wahrnehmung eines fast unerträglichen Schmerzes. Was jetzt gut täte und nötig wäre, wäre vielleicht Loslassen, Fließenlassen eines jahre- und jahrzehntelang zurückgestauten Tränenstroms. So wie ein Kind, das etwas Schlimmes erlebt hat, sich auch zunächst in den Armen der Mutter ausweinen muß, ehe es nach anderem Trost verlangt. Die Mutter unserer Kindheit gibt es nicht mehr, auch, wenn unsere Mutter noch leben sollte. Aber wir können selbst eine gute Mutter für uns sein. Es tut gut, bei sich zu sein, sich selbst nahe, und zu weinen.

Was immer es auch sein mag, was wir am Beginn, uns nahe zu sein, tun – wichtiger als alles, was wir tun, ist, daß wir mit freundlicher Zuwendung zu uns selbst wahrnehmen, wie es uns dabei geht, was wir empfinden. Wie fühlt sich unsere Haut, wie unser Körper im Wasser an, wie schmecken die Erdbeeren, wie schmeckt die Milch, was rieche ich, was höre ich, was geht in mir vor? Wie ein ganz kleines Kind, das die Welt unmittelbar durch seine Sinne erlebt und noch nicht nachdenkt, dürfen wir uns selbst und unsere Welt wie zum erstenmal erleben.

Indem wir das Fühlen üben, werden wir aus dem Holzkasper zu einem Menschen mit der Fähigkeit, sich von Schmerz und Lust und allen Gefühlsnuancen von zartesten Schwingungen bis zu ekstatischer Bewegtheit ergreifen zu lassen, sensibel für sich und im gleichen Maß einfühlsam für andere.

Wir sollten uns auch den Luxus und das Vergnügen gönnen, nur eine Sache auf einmal zu tun und uns ganz darauf konzentrieren. Wenn wir essen zum Beispiel, nur dies tun und nicht dazu noch

Musik hören oder fernsehen oder Zeitung lesen. Dies aber mit allen Sinnen und völlig konzentriert, so, als sei es das erste und das letzte Essen unseres Lebens.

Auch, wenn Sie dann und wann etwas tun müssen, was Ihnen eher unangenehm ist, etwas in der Art wie zum Beispiel Müll wegtragen, dann tun Sie diese unangenehme Sache doch auch einmal mit voller Aufmerksamkeit für sich selbst und für alle Einzelheiten, die damit verbunden sind. Ich denke, das Abenteuer des Wahrnehmens könnte so befriedigend sein, daß Sie auf einmal entdecken, daß diese Tätigkeit gar nicht so unangenehm ist, wie Sie zuvor meinten.

Gönnen Sie sich selbst die Freiheit, auch in scheinbar lästigen und in scheinbar langweiligen und in scheinbar nebensächlichen Verrichtungen und Zuständen die ganze Intensität Ihres Wahrnehmens zu genießen.

Und zwar nach beiden Richtungen, nach außen und nach innen. Man kann sich immer, wenn man sich zu bewußtem Erleben zurückholen möchte, fragen: was nehme ich gerade wahr, was sehe ich um mich herum, was höre ich, was rieche ich, was schmecke ich, was fühle ich – mit der Haut, im Körper? Und was geht in mir vor, fühle ich Ruhe oder Bewegtheit, Gelassenheit oder Aufregung, bin ich angespannt oder gelöst, was denke ich, was wünsche ich, welche Vorstellungen mache ich mir? Seien Sie dabei aufrichtig zu sich selbst. Es hat gar keinen Zweck, ja es ist sogar schädlich, sich Empfindungen und Gefühlszustände, die man gern hätte, einzureden. Wenn Sie nervös sind, dann lassen Sie diese Nervosität zu. Erstens ist das der beste Weg, sie abklingen zu lassen, und zweitens fühlt sich sonst ihr wahres Selbst zu Recht enttäuscht, weil Sie sich, so wie Sie sind, doch nicht akzeptieren.

Ein anderer, verwandter Weg, mit sich selbst in Kontakt zu kommen, besteht in einer Art *Körpermeditation*, die ich in meinen Workshops und Seminaren machen lasse. Ganz gleich, um welches Thema es in dem Seminar geht, immer geht es auch um die Existenz jedes einzelnen Teilnehmers. Die Meditation dient dazu, ganz bei sich anzukommen und als man selbst ganz da sein zu können. Lassen Sie sich viel Zeit, wenn Sie sie machen!

„Setzen Sie sich bitte aufrecht auf Ihren Stuhl, die Füße nebeneinander auf dem Boden, die Handflächen auf den Oberschenkeln.

Sie können die Augen offenlassen oder schließen, ganz wie Sie wollen.

Lassen Sie Ihre Wirbelsäule gerade aus dem Kreuz aufsteigen, sitzen Sie aufrecht und entspannt. Lassen Sie die Schultern locker hängen. Um sie ganz locker zu lassen, wippen Sie ein paarmal mit den Schultern, ziehen Sie sie hoch und lassen sie fallen.

Lassen Sie auch den Unterkiefer und die Zunge ganz locker hängen.

Genießen Sie, wie Sie mühelos, aufrecht und gelassen dasitzen.

Spüren Sie auch den Boden unter Ihren Fußsohlen und machen Sie sich bewußt, daß weiter unten, unter dem Fußboden, die Erde ist. Die Erde, die Sie trägt und hält.

Und über Ihrer Schädeldecke, oben, über dem Dach ist der Himmel.

Und jetzt, bitte, nehmen Sie wahr, wie Sie atmen. Atmen Sie einfach so, wie Sie von selber atmen, lassen Sie Ihren Atem ein- und ausströmen und nehmen Sie wahr, wieviel Luft Sie sich nehmen.

Und spüren Sie, wie gut es ist, daß Ihr Atem ruhig und gleichmäßig wie die Brandung im Meer immer wiederkehrt.

Und jetzt bitte spüren Sie Ihren Herzschlag oder Puls irgendwo in Ihrem Körper. Und nehmen Sie wahr, wie gut es ist, daß Ihr Herz gleichmäßig und zuverlässig für Sie schlägt und Sie am Leben erhält.

Und nehmen Sie wahr, wie alle Vorgänge in Ihrem Körper und Ihr Körper selbst sich in einem großen Gleichgewicht befinden. Und wie Sie ganzer Körper sind.

Und Sie sind ganz bei sich und ganz in sich.

Ganz bei sich und ganz in sich.

Und jetzt lassen Sie sich eine Weile Zeit, in diesem guten Gefühl zu bleiben, daß Sie jetzt Zeit haben, nur für sich, und nur Sie sind wichtig.

…

Und dann kommen Sie zurück hierher und schauen sich um und nehmen wahr, was um Sie herum noch da ist.“

Wenn Sie diese Meditation machen, sollten Sie sich, wie gesagt, viel Zeit lassen. Wenn sie Ihnen gefällt, können Sie sie täglich machen. Sie werden vielleicht merken, daß sie Ihnen nicht nur zur Gelassenheit und zum Beisichsein verhilft, sondern auch für Ihre Gesundheit gut ist.

Eine weitere Übung, um das eigene vernachlässigte Selbst kennen- und mögen zu lernen besteht darin, *sich jeden Tag etwas Gutes* zu *tun*. Das kann ein kleines Geschenk sein, das man sich kauft, einfach so, aus keinem anderen Anlaß, als sich selbst eine Freude zu machen. Noch wirksamer sind manchmal die immateriellen Geschenke, zum Beispiel zwanzig Minuten auf einer Parkbank, an der man sonst immer eilig vorbeiging und die Müßiggänger beneidete, die dort saßen. Oder es kann ein Espresso in einem Café sein, an dem man, ähnlich wie an der Bank, eilig vorüberzugehen pflegte. Ein Espresso in Muße. Man sieht sich all die Menschen an mit ihren verschiedenen Gesichtern, während sich dieser bittere und süße Kaffeegeschmack im Mund entfaltet. Es kann alles sein, was uns Freude macht und keinem schadet. Und sicherlich wird es damit verbunden sein, daß wir uns Zeit für uns selbst nehmen, uns Zeit schenken. „Wer keine Zeit hat, ist ärmer als ein Bettler", sagt ein kluges Wort.

Ich schenke mir Zeit! Wie kann ich mir meine eigene Zeit schenken? Indem ich im Mittelpunkt meiner Aufmerksamkeit stehe, indem ich mich mir selbst zuwende, in Zuneigung zu mir selbst. So gelange ich Schritt für Schritt in meine eigene Mitte. Von dort aus lebe ich aus dem Zentrum meiner Existenz mit der Kraft, die der Ruhe des Beisichseins entströmt.

Auch bei dieser Übung ist es das wichtigste, daß wir wahrnehmen, wie es uns geht dabei. Seien Sie wirklich mit dem Herzen bei sich. Was erfahren Sie mit Ihren Sinnen, und vor allem, wie fühlt es sich an, zu sich selbst gut zu sein? Ist es ein freudiges Gefühl oder schwingt auch Wehmut mit?

Oder kommt es Ihnen gezwungen vor, ungewohnt, lächerlich, und in Ihnen sagt eine Stimme, ja so ein Psycho-Scheiß, was tu ich da bloß? Auch diese Stimme will gehört werden, auch sie gehört zu Ihrem vernachlässigten Inneren! Bitte zensieren Sie sich nicht schon wieder, bitte lassen Sie die ganze widersprüchliche Vielfalt zu, den Reichtum Ihrer Person. Wie sonst wollen Sie sich je entscheiden, welche Ihrer Fähigkeiten und Ideen Sie von innen nach außen bringen wollen, wie Hohl sagt. Lernen Sie alle Ihre Möglichkeiten des Denkens und Fühlens aufmerksam, respektvoll (sich selbst gegenüber!) und neugierig kennen.

Wahrnehmen hat zu tun mit Aufmerksamkeit und mit Gelassenheit. Ich lasse zu, was ist – Espressogeschmack im Mund, Glück und Wehmut in der Solarplexusgegend, Zweifel und Verwirrung im Herzen, ferner die Geräusche und Gerüche und alles, was ich sehe in dieser Situation – all das lasse ich zu gerade so, wie es ist. Und ich bin aufmerksam mit aller Konzentration: so schmeckt der Espresso. So fühlt es sich an, sich Zeit zu schenken und nur für sich selbst im Café zu sitzen, – nur so, weil man es gerade lernt, sich zu mögen.

Verspüren Sie auf dem Weg zu sich selbst Euphorie, Gefühle des Erhobenseins, des jubelnden Schwebens: „Endlich, endlich bei mir!", Gefühle, die denen am Beginn einer Verliebtheit ähneln, dann betrachten Sie dies als ein Warnsignal. Auf dem Weg zu sich hat man ein kräftiges Gefühl gelassener Zuversicht in Phasen des ruhigen Ausschreitens; in Phasen des Ringens um ein Weiterkommen dagegen ein kämpferisches Gefühl der Entschlossenheit: „Ich halte durch". Auch Mutlosigkeit und Verzweiflung und Kummer gibt es. Euphorische Gefühle aber haben hier nichts verloren, dazu ist der Weg zu mühevoll. Verspürt man Euphorie, so ist das eher ein Zeichen, daß man in Gefahr ist, eine anstehende Auseinandersetzung mit Kummer, Schmerz, Angst oder anderen dunklen Anteilen der eigenen Person zu überfliegen. Wenn Euphorie aufkommt, empfehle ich, sich zu fragen: „Was will ich nicht wahrnehmen? Was vermeide ich zu sehen?" Sollte die Euphorie echt sein, so wird sie solches Fragen aushalten. Sollte sie uns aber ein Tal verschleiern, so ist es heilsamer, wenn wir den Schleier zur Seite ziehen. Es gibt auch tiefe Täler auf unserem Weg, und wenn wir weiterkommen wollen, müssen wir durch sie hindurch.

Hat jemand einmal begonnen, aufmerksam und respektvoll mit sich umzugehen, so wird er nicht weiterhin durch andrängende

Zufälligkeiten umgetrieben wie ein Blatt im Herbstwind. Bei der Arbeit zum Beispiel wird er sich nicht mehr hetzen lassen. Selbst wenn etwas ganz eilig und ganz dringend erledigt werden muß, wird er es in gelassener Ruhe tun – und wird dabei mindestens so geschwind sein wie andere, die sich abhetzen. Denn Hetze hat mit Geschwindigkeit wenig zu tun. Wenn man es besonders eilig hat, in großer Gefahr zum Beispiel, sollte man besonders ruhig und besonnen vorgehen, damit das Vorhaben ganz sicher gelingt.

Und in der Mußezeit wird der, der angefangen hat, sich selbst ernst zu nehmen, nicht mehr von den Angeboten der Freizeitindustrie umgetrieben. Er tut nicht mehr das Nächstliegende, was oft darin bestand, den Fernseher anzuschalten und im wahren Wortsinn Fernes zu sehen, künstliches und oft wenig kunstvoll dargestelltes Glück und Elend fremder Schatten, noch betäubt er sich mit Drogen aller Art. Er geht mit der ihm zugemessenen Zeit um wie mit dem kostbarsten Gut, was er hat. Sie ist das Kostbarste, was er hat, denn sie macht sein Leben aus, und sie ist begrenzt.

Bislang leben zu wenige Menschen nach dieser Erkenntnis. Viele andere erscheinen in unglaublicher Stumpfheit und Blindheit verloren, doch ist dies zugleich eine immense Chance: wie viele können umkehren und sich auf sich selbst besinnen!

In den Zeiten der Hochkulturen gab es immer eine Minderheit von Privilegierten, die Muße besaßen, sich um anderes zu sorgen als um das tägliche Überleben. Große religiöse, philosophische und künstlerische Werke der Menschheit wurden in diesen Zeiten geschaffen. Aber noch nie in der gesamten Geschichte hat ein so großer Teil der Menschen – nämlich die Mittel- und Oberschicht der industrialisierten Welt, ja, genau genommen sogar die gesamte Bevölkerung der Industrienationen – eine zuvor unvorstellbare Freiheit, über beträchtliche Teile ihrer Zeit selbst zu verfügen, selbst zu bestimmen. Was bestimmen diese Menschen? Sie bestimmen nicht. Sie lassen sich vermarkten von der Freizeitindustrie. Ihre eigene freie Lebenszeit sehen sie nicht als Chance, sie schlagen sie tot. Sie wissen noch nicht, daß sie selbst die Möglichkeit dafür sind, daß der Sinn ihres Daseins erscheint, so wie eine Lichtung im Wald dem Licht der Sonne ermöglicht, hereinzuscheinen. Sie lassen es zu, daß ihnen der Sinn verstellt wird und sie erdrückt

184

werden von vorfabriziertem Glitzern und hektischer Betriebsamkeit. Glitzern statt Glanz.

Damit versäumen sie nicht allein den Sinn ihres eigenen Daseins, sie versäumen noch einen weiteren Auftrag. Der materielle Wohlstand, der Zugang zu allen Bildungsquellen auch, der bei uns jedem möglich ist – diese ungeheure Freiheit ist nicht nur Privileg, ist Auftrag. Versäumen wir diesen Auftrag, so bleiben wir in unserem, wie Axel sagt, „Kleinkleinleben" stecken, kümmern uns nur um Geld und drängen das Wissen um Hunger, Elend, Krieg an den Rand.

Carola sagt: „Nütze den Tag! Nimm alles als Geschenk, was dir begegnet und zustößt, und lebe bewußt. Aber ich habe das Gefühl, daß ich das nur auf dieser Hälfte der Erdkugel so sagen kann. Ich weiß nicht, wie das für einen Lahmen in Kalkutta klänge: ‚Nütze den Tag und lebe bewußt' – für die, die in einer ganz anderen Situation leben. Es hat hier für mich Gültigkeit, aber es ist nicht allgemeingültig. Der Blinde mit Fliegen im Auge, da ist doch eigentlich jeder Tag ein Schrecken. Oder die Menschen, die auf der Müllhalde nach Lebensmitteln, nach etwas Eßbarem suchen. Freilich, auch dort hat man die Wahl zwischen Brutalität und Anstand. Aber es ist doch härter dort, den Tag zu nützen, sich an diese Maximen zu halten. Für hier fände ich es erstrebenswert und beglückend, wenn wirklich jeder erkennen könnte, wie viele Fähigkeiten er hat – und wenn er die voll einsetzen und ausleben könnte. Das würde ich jedem Menschen wünschen – mir auch."

Materieller Wohlstand ist Energie, so ähnlich wie Benzin. Wenn wir den Weg in die Mitte gefunden haben, wenn wir, wie Carola sagt, unsere Fähigkeiten einsetzen und ausleben würden, dann wäre es eigentlich nicht mehr möglich, den Auftrag zu überhören, der sich aus unserer auch materiell privilegierten Lage ergibt.

Jedes Privileg ist Auftrag. Kein Mensch lebt für sich allein. Wer reich ist, egal woran, ist es auch für andere. Jeder ist reich. Wir sind auf dem Weg, unseren persönlichen Reichtum zu entdecken.

Ehe wir weitergehen, gebe ich die Parabel von den drei Göttern und der Weisheit wieder.

Drei Götter hatten sich der Weisheit bemächtigt und berieten sich,

wo sie diese vor den Menschen verbergen könnten. Der erste schlug vor, sie auf dem Gipfel des höchsten Berges zu verstecken, dorthin zu gelangen, sei einem Menschen doch fast unmöglich. Der zweite meinte, es sei gescheiter, sie im Meer zu versenken, dort, wo es am allertiefsten sei. Der dritte aber sagte: „Nein, am besten verbergen wir die Weisheit im Herzen des Menschen selbst – dort sucht er sie am allerwenigsten."
Und so geschah es.

Gegenwart

Halt an, wo laufst du hin, der Himmel ist in dir;
Suchst du Gott anderswo, du fehlst ihn für und für.
Angelus Silesius

Wie Ameisen kriechen wir umeinander und besorgen emsig unseren Alltag, den Blick am Boden. Heben wir den Blick doch einmal, so höchstens, um besorgt zu schauen, was unser Nachbar für ein Gesicht mache zu dem, was wir treiben. So leben wir dahin, Tag um Tag, ohne uns zu fragen, wozu das Ganze.

Wie oft tun wir das, was wir tun, nur, weil es so üblich ist. Wir entscheiden uns nicht, daß wir das jetzt wirklich tun wollen. Und selbst wenn wir uns entschieden haben, war es oft nur ein halbes Ja – das Nein haben wir unterdrückt, beiseitegeschoben, nicht recht ernst genommen, uns in kein Gespräch mit ihm eingelassen. Und daher sind wir dann auch nur halb bei unserem Tun, nicht mit vollem Herzen.

Das einzige aber, was angesichts des Todes retten kann, ist leben aus vollem Herzen!

Der Tod ist die Maßgabe des Unermeßlichen. Daß unserem Dasein ein Maß gegeben ist, ermöglicht unser Leben in der Gegenwart. Gegenwart ist das jeweilige Jetzt und Hier.

Zeit ist zwar eine Quantität, und dazu eine begrenzte, aber wir können sie nicht sammeln oder aufsparen. Wir können nicht auf einen Zeitraum jetzt verzichten, um ihn später zu nutzen. Mit Geld geht das, mit Zeit nicht. Zeit vergeht, ob wir sie nutzen oder nicht, gleichermaßen.

Die einzige Zeit, die uns zum Leben gegeben ist, ist die Gegenwart. Das ist eine solche Selbstverständlichkeit, daß es hinzuschreiben überflüssig erscheint. Dennoch leben nicht wenige Menschen gleichsam nicht in der Gegenwart. Natürlich können sie zu keiner anderen Zeit leben, aber ihr Denken ist nicht auf die Gegenwart gerichtet, sondern ganz von Vergangenem oder von Zukünftigem erfüllt, und so nehmen sie ihre Wirklichkeit nicht wahr.

Was in der Vergangenheit geschehen ist, ist nicht mehr zu verändern. Wir können unsere Einstellung dazu ändern, nicht aber das Geschehene selbst. Was unser gegenwärtiges Leben von der Vergangenheit her beeinflußt, sind nützliche Erfahrungen und Erkenntnisse; zum Teil aber auch lebenshinderliche Einschränkungen und Gewohnheiten. Gewohnheiten sind hilfreich, soweit sie den Ablauf täglich wiederkehrender Verrichtungen regeln und so unsere Gedanken für Wichtigeres freihalten. Es wäre beispielsweise recht zeitraubend, würden wir uns jeden Morgen neu überlegen, ob wir erst unter die Dusche oder erst die Zähne putzen wollen, und welche Handgriffe wir bei beiden Verrichtungen zu tun haben. Obwohl es nicht schaden würde, auch bei solchen automatisierten Handlungsabläufen aufmerksamer, gewahrsamer zu sein.

Zum Schaden unserer Lebendigkeit aber werden die Gewohnheiten dann, wenn sie uns nicht befreien, sondern mehr und mehr einengen. Wenn es uns wichtiger wird, sie aufrechtzuerhalten, als unsere Existenz durch neue Erlebnisse zu erweitern. Das wird mit zunehmendem Alter mehr und mehr zur Gefahr. Ein alter Mensch verzichtet unter Umständen auf den seltenen Besuch eines Menschen, der seinem Herzen nahe steht, nur weil der zur Zeit seines gewohnten Nachmittagsschlafes käme. Und daß ein alter Mensch Gewohnheiten aufgäbe um einer neuen Liebe willen, ist fast ausgeschlossen. Eine Ausnahme bildet Gertrud, die 84 Jahre alt ist und nie sagt, „dafür bin ich zu alt" und immer noch etwas Neues lernen möchte.

Je länger sie gepflegt werden, desto mehr erscheinen Gewohnheiten wie selbständige Wesen, die vehement darum kämpfen, sich am Leben zu erhalten. Sie bewirken, daß wir das, was uns die Vergangenheit gelehrt hat, wichtiger nehmen als das, was wir in der Gegenwart neu und anders lernen könnten. So erstarren wir und antworten auf alles, was uns begegnet, mit den immer gleichen Verhaltensmechanismen. Das ist nicht nur unpraktisch, es beraubt uns auch der Freude am eigenen Wachstum. Wir geraten in einen sich immer enger zusammenziehenden Zirkel von Unlebendigkeit: Ungeübtheit im Umgang mit neuen Situationen läßt uns alles Neue fürchten; aus Angst vor Neuem suchen wir nur bekannte und vertraute Orte und Menschen auf und entwickeln selbst immer starrere Gewohnheiten, so daß Unerwartetes und Unbekanntes nochmals beängstigender erscheint. Am Ende einer solchen Entwicklung steht das Eingeschlossensein in einem Kerker von zwanghaften Mechanismen. Aus einem lebendigen und heiteren Menschen sind wir zu einem Uhrwerk an Genauigkeit und Vorhersagbarkeit geworden. Die einzigen Emotionen, die uns dann noch bewegen, sind Angst vor Veränderung und Ärger oder Wut, wenn uns etwas Unerwartetes widerfährt.

Der in dieser Weise in seiner Zwanghaftigkeit Gefangene erlebt Zukunft in erster Linie als Bedrohung. Bin ich aber nicht so verängstigt durch alles Neue, so erscheint Zukunft weit und vielversprechend. Je mehr ich mich selbst bejahe, desto eher sehe ich in der Zukunft Chancen und Möglichkeiten für mein inneres und äußeres Wachstum. Die Zukunft liegt gleichsam wie eine Landschaft vor mir ausgebreitet. Ob ich mich eher fremden Gewalten – dem Schicksal – ausgeliefert erlebe, oder ob ich mich kräftig fühle, mein Leben aktiv zu gestalten, je nachdem erscheint mir der Bewegungsimpuls entweder mehr aus der Zeit oder mehr aus mir zu kommen. Im ersten Fall erlebe ich die Zukunft ihrem Namen gemäß auf mich zukommen. Ich sage dann zum Beispiel, „ich bin gespannt, was das neue Jahr mir bringt." Im zweiten Fall erlebe ich, wie ich in diese vor mir sich erstreckende Landschaft hineingehe. Und zwar auf ein von mir selbst gewähltes Ziel zu.

Man kann die Zukunft auch passiv erleben. Dann steht man gewissermaßen vor dem Panorama der kommenden Möglichkeiten, sieht ein Ziel oder mehrere mögliche Ziele wie schimmernde Berggipfel in der Ferne und begnügt sich damit, sich dorthin zu träumen, ohne die Schritte zu tun, die einen dorthin führen würden. Freilich vergeht die Zeit auch so. Aber ohne mein Zutun komme ich nicht an mein Ziel. Ich werde weißhaarig und faltig, aber nicht weise und nicht reicher an Erfahrung, ich bleibe ein Träumer und ein Phantast.

Gehe ich aber den Weg, so ist es nötig, das Ziel vor Augen, auch die jetzige Umgebung zu beachten. Beides ist nötig – sich immer wieder am Ziel orientieren und auf den Weg achten. Sonst sehe ich die Hindernisse nicht – es kommt immer etwas dazwischen! – und gerate ins Stolpern oder komme zu Fall.

Es ist wirklich so einfach mit unseren Lebenszielen, so einfach wie eine Wanderung. Wenn wir unser Ziel haben, müssen wir uns bewußt machen, welcher Weg dahin führt. Und dann müssen wir ihn nur noch gehen. Dabei ist es im Leben genauso wie in Landschaften manchmal ein Umweg, der uns schneller zum Ziel führt als die gerade Verbindung zwischen zwei Punkten. Das Gehen des Weges ist nichts anderes als einen Fuß vor den anderen setzen, und das, bis ich angekommen bin am Ziel. Das große Werk im Leben eines Menschen bedarf zunächst der Idee und dann keiner anderen Anstrengung, als sich täglich Schritt für Schritt darauf zuzubewegen. Die Unbeirrbarkeit wird in Georg S.' Bericht über seine Entschlossenheit, ein Haus zu bauen, deutlich. „Wenn es auch nicht so schnell ging, bin ich doch immer zum Ziel gekommen," sagt er. Er hatte kein Geld, er ist blind, aber er hat unbegrenztes Gottvertrauen. Allein für das Baudarlehen mußte er viermal zu Fuß aufs Bezirksamt gehen, das sind insgesamt fast achtzig Kilometer.

Auf dem Weg ist das Ziel wichtig und die Umgebung, und noch ein weiteres: der Ausgangspunkt. Es ist wichtig zu wissen, wo man steht. Wissen, wo man steht, heißt, seine gegenwärtige Realität zu kennen. Will ich nach Venedig fahren, so ist es sinnlos, mir vorzumachen, ich sei schon in Verona, während ich noch in München bin. Ich gelange durch die Illusion nicht schneller an mein Ziel, sondern unter Umständen gar nicht, weil ich den falschen Weg einschlage. Oder ich gebe zu früh auf, weil ich mich über die

Länge und Mühsal des Weges täuschte und bald enttäuscht bin, noch nicht am Ziel zu sein.

Die Gegenwart ist meine einzige Wirklichkeit, der einzige Ort, von dem aus ich wirken kann. Aus dem Kleben an Vergangenem, an reuevollen Überlegungen, was ich hätte besser machen sollen, an Ärger, wo ich glaube, zu kurz gekommen zu sein, und aus der Verfallenheit an Zukunft, an ängstliche Absicherung und phantastische Tagträume, aus all diesen Zeitfernen hole ich mich zurück hierher in die Gegenwart.

Eine ganz einfache und ganz wirksame Formel, sich in die Gegenwart zu holen, die ich Peter Haich verdanke, besteht in den Worten:

„Ich – Jetzt – Hier."

Ich: Ich lebe wirklich, ich existiere, ich bin da. Ich bin bei mir.

Jetzt: Ich werde nicht ewig leben. Dieses schöne kurze Leben geschieht jetzt, in dieser Stunde. Ich habe nicht unendlich Zeit, aber genug, um jetzt zu leben, und zu wenig, um jetzt nicht zu leben.

Hier: Dies ist der Ort, an dem ich bin. Hier ereignet sich das Unermeßliche. Hier, das ist die Gegenwart, soweit sie mit Händen greifbar, mit meinen Augen zu sehen, mit meinen Ohren zu hören, mit Zunge und Nase zu schmecken und zu riechen ist.

Vor dem Hintergrund des Wissens, daß nichts selbstverständlich ist, kann jeder Ort zu einem besonderen Ort werden. Die alten Griechen hatten eine geschärfte Wahrnehmung für heilige Orte. Das sieht man daran, wohin sie ihre Tempel bauten. Adäquater ausgedrückt: Den alten Griechen vermittelten ihre Götter mit besonderer Klarheit, wo ihre Tempel zu stehen hatten.

„Überall auf der Welt", schreibt Rupert Sheldrake, *„werden bestimmte Orte als heilig angesehen. Es können bestimmte Plätze in der Natur sein, wie zum Beispiel Quellen oder Berge oder Haine, oder auch Orte, die der Mensch auswählte und durch aufrecht stehende Steine oder durch Steinkreise kennzeichnete, oder wo er Gräber und Schreine anlegte oder Tempel, Kirchen, Kathedralen und andere Ge-*

bäude errichtete. Besondere Eigenschaften des Ortes waren ausschlag-
gebend für die Wahl, und was der Mensch dort erbaute, war häufig so
ausgerichtet, daß eine Beziehung zu wichtigen Punkten in der Natur
(etwa zu dem Punkt am Horizont, an dem in der Mitte des Sommers
die Sonne aufgeht) oder zu anderen heiligen Orten (zum Beispiel bei
Moscheen die Ausrichtung nach Mekka) geknüpft wurde. Heilige Bau-
werke werden häufig an Stellen errichtet, die schon lange als heilig gel-
ten; so stehen viele der christlichen Kirchen und Kathedralen Europas
an Stellen, die schon in vorchristlicher Zeit heilige Stätten waren.

Daß solche Stätten als heilig gelten, hat häufig etwas mit früheren
Geschehnissen zu tun: Hier wurden mystische Erfahrungen gemacht
oder Offenbarungen empfangen; Helden und Heilige wurden an sol-
chen Orten geboren oder lebten dort oder starben dort und sind dort
begraben... Auch heute entstehen noch heilige Orte. Daß Naturerfah-
rung einen religiösen Charakter haben kann, der sich wiederum der
Natur mitteilt, erleben wir in vielen der amerikanischen National-
parks. Und im modernen Europa haben Visionen der heiligen Jungfrau
Maria – zum Beispiel in Fatima, Lourdes und Medjugorje – Wall-
fahrtsstätten entstehen lassen, die berühmt sind für Wunderheilungen
und immer neue visionäre Erfahrungen."[3]

Auch heute noch entstehen heilige Orte. Sie entstehen dort, wo
das Heilige in Gestalt eines Boten oder Wunders erscheint. Es gab
und es gibt mehr Wunder und Manifestationen des Heiligen, als
allgemein bekannt geworden und kirchlicherseits registriert worden ist. Ich denke, Gott ist zu groß, als daß er eingesperrt werden
könnte in Dogmen, in Glaubenssätze, in Kirchen – in Schachteln,
wie Fynns Anna sagt: „Wir sperren Gott in kleine Schachteln – wir
müßten Gott rauslassen, auch aus der Kirche. Und das wäre dann
wirklich Liebe."[4] Gott kann überall erscheinen – natürlich auch in
einer Kirche zur Zeit des Sonntagsgottesdienstes. Aber wenn wir
ihn nur dort und dann suchen, haben wir zu allen anderen Zeiten
und an allen anderen Orten die Tür für ihn verschlossen. Rabbi

---

[3] Rupert Sheldrake, Die Wiedergeburt der Natur, Bern München Wien 1991,
S. 206 ff.
[4] Fynn, Hallo Mister Gott, hier spricht Anna, Frankfurt am Main 1978,
S. 107.

Menachem Mendel von Kozk überraschte einst einige gelehrte Männer, die bei ihm zu Gast waren, mit der Frage: „Wo wohnt Gott?" Sie lachten über ihn: „Wie redet Ihr! Ist doch die Welt seiner Herrlichkeit voll!" Er aber beantwortete die eigene Frage: „Gott wohnt, wo man ihn einläßt."[5]

Ob das Heilige im Selbst erscheint – Josef spricht davon, sein Verführer erscheine im Gewand der Selbsterlösung – oder als der ganz Andere, ist für den, dem diese Erfahrung geschenkt wurde, kein Unterschied mehr. Nur aus der Ferne erscheinen Gott und das Selbst weit voneinander entfernt.

„Eine solche Erkenntnis", sagt der Kabbalist Halevi, „kann unsere ganze Beziehung zum Leben und zur Welt insgesamt verändern, denn wir beginnen wahrzunehmen, daß das Bewußtsein, das aus unserem Wesen heraus- und in unser Wesen hereinschaut, dasselbe ist, wie das zu uns von der Grenze des Universums herunter- und vom Rand der atomaren Welt heraufblickende. Es gibt keinen Ort, wo Gott nicht ist, und doch, wie die alten Rabbis bemerkten, ist Gott nicht die Welt, denn sie ist ja nur eine Widerspiegelung."[6]

Darum nennt Reinhard seinen Gedanken religiös, „daß das Universum in und mit meinem Bewußtsein über sich selbst nachdenkt."

Der Auftrag Gottes an uns Menschen lautet: „Ihr sollt heilig sein, denn ich bin heilig, der Herr, euer Gott,"[7]- das bedeutet, nicht erst dann, am Sonntagmorgen, und nicht erst dort, in der Kirche, und nicht nur in Gestalt von Ritual und Gebet, sondern jetzt und hier soll – und zwar durch dich, durch deine Person – das Heilige wirken.

Wir drücken uns um diese Erkenntnis und vermeiden sie, wo wir können, weil wir dann eigentlich leben müßten.

Eigentlich leben macht uns Angst, weil wir uns dann ernst nehmen müßten. Wir erschrecken aber zunächst vor dem Blick in den

[5] Martin Buber, Der Weg des Menschen nach der chassidischen Lehre, Heidelberg 1967, S. 49.
[6] Z'ev ben Shimon Halevi, Lebendige Kabbalah, München 1989, S. 235.
[7] 3 Mose 19, 2.

Spiegel, aus dem uns Schmerz und Leere anstarren. So werfen wir unsere Sehnsucht nach Sinn weit in die Zukunft und nach draußen in Form von Erlösungshoffnung oder Fernweh. Dennoch, mögen wir uns mit weltlicher oder religiöser Betriebsamkeit noch so eifrig ablenken von unserem Auftrag, wir können eigentlich – im wahren Sinn des Wortes – nur als wir selbst leben, indem wir jetzt und hier das Unsere beitragen zur Heiligkeit der Welt.

Und wenn ich heilig sage, meine ich damit nicht etwa Weihrauch, Meßgewand und Tabernakel, sondern Klarheit, Licht, Glanz. Anstelle von heilig kann ich auch sagen lebendig. Wir alle sind meistens gar nicht wirklich lebendig. Wären wir es, so wären wir von einer uns jetzt noch nicht vorstellbaren Klarheit, Kraft und Schönheit beseelt.

Das Unsere tragen wir bei zur Heiligkeit der Welt, indem wir so weit wie möglich aufblühen, uns öffnen, um aus der Tiefe unseres Herzens die Wahrheit leuchten zu lassen, die die drei Götter dort versteckt haben. Sibylle spricht davon, wenn sie an den jüdischen Mythos erinnert: das Licht, das Gott ist, soll als der Funke in uns immer heller leuchten.

Das ist kein Programm, unter dessen Last wir jetzt stöhnen müßten: „O Gott, heilig soll ich sein und weise" – nein, es ist eine aufregende und wunderbare Reise ins eigene Ich – ein Abenteuerurlaub ist nichts dagegen –, auf der wir Schmerz und Scham erleben werden, auf der wir manchmal entmutigt aufgeben oder zumindest eine Pause machen wollen, eine Reise, die ein Kampf ist um Wirklichkeit, um Selbstsein, um Glanz. Und es gibt auch heitere Wegstrecken. Wir sind so gewohnt, das Wesentliche, den Sinn mit Schwere, Tiefe, Ernst zu assoziieren, daß wir gar nicht glauben können, es könne auch Spaß machen, den Sinn seines Lebens zu verwirklichen. Die Schwere und Tiefe kommt durch den Tod herein, durch dessen Nähe Sinn überhaupt erst möglich und notwendig wird. Wenn Ludwig sich wünscht, bei seiner Beerdigung möge die Trauergemeinde zu Dixielandmusik tanzen, weil das Leben weitergeht, klingt die Nähe von Ernst und Heiterkeit an. Ernst und Heiterkeit sind Geschwister, und den Sinn zu verwirklichen macht nicht nur Freude, sondern oft ganz einfach großen Spaß. Auch das Evangelium ist ja die Frohe Botschaft, hat mit Freude zu tun – nur, wohin ist diese ursprüngliche Freude geraten im Lauf der Jahrhunderte!

Diese Gedanken widersprechen nicht meinem Mißtrauen gegenüber euphorischen Gefühlen, von dem früher die Rede war. Freude und Euphorie unterscheiden sich voneinander wie ein Sonnenaufgang von einem Feuerwerk.

„Ja – wenn ich nur bessere Bedingungen hätte, um mein Inneres nach außen zu bringen", mag mancher sagen. „Die Menschen in meiner Umgebung sind an solchen Gedanken völlig uninteressiert, und wenn ich von dem spreche, was mich bewegt, dann halten sie mich für verrückt." Darauf antwortet Martin Buber mit der Geschichte von jenem, der den Menschen von Gott sprechen wollte und auch auf taube Ohren stieß:

> *„Es wird erzählt, ein gottbegeisterter Mann sei einst aus den Bereichen der Geschöpflichkeit in die große Leere gegangen. Da wanderte er, bis er an die Pforte des Geheimnisses kam. Er pochte. Von drinnen rief es ihn an: ‚Was willst du hier?‘ ‚Ich habe‘, sagte er, ‚den Ohren der Sterblichen dein Lob verkündet, aber sie waren mir taub. So komme ich zu dir, daß du selber mich vernehmest und mir erwiderst.‘ ‚Kehr um‘, rief es von drinnen, ‚hier ist dir kein Ohr. In die Taubheit der Sterblichen habe ich mein Hören versenkt.‘"*[8]

Hier und jetzt ist deine Wirklichkeit. Widersetzt sie sich deinem Wirken, so ist das kein Grund zu resignieren, sondern dann hast du den Auftrag, mit aller Kraft den Boden zu bereiten.

Dazu gehört nicht nur ein Wirken nach außen, sondern auch die respektvolle und liebevolle Behandlung und Vervollkommnung der eigenen Person – Geist, Seele und Körper. Wobei Geist, Seele und Körper eines sind und immer miteinander auftreten als drei Aspekte unserer Existenz, die wir nur künstlich im Denken – nie real – voneinander zu trennen vermögen. Es gibt kein Denken ohne Gefühle, keinen lebendigen Körper ohne

---

[8] Martin Buber, Das dialogische Prinzip, Heidelberg 1965, S. 161.

Denken und Fühlen. Unser Körper ist der Ort unserer gegenwärtigen Existenz, jener materielle Bereich, den wir „ich selbst" nennen. Seine Sinne sind die Verbindungsstraßen zur Außenwelt wie zur eigenen Seele. Die Fähigkeit des Geistes, zu staunen und zu denken, der Seele, zu lieben, wird Gestalt im Sprechen des Mundes, in den Handlungen der Hände und des ganzen Körpers. So ist es in der Liebe wie bei allem anderen Tun. Selbst der Philosoph, der einsam vor alten Folianten in seiner Bibliothek sitzt und über das Sein nachdenkt – er liest mit seinen Augen, blättert die Seiten mit seinen Händen um, er denkt mit seinem Kopf, mit seinem ganzen Körper und mit seiner ganzen Seele. Und denkt er wirklich, so ist sein Denken ein Danken aus seiner ganzen Existenz, ist dankende Entsprechung des Seins, das sich ihm zu denken gibt.

„Jeder Mensch erbaut einen Tempel – seinen Körper – für den Gott, den er verehrt, und der Baustil ist sein eigener. Auch kommt er nicht darum herum, indem er Werke aus Marmor schafft. Alle sind wir Bildhauer und Maler; Fleisch und Blut und Knochen sind unser Material. Jede vornehme Regung prägt sich in den Gesichtszügen des Menschen aus, jede Nichtswürdigkeit auch", [9] sagt Thoreau.

Der Körper ein Tempel. Wie anders ist diese Einstellung als die der meisten Menschen ihrem Körper gegenüber. Sie benutzen ihn zur Leistung und zur Lust, aber sie achten und mögen ihn nicht besonders. Nehmen wir wahr, wie jede Zelle unseres Körpers von Leben durchpulst ist, wie unser Atem und unser Herzschlag im Einklang mit dem Universum sind und wie der kleine Kosmos, der unser Körper ist, im Einklang mit sich selbst ist, so bekommen wir eine erste Ahnung von seiner – unserer – Schönheit und hören auf, ihn – uns – zu mißbrauchen und zu vernachlässigen.

Auch unsere Kleidung und unsere Wohnung können wir zum Ausdruck der Gegenwart des Heiligen machen – als Vorhalle und Vorhof des Tempels, um in Thoreaus Bild zu bleiben. Das heißt nicht, wir sollten uns prächtig kleiden und Paläste bewohnen, sondern klar, aufgeräumt und freundlich sollte unsere Wohnung sein und unsere Kleidung in Ordnung und zu uns passend. Wenn wir

[9] Henry D. Thoreau, Walden, Zürich 1972, S. 314.

im Wissen um Endlichkeit den Sinn unseres Daseins darin sehen, mit allen Kräften zu blühen, dann drückt sich das ganz von selbst auch in unserer Kleidung und Umgebung aus.

Herrscher im eigenen Reich

Wie haben den Menschen, der angesichts seines Sterbenmüssens darum ringt, er selbst zu sein, bisher weitgehend als Einheit betrachtet. Entfernt von seiner Mitte zwar, sich unbekannt und fremd, doch *eine* Gestalt, eine Person. Auf dem Weg zu uns selbst entdecken wir jedoch unsere innere Zerrissenheit. Manchmal sieht es so aus, als bestünden wir aus mehreren Teilpersönlichkeiten, die derart im Widerstreit liegen, daß wir nicht wissen, was wir wollen. Wie können wir da Klarheit schaffen, wie werden wir wieder eins mit uns selbst?

In den 70er Jahren erschien in Amerika ein Buch des Familientherapeuten Gordon mit dem Titel „Familienkonferenz"[10], in dem er propagiert, an Konfliktlösungen innerhalb der Familie und an Entscheidungen, die die ganze Familie betreffen, solle sich auch die ganze Familie beteiligen. Das heißt, alle Familienmitglieder, die in der Wohnung leben, sollten dabei sein und mitentscheiden, selbst das jüngste Kind. Falls dieses zum Sprechen noch zu klein ist, muß ein anderer, so gut er kann, dessen Interessen vertreten. Ein Plan, ein Beschluß soll erst gefaßt werden, wenn alle einverstanden seien. Der größere Zeitaufwand, den es braucht, einen Entschluß zu finden, der für alle taugt, zahlt sich hundertfach aus durch die Einmütigkeit, mit der die ganze Familie ihn dann verwirklicht. Nachdem jeder einzelne seine Gedanken geäußert hat und alle gemeinsam die Wünsche aller bei der Entscheidung berücksichtigt haben, muß keiner aus Ärger oder Zorn, daß er über-

[10] Thomas Gordon, Familienkonferenz, Hamburg 1972.

196

gangen wurde, sich später querstellen und die Ausführung behindern. Wenn jeder respektiert wird, so Gordons Grundannahme, macht auch jeder mit. Das ist auch richtig, sofern es sich um eine Gemeinschaft mit einem gemeinsamen Ziel handelt. Es gilt für Familien, die gut miteinander auskommen möchten, für einen Betriebsrat, der das Gedeihen der Firma im Sinn hat, für Schiffsmannschaften, die heil im Zielhafen landen wollen, für Expeditionen, die überleben wollen, für Regierungen, falls ihnen das Wohlergehen des Volkes am Herzen liegt. In all diesen Gemeinschaften gibt es einen, der die Verantwortung trägt und das letzte Wort bei der jeweiligen Entscheidung hat. Seine Entscheidung wird um so klüger sein und sich um so besser bewähren, je gründlicher er die vielfältigen Erfahrungen und die widerstreitenden Interessen der ihm anvertrauten Gemeinschaft berücksichtigt.

Ganz so, wie ein kluges Oberhaupt mit der ihm anvertrauten Gemeinschaft, können wir auch mit uns selbst umgehen. Wir, Kapitän auf unserem Lebensschiff, sind für das Wohlergehen auch des kleinsten Schiffsjungen noch verantwortlich.

Woher kommt es denn eigentlich, wenn uns ein Vorhaben nicht gelingen will? Wenn uns immer wieder etwas dazwischen kommt, wenn äußere Anlässe oder innere Unlust genug Kraft gewinnen, uns vom Ziel abzulenken? Vor allem mißlingt uns unser Vorhaben dann, wenn wir nicht einig mit uns selbst sind, ob wir es wirklich wollen. Wenn irgendeine zarte innere Stimme überhört oder von voreiliger Entschlußfreudigkeit übertönt wurde. Wir haben vielleicht zu uns gesagt, „also, reiß dich zusammen – es muß ja sein!" Und wir reißen uns zusammen und zwingen uns, aber wenn irgendein äußeres Hindernis einen Abweg eröffnet, zieht jene innere Teilperson, die anfangs schon dagegen war, mit großer Kraft in diese Richtung und bringt uns auf Umwege oder hält uns auf. Geht unser innerer Kapitän hart und gleichgültig über Mannschaftsmitglieder hinweg, die anders denken als er, dann kann es sogar zur Meuterei kommen – das heißt, wir werden krank. Die meisten Krankheiten kommen daher, daß die Menschen sich selbst nicht zuhören.

Das äußere Hindernis wird von abergläubischen Menschen als ein Zeichen des Schicksals gewertet: „Es soll nicht sein." Der Zweifel und unser Zaudern sind aber ganz allein aus der inneren Unsicherheit entstanden. Aus der Uneinigkeit kommt Unentschlossenheit: wenn ich vor meinen widerstreitenden Tendenzen stehe wie vor einer Versammlung von durcheinanderschreienden Leuten, die alle ihr Anliegen durchsetzen wollen und jeder brüllt seine überzeugenden Argumente laut hervor, um die anderen zu übertönen, dann ist es wirklich schwer zu wissen, was ich nun eigentlich will. Was tut man da? Wie finde ich heraus, was ich wirklich will?

Ich muß *meine Wünsche* einzeln *wahrnehmen*, mir Zeit nehmen, sie alle nacheinander anzuhören. Ich sollte jeden einzelnen wirklich anhören und nicht bei dem einen schon nach den ersten Worten „nein – das will ich nicht, das kommt gar nicht in Frage" sagen und dem anderen gar kein Gehör einräumen, weil ich diesen Teil in mir ohnehin bekämpfe. Während jeder wirklich gehört wird, mit nachdenklichem Respekt gehört wird, kehrt innere Ruhe ein. Ich fühle mich nicht mehr aufgewühlt und hin- und hergerissen. In Gelassenheit halte ich meinen Zwiespalt aus, in der Gewißheit, daß wir alle zusammen – das heißt, ich mit vereinten Kräften – schon das Richtige finden werden. Die einzige Voraussetzung ist die, daß ich ausnahmslos jeden Teil meiner Persönlichkeit respektiere. Nicht jeder kann sich durchsetzen, das ist klar. Aber jeder muß gehört und geachtet werden. Sonst wird der, zu dem ich sage „du schweig, dich kenne ich schon – du machst doch immer nur Unsinn" genau das tun, nämlich Unsinn machen und die Ausführung meiner Pläne durchkreuzen.

Es ist wirklich so einfach. Man kann sogar ein vertrautes und freundschaftliches Verhältnis zu seinen einzelnen Kräften entwickeln. Da gibt es tatsächlich den eben erwähnten Kobold, der immer Unsinn macht, was in manchen Situationen sehr hilfreich sein kann. Dann gibt es – in weiblicher oder männlicher Gestalt jeweils – den Wagemutigen, den Vorsichtigen, den Unvernünftigen, der über alle Stränge schlagen will, den Verschwender, den Sparsamen, den Moralisten, der darauf bedacht ist, daß ich in den Augen anderer tadellos dastehe, den Neugierigen, den Trägen, den Liebenden, den Pessimisten, den Rachsüchtigen, den Gläubigen, den Zweifler – für jeden einzelnen meiner Lebensbereiche, für jeden Wunsch und jede Angst und jede meiner Fähigkeiten ist einer zuständig. Jede Teilpersönlichkeit ist Fachmann für ihr Gebiet und möchte möglichst viel von der verfügbaren Lebensenergie für sich bekommen – ganz ähnlich, wie jedes Ministerium aus der Staatskasse die größtmöglichen Beträge für seine Aufgaben beansprucht. Alle zusammen haben sie mein Aufblühen, mein Wohlergehen im Sinn. Dies ist um so eher gewährleistet, je harmonischer alle zusammenwirken.

Drei der inneren Gestalten haben für unseren Weg in die Mitte besondere Bedeutung: der Schatten, die Anima oder der Animus, und der Weise. Diese Benennungen lehnen sich an C. G. Jungs Terminologie an, der viel über die Gestalten des persönlichen und des kollektiven Unbewußten nachgedacht hat.[11]

Obwohl er uns abscheulich erscheinen mag, ist *der Schatten* eine ungemein *positive Kraft* unserer Psyche. Denn erst in der Begegnung und Auseinandersetzung mit ihm können wir uns seine Energie – nicht aber seine Absichten – zu eigen machen und kommen zu uns selbst. Er verkörpert alle unsere negativen Eigenschaften, die sich mit unserem Idealbild von uns selbst nicht vereinbaren lassen. Er ist so, wie wir gerade nicht sein wollen, darum sehen wir ihn auch nicht an und lassen ihn eben im Schatten. Er stellt das genaue Gegenteil unserer bewußten Absichten dar. Bekommen wir ihn zu Gesicht, so schämen wir uns erst einmal oder es graut uns vor uns selbst. Sind wir großzügig, so ist unser Schatten kleinlich, sind wir barmherzig, so ist er unbarmherzig, wo wir verzeihen, ist er nachtragend, wo wir schenken, will er behalten. Solange wir diese Neigungen in uns selbst verleugnen, hat unsere Erscheinung etwas Flaches, Unechtes und Verlogenes an sich. Man spürt, daß da noch etwas ist, was versteckt gehalten wird.

Wie aber gehen wir so mit ihm um, daß er uns bereichert statt uns zu stören? Indem wir ihn zunächst einmal anerkennen. Er ist nun einmal da in uns, und er hatte wohl einmal guten Grund für seine Einstellung. Wenn er uns stören will, dann nur, weil er noch nichts dazu gelernt hat. Wir sollten ihm danken, daß er helfen will,

---

[11] Eine Einführung in diese Thematik in: Jolande Jacobi, Die Psychologie von C. G. Jung, Frankfurt am Main 1977.

und ihn wegschicken vom Schauplatz des Tuns: „Danke, aber ich brauche dich jetzt nicht." Dies gilt übrigens nicht nur für die Auseinandersetzung mit unserem Schatten, sondern für alle Hindernisse: wir sollten nicht unsere Energie verbrauchen im Kampf gegen sie, sondern, unseren Blick auf unser Ziel gerichtet, die Hindernisse hinter uns lassen. So wie wir radfahren lernten zum Beispiel. Stand ein Pfosten im Weg und wir starrten ihn an und dachten „Bloß nicht da dranfahren! Nein, nicht, nicht!" – was passierte? Er zog unser Rad wie magisch an und wir fuhren geradewegs auf ihn los. Schauten wir dagegen dahin, wo wir hin wollten, dann fuhren wir mühelos an ihm vorbei. Wir tun immer das, woran wir denken, das Nein und Nicht hat dabei fast keine Kraft. Also sollten wir unser Ziel im Auge haben, nicht das, wohin wir nicht wollen.

Und wie bereichert der Schatten uns? Auf doppelte Weise. Erstens läßt er uns, wenn wir ihn so zurückschicken, seine Energie da. Unterdrücken wir ihn dagegen permanent, so fehlt seine Energie uns in unserem Krafthaushalt, und zudem müssen wir ständig zusätzliche Kraft zum Unterdrücken aufwenden – ein zweifacher Energieverlust.

Zweitens entwickeln wir durch die Erkenntnis unseres Schattens Menschenkenntnis, Humor und Toleranz. Wir haben mit dem Schatten einen Teil unserer eigenen lächerlichen, bösen Seiten und unserer Abgründe erblickt, das macht uns auch anderen Menschen gegenüber klarsichtiger. Wir können einen anderen ja nur so weit erkennen, wie wir uns selbst erkannt haben. Und soweit wir den Schatten in uns kennen, müssen wir ihn nicht mehr in anderen bekämpfen.

Die nächste innere Gestalt, die wir kennen sollten, ist *die Anima* des Mannes, *der Animus* der Frau. Der Schatten, stellen wir ihn uns als Person vor, hat das gleiche Geschlecht wie sein Träger. Diese Gestalt dagegen ist gegengeschlechtlich. Ein Mann hat eine Anima, eine Frau einen Animus als Polarisation und Ergänzung der Person. Jeder Mann hat weibliche Eigenschaften, jede Frau männliche. Sofern diese nicht erlebt und gelebt werden, sind wir, ob wir es wollen oder nicht, gezwungen, diese in unseren Liebesbeziehungen zu suchen, was uns in ausweglose Abhängigkeiten führt. Die Begegnung mit diesem gegengeschlechtlichen Pol in uns selbst ist erst nach der Auseinandersetzung mit dem Schatten möglich. Sie zieht eine ungeahnte Ausweitung und Vertiefung der Person nach sich und erfüllt uns mit großem Glück. In Träumen kündigt sie sich oft im Bild einer Hochzeit an, und das ist sie auch: die *heilige Hochzeit*, die Vereinigung unseres männlichen mit unserem weiblichen Pol, die Vereinigung der Gegensätze. Diese löschen sich dabei nicht aus, sondern bleiben bestehen, in fruchtbarer Spannung eingebunden in die Ganzheit unserer Person.

Die dritte wichtige Gestalt auf unserem Weg nach innen ist der Weise. Sie hat meist die Gestalt eines *alten Mannes* oder einer *alten Frau*, manchmal eines Menschen, den man als Kind gekannt und als gütig und weise verehrt hat. In einer Psychotherapie nimmt sie vorübergehend die Züge des Therapeuten oder der Therapeutin an. Jede Psychotherapie hat die Aufgabe, diese Gestalt im Patienten selbst zum Leben zu erwecken und damit ihn, den Patienten, unabhängig vom Therapeuten zu machen.

Der Weise ist die Instanz der Gelassenheit in unserer Seele. Wir können ihn in entscheidenden Dingen um Rat fragen. Nicht bei alltäglichen Entscheidungen, da schickt er uns zurück zu den anderen Sachverständigen unserer Seele, oder er schweigt bloß abweisend. Aber wo es um Leben oder Tod geht, wo von einer Entscheidung alles abhängt, wo wir wissen, jetzt müssen wir zaubern, sonst ist alles verloren – da können wir seinen Rat erbitten.

Wer mit diesen Gestalten vertraut ist, hat schon eine Strecke des Weges in die eigene Mitte hinter sich gebracht. Wenn man aber noch am Anfang des Weges ist und sich in einer *Entscheidungssituation* befindet, wie findet man dann heraus, was das Richtige wäre? Die Anweisung, man möge eine innere Tendenz nach der anderen zu Wort kommen lassen, kann man sich erleichtern, indem man dies schriftlich macht. Man schreibt auf ein Blatt Papier links alles, was gegen, rechts alles, was für die zur Verhandlung stehende Sache spricht. Dafür läßt man sich viel Zeit, schläft eine Nacht drüber und schreibt am nächsten Tag dazu, was einem inzwischen noch alles an Argumenten für und wider eingefallen ist. Bei diesem Verfahren kommen alle inneren Gestalten zu Bewußtsein und zu

Wort, denn hinter jedem Argument steht ein vitales Interesse. Außerdem hat dieses schriftliche Vorgehen den Vorteil, daß einem meist schon währenddessen deutlich wird, welches die gewichtigsten Argumente sind und wie die Entscheidung ausfallen sollte. Dennoch sollte man die Liste vervollständigen. Es kommt dabei oft überraschend zutage, daß wir viel mehr wissen, als wir ahnten.

Noch eines zeigt sich immer klarer, wenn wir uns daran gewöhnen, Entscheidungen vor dem inneren Betriebsrat zu verhandeln: daß alle, wirklich alle äußeren Konflikte nichts anderes sind als Spiegelungen eines inneren Konflikts.

Wer entscheidet? Der Weise in uns? Nein. Es entscheidet *das Selbst*, wir selbst, die ganze Person. Wollen wir der Instanz, die entscheidet und die Verantwortung trägt, eine Gestalt geben, so taugt dazu: der Kapitän des Schiffes, das wir samt seiner Besatzung sind, oder auch der König unseres inneren Reiches, der den Rat seiner Minister einholt, ehe er entscheidet. Möge er klug und großherzig sein!

Zur Klugheit des Königs gehört, daß er Rücksicht nimmt auf die starken und schwachen Zeiten seines Volkes. Das heißt, wir leben nicht so im Gleichmaß wie eine Maschine, sondern im Pulsieren unserer Vitalität sind wir in Schwingung wie alles Lebendige. Kein Lebewesen ist ständig wach. Keine Quelle sprudelt immer gleich stark. So wie unser Atem geht, so haben wir Zeiten der Aktion und der Ruhe, und in der Ruhe sammeln wir Kraft für den nächsten Tag. In der Ruhe liegt die Kraft.

Soll meine Gegenwart – ich jetzt hier – immer klarer das Erscheinen des Heiligen ermöglichen, so ist es eine wirksame Übung, von heute an nichts mehr zu tun, was ich nicht bejahen kann, und zugleich das, was ich tue, ganz bewußt zu bejahen.

Lebensfreude

Glanz

Müßten wir nicht sterben, so könnten wir nicht sinnvoll leben. Nur „mit dieser Bedingung haben wir zum größten Glanze Zugang."[1] Solange einer die Tatsache seines Todes nicht wirklich begriffen hat, so lange ist es für ihn nicht ernst, daß er sterben wird. Ja, irgendwann einmal, aber noch nicht bald. Mit dem „irgendwann später" verdeckt man vor sich, daß der Tod jederzeit möglich ist, man verdeckt sich seinen Schrecken und lebt in der Folge scheinbar leichter, nicht aber eigentlich. Denn eigentlich, als ich selbst, lebe ich nur aus dem Wissen um die Begrenztheit meines Lebens und im Wissen um seine Unselbstverständlichkeit. Nicht Vorbereitung auf mein Ende tut not, sondern daß ich beginne, vom Ende her beginne, meine Existenz zu begreifen. Daß ich, wie Hohl sagt, „mit ihm beginne zu denken":

„‚Sich vorbereiten auf den Tod?'

Nein! Du mußt ihn angenommen, dich vollständig mit ihm abgefunden haben; – nicht ihn studieren (es gibt da für uns nichts zu studieren), sondern mit ihm beginnen zu denken. Als eine Basis – wie die Tatsache, daß du da bist – sollst du ihn nehmen: Ist er doch eine totale Tatsache.

Während Ärzte und andere Spezialisten einiges am Tod studieren können, wird nur dieses Einfachste von dir verlangt: in allem deinem Tun bewußt zu sein, daß er eine totale Tatsache ist.

Wie deine Kräfte sich erhöhen und Richtung nehmen in die Welt!

Wie auf einmal der Strahl des Sehens aus dir bricht über die Welt!

[1] Ludwig Hohl, a. a. O., S. 715.

Du tust Wirkung, du siehst Farben, dein Leben erhält einen Wert."[2]

Die Unselbstverständlichkeit jedes Augenblicks ist Vorbedingung für den „Wert" des jemeinigen, des eigentlichen Lebens, für den „größten Glanz", von dem Hohl spricht – aber nur Vorbedingung. Die Erkenntnis, daß dieser Augenblick nicht selbstverständlich ist und daß das Leben begrenzt ist, kann einen Menschen – wie I. K. – auch in Panik bannen. Es braucht einen Schritt weiter: zur Annahme dieser Tatsache und dem Entschluß, diese geschenkte Gegenwart ganz da zu sein, sie mit stärkstem Leben zu erfüllen. „Nur das stärkste Leben hält dem Tode stand."

Daß etwas ist und nicht vielmehr nicht ist – darüber zu staunen ist der Beginn der Philosophie. Daß ich bin und daß dies nicht selbstverständlich ist, ist Beginn der Freude, des größten Glanzes. Diese Freude ist eine lebendige Freude. Sie ist zugleich das Wissen um Tod. Auf dem Grunde dieses Wissen durchpulst sie meine jeweilige Gegenwart, immer anders, immer neu lebendig atmet, schwingt sie, schließt die Trauer ein und den Ernst. Gewöhnlich bedeuten „Leben" und „Tod" soviel wie „jetzt" und „danach", oder soviel wie „hier" und „jenseits". Stehen wir aber im Glanz der lebendig pulsierenden Gegenwart, so erscheint uns der Unterschied zwischen Leben und Tod eher wie der zwischen flüssig und kristallen, zwischen bewegt und starr. Was lebt, bewegt sich, atmet, fließt, verändert sich. Das Lebendige bleibt nicht so, wie es ist. Was tot ist, bleibt wie es war und ist, es entwickelt sich nicht, es bewahrt seine Gestalt für alle Zeit. Ganz kleinen Kindern schon dient die Wahrnehmung, daß etwas sich bewegt, als erstes Unterscheidungsmerkmal zwischen lebendigen Wesen und unbelebten Gegenständen. Was sich bewegt, lebt, was sich nicht bewegen kann, lebt nicht.

Daß nach dem Sterben der Leichnam erst einmal sich auflöst und in der Verwesung zu fließen beginnt, bedeutet nicht, daß der Tod fließt, sondern, daß aus dem toten Körper neues Leben entsteht. Die Verwandlung fließt, Tod aber ist Abwesenheit jeglicher Verwandlung. Gewissermaßen entreißt die Natur dem Tod die

[2] Ludwig Hohl, a. a. O., S. 700.

204

Materie, indem sie Gestorbenes auflöst und zu neuem Leben formt, indem sie es den Bakterien, den Würmern oder in manchen Kulturen den Geiern zur Nahrung schenkt. Darum freut Leopold, der die Natur als Leben begreift und sie wie eine Geliebte behandelt, sich darauf, mit seinem nach dem Tod verwesenden Körper den Würmern und Blumen ein Festmahl zu bereiten. Und Tschuang Tse sagte auf seinem Totenbett zu seinen Jüngern, die ihm ein prächtiges Begräbnis rüsten wollten: *„Ich betrachte Himmel und Erde als meinen Sarg, Sonne und Mond als Jade-Geschenke und die Sterne als meine Grabjuwelen, und die ganze Schöpfung wird zu meinem Begräbnis kommen. Wird das nicht eine prächtige Leichenfeier sein? Was könnte ich mir Besseres wünschen?"*

„Wir fürchten aber, daß Geier und Krähen kommen und unseren Meister fressen werden!" sagten die Schüler.

„Über der Erde werde ich von Geiern und unter der Erde von den Würmern und Ameisen gefressen werden. Warum wollt ihr die einen berauben und mich den anderen geben? Warum die einen bevorzugen?" erwiderte Tschung Tse. [3]

Auch wir können, so wir in der Gegenwart leben und uns vom Glanz des Heiligen tragen lassen, Totes lebendig werden lassen. Wie machen wir das? Wir entreißen Hades seine Schätze.

Hades ist bei den alten Griechen der Name der Unterwelt, wo die Schatten der Gestorbenen weilen. Personifiziert ist Hades ein Gott, auch Pluton genannt, der Gott des Totenreiches. „Furchtbar und geheimnisvoll wie die Unterwelt ist ihr König, der Gott Hades. Ein Zauberhelm macht ihn unsichtbar. Ihm gehören alle Schätze der Erde; darum heißt er Pluton, der Reiche." [4]

In diesem Mythos steckt eine tiefe Erkenntnis: Alle Schätze der Erde gehören dem Tod! Man male sich das aus: aller Schmuck, alle Paläste und die Kostbarkeiten in ihren Schatzkammern, jeder einzelne Diamant, alles Gold der Erde – alles, alles ist Eigentum des großen Pluton. Ihm gehört die Perlenkette, die eine Frau um ihren

[3] Lin Yutang, a. a. O., S. 125
[4] Eckart Peterich, Götter und Helden der Griechen, Frankfurt am Main 1958, S. 62.

schönen Hals trägt, ihm jede Königskrone, die Goldschätze der Regierungen und das Geld auf unseren Bankkonten auch.

Wir leben in einer Plutokratie. So bezeichnet man eine Regierung, in der nur die Reichen Macht besitzen. Der neue Gott, der jetzt die Weltherrschaft angetreten hat, ist das Geld. Es ist derselbe Gott, den die Alten Pluton nannten oder Hades. Wollen wir uns seiner todbringenden Herrschaft entziehen und ihm seine Schätze entreißen, so müssen wir uns zuerst entscheiden, was uns wichtiger ist: Geld oder Leben? Reichtum oder Lebendigkeit? Nachdem, wie ein indianischer Spruch angesichts der globalen Naturzerstörung sagt, „man Geld nicht essen kann", könnten wir uns für das Leben entscheiden. Der nächste Schritt ergibt sich mit logischer Folgerichtigkeit: statt Schätze zu sammeln und immer reicher werden zu wollen, verwandeln wir sie in Lebendigkeit, indem wir sie ausgeben für gute Dinge, die die Welt schöner machen und uns und die Menschen, die mit uns sind, erheitern und beglücken. Wir machen das Geld zu Glanz – ob in Gestalt von Musik und Tanz und Lachen, ob wir Menschen in Not helfen, ob für Blumen, Wein und Brot oder in welcher Form sonst, das sagt uns die wechselnde Gegenwart.

Ergreift einen dieser Gedanke, daß mit jeder Umwandlung von Materiellem zu Lebenslust ein Stück aus Plutons Reich dem Tod entrissen und zum Leben gebraucht – und damit zum Leben gebracht – wird, dann könnte es sein, daß man hinfort mit größerem Vergnügen Geld ausgibt als es spart. Und dies wäre noch das geringste Anzeichen wachsender Lebendigkeit.

Sowenig das Erscheinen des Heiligen an Kirchen gebunden ist (und schon gar nicht an Kirchen einer einzigen Konfession), sowenig ist das Aufleuchten von Glanz an besondere Dinge oder außergewöhnliche Ereignisse gebunden.

Jeder Mensch hat den Auftrag, Ort des Heiligen zu werden, indem er ganz er selbst wird; jede Gegenwart kann zur Gegenwart des größten Glanzes werden. Die Nähe Gottes im Gebirge, am Meer und im Blick des anderen Menschen, von der Andrea spricht, ist Glanz. Ralf möchte ihn in den scheinbaren Selbstverständlichkeiten, im Alltäglichen bewußter erleben, im Sonnenaufgang, Sonnenuntergang und im Regen; und für Karlheinz ist das Schöne in seinem Leben glückliche Augenblicke, die nicht großartig sind in dem Sinn, daß sich was Riesiges ereignet hat, sondern ein Sonntagmorgen, eine schwarze Katze, der Mond, der durch Zweige scheint. Glanz ist in der Gegenwart, die wir zulassen und in die wir uns einlassen, ohne daß ein Teil unserer selbst draußen bleibt. Wie in dem Zen-Gedicht einer Frau, die beim Krähen eines Hahnes zur Erleuchtung über das Einssein gelangte, zur Gegenwart: „Feld und Wald und Dorf und Wiese, alles kräht auf einmal kikeriki; wer bleibt noch übrig und sagt: Ich habe nicht mitgekräht?" Das ganze Universum ist „kikeriki". Es bleibt niemand übrig, der nur anhört.[5]

Wir schaffen Raum für Glanz, wenn wir Abgelebtes, unbrauchbar Gewordenes hinter uns lassen, ohne daran zu denken, was es uns gekostet hat. So wie Gerhard den neuen Kinderwagen stehen ließ, der sich zum Gepäcktransport als untauglich erwies. Daß etwas – Dinge, vor allem aber auch Eigenschaften, Erkenntnisse, Beziehungen – uns Mühe, Energie, Zeit und Geld gekostet hat, ist kein Grund, es weiterzuschleppen, wenn es zu einem Hindernis geworden ist.

In jeder Gegenwart ist Glanz, in die wir uns einlassen, ohne daran zu denken, was sein wird. Wenn Sie Ihren liebsten Menschen küssen und derweil daran denken, daß es dann weitergehen soll, damit es zu einer noch innigeren Vereinigung kommt, dann wird der Kuß zu einer bloßen Vorbereitung für etwas Zukünftiges, und Sie finden sich hinter einer Mauer aus Planung und Absicht getrennt von Ihrer Gegenwart, getrennt vom anderen Menschen, vom Erleben des Kusses und von sich selbst.

Die geschenkte Gegenwart mit stärkstem Leben zu erfüllen verhindern wir auch damit, daß wir – wie viele der Befragten – unsere Lebenserwartung an der Lebenszeit unserer Eltern orientieren. So scheint uns eine bestimmte Spanne garantiert, das mildert die Schärfe, heute zu leben. Vor allem aber orientieren wir uns damit an der Vergangenheit. Das Bild der Eltern in uns hemmt uns so

[5] Fumio Hashimoto, Die Bedeutung des Buddhismus für den modernen Menschen, München – Nymphenburg 1963, S. 28.

weiterhin, nach eigenem Maß zu leben. Wir dürfen nicht eigenständig, nicht reifer, nicht älter werden als die Eltern (die Ältern!) es geworden sind. Wer herrscht – sie oder wir?

Die Stärke unserer Erwartung ermöglicht dem erwarteten Bild, sich zu verwirklichen. Unserem Auftrag entspricht unser eigenes Maß: zu leben, bis wir ganz Raum für das Licht sind.

Diesen Auftrag nicht zu erfüllen, ist kein Schutz gegen das Sterben. Nämlich viele denken insgeheim etwa so: solange ich nicht wirklich lebe, werde ich nicht sterben, denn ich brauche ja noch Zeit. Das aber ist ein verhängnisvoller Irrtum.

Liebe

> Nur *einen* Sommer gönnt, ihr Gewaltigen!
> Und einen Herbst zu reifem Gesange mir,
> Daß williger mein Herz, vom süßen
> Spiele gesättigt, dann mir sterbe.
> ...
> Willkommen dann, o Stille der Schattenwelt!
> Zufrieden bin ich, wenn auch mein Saitenspiel
> Mich nicht hinabgeleitet; *einmal*
> Lebt ich, wie Götter, und mehr bedarfs nicht.
>
> *Hölderlin*

Liebe ist die Kraft, die uns den Mut verleiht, wirklich zu leben. Die Angst vor der Wirklichkeit ist ebenso groß wie die Angst vor dem Tod, denn sie *ist* die Angst vor dem Tod. Solange wir in der Illusion eines todlosen Lebens sind, schützen wir uns vor der Vergänglichkeit wie vor der Wirklichkeit der Gegenwart. Da Vergehen nichts als die andere Seite des jeden Augenblick neuen Entstehens ist, schützen wir uns auch vor dem Leben. Ruthe spricht nicht allein für sich, wenn sie glaubt, sie habe noch nie wirklich gelebt. Nur kommt es nicht oft vor, daß Menschen spüren, wie wenig sie wirklich leben. Häufiger ist dieses Wissen verdeckt von Sehnsucht nach wirklichem Leben, das aber immer in der Ferne gesucht oder für später geplant wird. Doch das wirkliche Leben bestünde nicht in einer Veränderung der Umstände, sondern in einer veränderten Einstellung. Das wirkliche Leben ist hier, direkt vor unserer Nase und mitten in uns. Aber es erschreckt uns zu Tode, darum sehen wir weg, errichten eine Mauer zwischen uns und uns selbst und beschwichtigen unsere Sehnsucht nach Wirklichkeit mit Surrogaten oder der Vertröstung auf später. Es gibt kein Später! Es gibt nur Gegenwart. Wir haben keine andere Zeit als die Gegenwart. Und die Kraft, endlich doch eigentlich zu sein, wirklich zu leben, Gegenwart zuzulassen und uns einzulassen, diese Kraft ist Liebe. In ihr wird unsere Sehnsucht nach Wirklichkeit erfüllt, indem es zu einer Begegnung unserer Lebendigkeit mit der Lebendigkeit des anderen Menschen kommt.

In der Liebe zwischen einem Mann und einer Frau gibt es zwei polare Gefühlskomponenten: Fremdheit und Vertrautheit. Beide sind äußerst beglückend.

In der Vertrautheit schwingt ein Wiedererkennen mit, das Empfinden, einander schon einmal nahe gewesen zu sein und einander seither immer gesucht zu haben, das erlösende Aufatmen, endlich heimgekommen zu sein in die Geborgenheit im Arm des Geliebten.

Das Erregende aber, das Faszinierende in der Liebe entsteht aus der Erfahrung, daß der Geliebte ein anderer ist als wir, unbekannt, unvertraut, fremd. Fremd und erregend bis in die Mitte seiner Person, bis in sein Geschlecht. Wir ersehnen das Unbekannte als Bereicherung, als Ergänzung unserer selbst, doch zugleich bedroht es uns und stellt uns in Frage. Was einer war und was er ist, legt er offen vor die Augen des Geliebten und vor sein Herz (denn in einer wirklichen Liebe gibt es keine Täuschung). Was hält stand, was wird umgeschmolzen im Feuer der Begegnung? „Liebe ist ein Kind der Freiheit", heißt es in einem französischen Lied. Mit der gleichen Berechtigung können wir sagen, Liebe ist ein Kind der Wahrheit. In der Liebe sind wir klarsichtig (bei dem Sprichwort „Liebe macht blind" handelt es sich nicht um Liebe, sondern um

Projektion). Wenn einen Menschen lieben heißt, ihn so sehen, wie Gott ihn gemeint hat, dann heißt es, ihn in seiner Sterblichkeit erkennen. Das Ewige kommt durch die Intensität der Gegenwart herein, es hat die Gestalt eines Blitzes eher als die einer endlosen Straße, die sich in der Ferne verliert. Nur ist dieser Blitz nicht hektisch zuckend wie Gewitterblitze, er ist ruhig, tief und still. Er geschieht immer neu durch die Nähe der Liebenden. Er geschieht jedoch nicht allein wie ein meteorologisches Wunder, das man nur geschehen lassen kann, sondern es gehört die konzentrierte Präsenz beider Liebender dazu. Lieben ist Gnade und Entschlossenheit zugleich. Eine Entschlossenheit, die nicht zupackt, sondern geschehen läßt, aber unter Einsatz der ganzen eigenen Person. Ralf sagt, Lieben können sei ein Geschenk Gottes und er sei überzeugt, er könne nicht aus eigener Kraft lieben. Er spricht damit von genau dieser Erfahrung, daß Liebe die Grenze des Egoismus überwindet, daß ihre Ruhe und Tiefe einem überpersönlichen Urgrund entspringt, Glanz ist.

Hier ist heiliger Bereich. Man spricht nicht davon. Das Schweigen soll jedoch nicht das Heilige schützen – das hat es nicht nötig, geschützt zu werden –, sondern unser Vergessen, unser alltägliches Dahinleben schützt sich vor dem gewaltigen Licht des Heiligen. Daher die Tabus, die in wortlosem Einverständnis ständig praktizierten Schweigegebote über Tod, über Liebe, über wahres Leben. Durchschauen wir die Macht des Schweigens, dann sehen wir auch einen Weg, sie zu überwinden. Die Kraft dazu kommt aus unserer Mitte, aus der Achtung vor uns, vor dem Leben, sie ist die Liebe zu dem Menschen, der uns nahe ist.

Sehen wir mit klaren Augen, so erkennen wir, daß es ein Irrtum ist, den Liebsten schonen zu wollen. Liebe zeigt sich nicht in Schonung, sondern im Mut und in Aufrichtigkeit. Josef, der sich bewußt unter das Gesetz der Liebe stellt, leidet darunter, wenn er den von ihm als Priester begleiteten Sterbenden nicht die Wahrheit sagen darf. „Ein Großteil der Sterbenden stirbt angelogen und getäuscht", sagt er. „Sag mal, Deern, muß ich sterben?" fragt Johannas Schwiegervater sie auf seinem Sterbelager. In dieser Stunde besaß sie als einzige den Mut zur Aufrichtigkeit; dennoch wird sie von den Tabus immer wieder eingeholt: „So kann man doch nicht darüber sprechen, nicht zu anderen, nur zu sich selbst. Das sind Tabus, wenn man an die rühren möchte, das geht doch nicht." Johanna steht nicht allein in der Angst, für die Wahrheit mit dem Scheiterhaufen bedroht zu werden.

„Wenn ich mal sterbe, möchte ich darüber reden", sagt Carola, und Iwan Iljitsch möchte schreien: „Ihr wißt und ich weiß, daß ich sterbe. Hört wenigstens auf zu lügen!" Und wie sehr bedauern Carola und Irmgard ihr Versäumnis, mit einem geliebten Sterbenden nicht so gesprochen zu haben, wie der es sich wünschte. Wie groß die Sehnsucht nach Aufrichtigkeit beim Sterben, die Sehnsucht, mit nahen Menschen sprechen zu können – und wie mächtig das Tabu. Fast jeder ersehnt das Gespräch, selten geschieht es. Doch wenn es stattfindet, wie beim Sterben von Elfriedes Freund, wie heilsam ist es!

Liebe zeigt sich in Aufrichtigkeit, auch beim Sterben. Aber umkehren läßt dieser Satz sich nicht: Aufrichtigkeit macht noch keine Liebe. Ich warne vor jenem bedingungslosen Wahrheitsfanatismus, der das, was er für wahr ansieht, überall und auch dort verkündet, wo nicht danach gefragt wurde. Wahrheit ohne Liebe ist grausam. Sie eröffnet nicht den Raum gemeinsamer Nähe, sondern sie stößt den Sterbenden in die letzte äußerste Einsamkeit. Nackte Fakten am Sterbebett können lieblos und ungeschickt gehandhabte Dolche sein. Die Wahrheit dagegen, da sie eins mit der Liebe ist, trifft den, der sie sagt, und den Sterbenden gleichermaßen. In der Klarheit und Zartheit zugleich, mit der Josef den Sterbenden seiner Gemeinde begegnet, wenn er „ein Stückel mitgeht", ihnen seine ganze Liebe zeigt und ihnen Mut macht, Ja zu sagen zu ihrer Situation, in solcher Haltung erscheint die Wahrheit, in der Liebe angesichts des Sterbens sich zeigt.

Wenn der Sterbende der Liebste ist, wie hält er, wie halte ich die Wahrheit aus? Hier ist der Prüfstein für alle Gedanken, die wir uns bis hierher gemeinsam gemacht haben. Der Tod des Geliebten ist ein Skandal, ist unannehmbar zunächst. „Zunächst habe ich nicht gewußt, wie ich es werde überstehen können. Die Trauer zu durchleben war mir schwerste Arbeit", sagt Ida. Es ist hier an jede

Liebe gedacht, für die der Geliebte der wichtigste Mensch auf der Welt ist, an die Liebe zwischen Orpheus und Eurydike wie an die zwischen Freunden – Gilgamesch, der den Tod des Freundes Enkidu nicht fassen kann und durch die ganze Welt und Unterwelt irrt, um ihn zurückzuholen –, wie an die Liebe von Eltern zu einem Kind. Märchen, Mythen und Dichtungen aller Völker erzählen von verzweifelten Liebenden, die den geliebten Menschen aus dem Totenreich zurück ins Leben zu holen suchen. Nirgendwo als im Miteinander leuchtet der Glanz der Gegenwart strahlender, nirgendwo als im Sterben des Geliebten trifft uns das Entsetzen furchtbarer.

Im Durchleben der Trauer kann sich das Entsetzen zu Dank für die gemeinsame Zeit der Liebe wandeln. Sinnvoll und zu einer intensiven Zeit der Zusammengehörigkeit kann das Sterben des Geliebten werden, wenn man ihn dabei begleitet, wie Elfriede es schildert. Sie erlebt sein Sterben wie eine Geburt, und dieses Erleben nimmt ihr die Angst vor dem eigenen Sterben.

In einem späten Gedicht[6] sagt Ernst Meister:

> Die Gestalt, die
> Dasein heißt,
> hat zum Vater
> der Abgründe Abgrund.
>
> Und die Mutter,
> sehr glänzend,
> heißt Weh,
> diesseits und jenseits.
>
> Gerettet sind wir
> durch nichts,
> und nichts
> bleibt für uns.

[6] Ernst Meister, Ausgewählte Gedichte 1932–1979, Darmstadt 1979, S. 120.

Wir können uns nicht im Leben halten, wir können den geliebten Menschen nicht halten, und der Schmerz der Trennung reißt den Abgrund auf, den wir zum Vater haben, den Abgrund, der Grund unserer Existenz ist. Nichts bleibt. Was lebt, vergeht, alles Lebendige ist im Fluß. Aber die Gegenwart ist und ist „sehr glänzend", gerade weil sie nicht bleibt. Sie vergeht und entsteht. Die Mutter, sehr glänzend, heißt Weh: der Schmerz, daß nichts dauert, öffnet dem Glanz der Gegenwart die Tür. Wir können nichts festhalten, das Leben nicht und nicht seinen Glanz, die Freude. Nichts bleibt für uns: nicht unser Leben, nicht der Geliebte. Weder können wir sein Leben festhalten, wenn er stirbt, noch können wir ihn bei uns halten, wenn er sich abwendet. Menschen, die einander im Fluß des Lebens begegnen und in der Liebe zueinander etwas von der Gegenwart überirdischen Glanzes erblicken, müssen wünschen, diesen Glanz festzuhalten, indem sie einander festhalten. Tun sie das, so ist das, als hielten zwei Schwimmer sich aneinander fest. Entweder sie gehen gemeinsam unter (das heißt, sie zerstören sich „im Namen der Liebe" gegenseitig) oder derjenige, der die Gefahr als erster sieht, befreit sich vom anderen, um zu überleben. Er löst sich vom anderen und befreit, meist gegen dessen Willen, auch diesen damit, weil er erkennt, daß das keine Liebe sein kann, dieses Sichaneinanderklammern, was beide in ihrer Lebendigkeit behindert. Liebe läßt den anderen frei, der zu werden, der er eigentlich ist. Sie hilft ihm dabei, indem sie ihn in allem bejaht, was seine Lebendigkeit fördert. „Einen Menschen lieben heißt, ihn so sehen, wie Gott ihn gemeint hat", sagt dasselbe. Und eine schöne Stelle aus Rilkes Requiem für Paula Modersohn-Becker gehört hierher. Die Malerin Paula Modersohn-Becker lebte zur selben Zeit in Worpswede, als Rilke dort mit der Bildhauerin Clara Westhoff verheiratet war. Sie ging nach langem Ringen und gegen den Willen ihres Mannes Otto Modersohn für einige Monate nach Paris, um dort ihre Malerei zu vervollkommnen. Dies ist der Hintergrund jener Zeilen aus Rilkes Requiem, das er schrieb, nachdem sie kurz nach der Entbindung von ihrem zweiten Kind in Worpswede starb.

Denn *das* ist Schuld, wenn irgendeines Schuld ist:
die Freiheit eines Lieben nicht vermehren
um alle Freiheit, die man in sich aufbringt.
Wir haben, wo wir lieben, ja nur dies:
einander lassen; denn daß wir uns halten,
das fällt uns leicht und ist nicht erst zu lernen. [7]

„Wenn irgendeines Schuld ist" heißt: sofern es überhaupt Schuld im menschlichen Leben gibt, dann ist dies Schuld zu nennen, nämlich, wenn jemand die Freiheit des Menschen, den er liebt, nicht vermehrt. Nicht nur, so denkt Rilke, sollte ein Mann seine Frau nicht davon abhalten, fortzugehen von ihm und dem Kind, um ihre Begabung zu fördern, sondern er sollte sogar aktiv ihre Freiheit zu erweitern suchen, daß sie gehen kann, wohin ihr Weg sie führt. Dies ist keine Garantie dafür, daß der Weg des „Lieben" parallel zu dem unseren verläuft oder daß er zu uns zurückkehrt, aber es ist die einzige Möglichkeit, das Wachstum des anderen zu fördern. Ist somit die einzige Möglichkeit, unser beider Liebe lebendig zu erhalten, denn es gibt in der Liebe keinen Stillstand, nur Wachstum oder Absterben, Entwicklung oder Tod.

Das gilt für Liebe zwischen Erwachsenen, und für die Liebe von Eltern zu Kindern in noch weit größerem Maße. Denn Kinder sind ungleich schneller als ein erwachsener Partner in Gefahr, den Eltern zuliebe auf ihren Weg zu verzichten. Unsere Kinder sind uns nicht anvertraut worden, damit wir sie nach unserem Gutdünken formen, sondern damit wir ihnen das vermitteln, was wir wichtig und gut finden und ihnen dabei die größtmögliche Freiheit geben, sich, ihren Anlagen gemäß, auch anders zu entscheiden. Wir sollen ihnen raten, wenn sie uns fragen, nicht aber dürfen wir von ihnen erwarten, daß sie in ihrem Leben das verwirklichen, was uns nicht glückte, noch, daß sie sich so entwickeln, daß wir uns mit ihnen schmücken können. Khalil Gibran sagt:

---

[7] Rainer Maria Rilke, a.a.O., S. 654.

Eure Kinder sind nicht eure Kinder.
Sie sind die Söhne und Töchter der Sehnsucht des Lebens
nach sich selber.
Sie kommen durch euch, aber nicht von euch,
Und obwohl sie mit euch sind,
gehören sie euch doch nicht.
Ihr dürft ihnen eure Liebe geben,
aber nicht eure Gedanken,
Denn sie haben ihre eigenen Gedanken. [8]

In einem phantastischen Liebesroman mit dem Titel „Ein Tag, ein
Leben" stellt der holländische Autor Adrianus Franciscus Theodo-
rus van der Heijden den Aufstand eines Liebespaares gegen den
Tod dar. Die Liebenden, Benni und Ginni, leben in einer fiktiven
Welt, in der ein Menschenleben nur zwanzig Stunden währt. In
diesen zwanzig Stunden werden sie geboren, wachsen auf, lieben,
gebären, altern und sterben. In der Kürze der Zeit findet jedes Ereignis nur ein einziges Mal statt. Seine Einmaligkeit verleiht jedem
Eindruck strahlende Intensität. Eine Innigkeit nahezu himmli-
scher Art. Denn der zu dieser Eintagswelt gehörige Himmel besteht in einem unteilbaren Augenblick von unendlicher Herrlichkeit. Benni und Ginni aber empfinden ihre Liebe als zu groß, um
einander nur ein einziges Mal zu umarmen und dann alt zu werden
und das Erkalten ihrer Liebe zu erleben. Sie beschließen, sich Zugang zur Hölle zu verschaffen. Die Hölle nämlich gleicht unserer
Welt: dort lebt man achtzig Jahre lang – das erscheint den Eintags-
menschen fast unendlich –, und man kann in dieser Zeit gute
Dinge beliebig oft wiederholen. Allerdings verliert jeder Augenblick den Glanz des Einmaligen, die Gegenwart ist schal, gleichgültig, unwichtig: *„Die Hölle gilt ja bekanntlich als die Welt der
Wiederholung. ... In der Welt der Hölle wird sich ein Tag kaum vom
anderen unterscheiden. ... Nichts ist schlimmer als die Wiederholung
dessen, das beim erstenmal schon trefflich war. Es bedeutet das Zunichtemachen dieser Vortrefflichkeit. Die Hölle, das ist das unaufhörliche
Zunichtemachen all dessen, was im Ansatz, das heißt dank seiner Ein-*

[8] Khalil Gibran, Der Prophet, Olten 1973, S. 16.

maligkeit, gut war. Der Liebe, zum Beispiel. Die Hölle garantiert die nahezu unbegrenzte Wiederholbarkeit des Liebesakts. In dieser Wiederholung wird die Liebe ausgelöscht, der Akt wird zur Qual. "[9] Benni und Ginni halten ihre Liebe für stark genug, um der Gefahr der Gewöhnung nicht zu erliegen.

„*Die Welt, die wir die Hölle zu nennen pflegen, sieht nicht viel anders aus als unsere eigene Welt. Möglicherweise gibt es überhaupt keinen äußerlichen Unterschied. Die Hölle besteht in einer anderen Zeit... Ein Leben dehnt sich dort so endlos, daß man es getrost als ewigdauernd bezeichnen kann. Wie der Himmel befindet sich die Hölle also in einer anderen Ebene, einer anderen Dimension der Zeit, als wir sie kennen. Himmel, Hölle, irdisches Dasein, das sind drei Welten, die sich gegenseitig durchdringen, ohne füreinander wahrnehmbar zu sein.*"[10] Mit Vergnügen würde ich an dieser Stelle das Schicksal der beiden Liebenden erzählen, aber vielleicht möchten Sie den Roman ja selbst lesen, und ich will Sie nicht um die Spannung bringen. Nur eins noch: auch für die Bewohner der Hölle – die unserer Welt entspricht – gibt es noch eine Hölle. Diese besteht in der endlosen Wiederholung aller Qualen, die man anderen oder sich selbst zugefügt hat.

In van der Heijdens Geschichte hat die Seligkeit der Liebe zwei Erscheinungsformen: einmal im Gewahrsein intensiv gelebter Einmaligkeit in jener Welt, wo alles nur ein einziges Mal geschieht, wo jedes erste Mal zugleich das letzte Mal ist – und zum anderen in der zeitlosen Gegenwart, die Ewigkeit nicht in der Wiederholung erlebt, sondern in der Abwesenheit von Zeit.

Wir können zwei Arten von Ewigkeit denken. Die eine, die falsche Ewigkeit besteht in unendlicher Dauer. Auf einer horizontal verlaufenden Linie kommt die Zeit entweder von hinten aus der Vergangenheit und geht in die Zukunft hinein. Weder hat die Vergangenheit einen Anfang noch hat die Zukunft ein Ende. Oder die Zeit kommt aus der Zukunft und fließt in die Vergangenheit.

[9] A. F. Th. van der Heijden, Ein Tag, ein Leben, Frankfurt am Main 1992, S. 24 f.
[10] A. F. Th. van der Heijden, a. a. O., S. 25.

216

Egal, woher und wohin sie fließt, das Wesentliche dieser anfangs- und endlosen Zeit ist ihre unendliche Dauer.

Die andere Art, Ewigkeit zu denken, durchkreuzt die Horizontale der endlosen Dauer durch eine Vertikale. Der Mittelpunkt des so entstandenen Kreuzes kennzeichnet die Ewigkeit eines Augenblick von unendlicher Tiefe und Höhe, jedoch nicht meßbar mit Uhren, die für Zeitverlauf gemacht sind. Die erste Ewigkeit ist die einer unausweichlich endlosen Wiederholung, Nietzsches ewige Wiederkehr des Gleichen, die Hölle in van der Heijdens Roman. Die andere Ewigkeit, van der Heijdens Himmel, Ewigkeit der Intensität im Kairos einer lebendigen Gegenwart, geschieht in der Begegnung mit dem Unermeßlichen. Sie kann geschehen, wenn wir, ganz sterblich ganz wir selbst mit ganzer Kraft da sind und uns für unsere Gegenwart öffnen, sei es in der Arbeit, in der Liebe, im Feiern, in Meditation und Gebet.

Versuchen wir, etwas vom Zeitfluß zu ergreifen und zu halten, so bleibt nichts in unseren zupackenden Händen. Öffnen wir unsere Hände und lassen alles los, so durchfluten und überströmen die Wasser des Flusses sie unerschöpflich und täglich neu. Sie bleiben nicht, sie fließen. Nichts bleibt für uns, durch dieses Nichts sind wir gerettet. So verstehe ich die letzte Strophe von Ernst Meisters Gedicht. In der Erkenntnis, daß nichts selbstverständlich ist und nichts sich wiederholt, werden wir wirklich und lebendig. Jede Gegenwart ist dann neu und leuchtend. Die größere Intensität der Wahrnehmung in Bennis und Ginnis Welt der Nichtwiederholbarkeit wird uns möglich, wenn wir sehen, daß für uns nichts bleibt. Dieses Nichts rettet uns, die wir von Vater Chaos und Mutter Weh kommen, in die lebendige Gegenwart.

Gerettet sind wir
durch nichts,
und nichts
bleibt für uns.

Gelassenheit

Die Ros ist ohn' Warum; sie blühet, weil sie blühet.
Sie acht' nicht ihrer selbst, fragt nicht, ob man sie siehet.

Angelus Silesius

Für unseren Weg ist ein weiterer Aspekt wichtig in Rilkes Forderung, „die Freiheit eines Lieben zu vermehren": auch wir selbst sind ein lieber Mensch. Auch die eigene Freiheit sollen wir vermehren mit allem, was wir in uns aufbringen. Freiheit von Lebenshinderlichem, Schädigendem, Einengendem, Freiheit für unseren Weg zu uns selbst, Freiheit, das Wichtigste – nicht das Gewohnte – zuerst zu tun, Freiheit für den größten Glanz.

Wir können das Leben nicht festhalten. Lebensfreude entsteht nur in offenen Händen und gitterlosen Herzen. Wenn ich etwas behalten möchte, weil es mir wichtig ist, wenn ich es liebe, dann muß ich es loslassen. Es geht nur so. Auch mich selbst loslassen, auch mein Leben. Vermag ich das, dann wird alles leicht auf dem Grund der Schwere des Todes. Das Leichte und das Schwere bedingen einander und durchdringen einander.

Loslassen ist nicht Gleichgültigkeit, sondern Gelassenheit. Gelassenheit bei stärkster Sammlung. Von jener Gelassenheit ist die Rede, welche wahre Meisterschaft begleitet.

Man kann von dessen Gelassenheit lernen, wenn man einem Meister bei seiner Arbeit zuschaut. Ein Meister ist einer, der seine Sache wirklich versteht, ganz gleich, in welcher Tätigkeit diese Sache besteht. Ich denke daran, wie ich einem Meister seiner Art beim Holzfällen zusah. Es waren mächtige, bis zu zwanzig Meter hohe Fichten, die er ganz allein fällte, nur mit einer Motorsäge und einem Keil ausgerüstet. Aus dem gewaltigen Krachen, mit dem die Stämme zu Boden stürzten, ließ ihr Gewicht sich ahnen. Aber der sie fällte, ging so scheinbar mühelos mit ihnen um, als spiele er Mikado, und die Bäume gehorchten ihm, als habe er magische Kräfte. Als mir schien, ein Baum drohe sich in die falsche Richtung zu neigen, dorthin, wo er stand, und ich ihn erschrocken warnte, lächelte er beruhigend: „Der Baum ist mein Freund." Oder an den großen Dirigenten Celibidache denke ich: wer das Glück hatte, ihn bei seinen Proben zu erleben, weiß, was loslassen und ganz gegenwärtig bei der Sache sein heißt. Und von Tschuang-Tse stammt das Gleichnis vom Koch:

Fürst Hueis Koch war damit beschäftigt, einen Ochsen zu zerwirken. Jeder Schlag seiner Hand, jedes Heben seiner Schultern, jeder Tritt seines Fußes, jeder Stoß seines Knies, jedes Zischen gespaltenen Fleisches, jedes Sausen des Beiles, alles war in vollkommenem Einklang.

„Wohlgetan!" rief der Fürst, „dies ist wirklich Kunstfertigkeit!"

„Durchlaucht", erwiderte der Koch und legte sein Beil nieder, „ich habe mich schon immer dem Tao ergeben. Als ich zuerst Ochsen zu zerwirken begann, sah ich vor mir ganze Ochsen. Nach dreijähriger Übung sah ich keine ganzen Tiere mehr. Und jetzt arbeite ich mit meinem Geist und nicht mehr mit meinen Augen. Mein Geist arbeitet ohne die Lenkung durch die Sinne. Ich finde meinen Rückhalt in den ewigen Grundsätzen und gleite durch die Gelenke und Höhlungen, die gemäß der natürlichen Beschaffenheit des Tieres da sein müssen. Ich berühre die Sehnen gar nicht, geschweige denn große Knochen.

Ein guter Koch wechselt sein Beil einmal im Jahr – weil er schneidet. Ein gewöhnlicher Koch wechselt es einmal im Monat – weil er hackt. Ich aber führe dieses Beil seit neunzehn Jahren, und obgleich ich viele tausend Ochsen zerwirkt habe, ist seine Schneide so, als käme sie frisch vom Wetzstein. Denn an den Gelenken sind stets Zwischenräume, und da die Schneide eines Beiles ohne Dicke ist, ist nichts weiter nötig, als die dickelose Schneide in solch einen Zwischenraum einzufügen. Hierdurch findet die Klinge genügend Raum, um sich zu bewegen. So habe ich mein Beil neunzehn Jahre lang erhalten, als käme es frisch vom Wetzstein. Dennoch, wenn ich an einen harten Teil gerate, der schwer zu behandeln ist, sammle ich mich in Vorsicht. Ich hefte mein Auge daran, halte meine Hand zurück und lege meine Klinge sanft an, bis der Teil mit einem dumpfen Laut nachgibt, wie wenn ein Erdklumpen zu Boden fällt. Dann nehme ich mein Beil heraus, erhebe mich, blicke mich um und stehe befriedigt still. Hierauf wische ich mein Beil ab und lege es sorgsam beiseite."

„Wohl gesprochen," rief der Fürst, „aus den Worten dieses Kochs habe ich gelernt, wie ich für mein Leben Sorge zu tragen habe."[11]

[11] Lin Yutang, a. a. O., S. 147 f.

Gelassenheit eines Meisters ist etwas völlig anderes als Routine. Routine ist seelenlos und beruht auf Wiederholung. Das unzähligemale Getane läuft immer gleich ab, dadurch ist der routiniert Arbeitende gerade nicht bei der Sache. Hat er, als Beamter zum Beispiel oder als Arzt, mit Menschen zu tun, so enttäuscht er diese durch die kühle Distanziertheit, die seine Routine begleitet.

Ein Meister mag seine Arbeit, er ist ganz bei der Sache und er hat gelernt, alles Überflüssige wegzulassen. Überflüssig ist, was mit der Sache nichts zu tun hat.

Wie lernen wir, so gelassen zu sein? Wir können einem Meister zuschauen, aber wir sollten ihn nicht imitieren. Imitation ist ein Irrweg. Ist mein Ziel Venedig – um eine Phantasie von früher (S. 192) zu variieren –, so hilft es wenig, wenn ich meine Wohnung in venezianischem Stil einrichte, auf meine Fensterscheiben Bilder von venezianischen Palästen, Kuppeln und Kanälen klebe und einen italienischen Radiosender laufen lasse. Dadurch bin ich nicht wirklich dort. So konstruiert, erscheint das Beispiel absurd, aber es geht um ein inneres Venedig, um Lebensziele. Tatsächlich handeln viele Menschen so, sie verändern äußere Umstände, statt sich auf den Weg zu machen. Vergeuden ihre Zeit und Energie in Träumen, imitieren Schönes, statt den Weg ins innere Venedig Schritt für Schritt zu gehen.

Wir können die Sache lernen vom Meister, aber ihn selbst nachzuahmen, seine Person zu imitieren, das würde uns abbringen von unserem Weg. Wir können das Handwerk von ihm lernen und dazu noch, so aus der Intensität des Selbstseins zu leben wie er. Jemeinig zu leben, um mit Heidegger zu sprechen, mit Leidenschaft, wie Broyard sagt, mit Ernst. Wenn die gelbe Rose (S. 169) im Erblühen ihre roten und weißen Schwestern erblickt und sich vornimmt, „so prächtig, mit solcher Freude und Lebenslust wie die will auch ich blühen, in meiner Farbe und an meinem Ort", dann käme das dem nahe, wie Vorbilder wirken sollten.

Sodann ist es hilfreich, sich über die eigene Motivation klar zu werden. Wozu will ich gelassen sein? Wozu will ich das alles lernen? Wenn Sie etwas über sich erfahren wollen, so haben Sie die Gelegenheit gerade jetzt, indem Sie innehalten und, ehe Sie weiterlesen, sich fragen: was will ich in meinem Leben erreichen? Also:

wozu? Sie können die Frage, damit sie nicht allzu umfassend ist, auch beschränken: wozu lese ich dieses Buch? Was will ich für mich damit erreichen, und wozu soll mir das Erreichte dienen? Bitte – falls Sie wollen – klappen Sie das Buch jetzt zu und lassen Sie sich Zeit, sich Ihre Antwort auf die Frage klarzumachen.

Vielleicht finden Sie sich und Ihre Antwort in der Geschichte vom Glockenstuhlschnitzer wieder:

Ein chinesischer Glockenstuhlschnitzer wollte den schönsten Glockenstuhl der Welt schnitzen, um reich zu werden. Als er nach Jahren der Arbeit den Glockenstuhl vollendet hatte, war es nicht der schönste Glockenstuhl der Welt geworden und er wurde nicht reich.

Darauf wollte er den schönsten Glockenstuhl der Welt schnitzen, um berühmt zu werden. Er machte sich an die Arbeit, und wieder wurde es nicht der schönste Glockenstuhl der Welt, und er wurde nicht berühmt.

Da entschloß er sich, den schönsten Glockenstuhl der Welt zu schnitzen, um die Liebe der Menschen zu erlangen. Er machte sich an die Arbeit, aber es wurde nicht der schönste Glockenstuhl der Welt, und er bekam nicht die Liebe der Menschen.

Inzwischen war er ein alter Mann geworden. Noch einmal machte er sich an die Arbeit und schnitzte einen Glockenstuhl, einfach so, um einen schönen Glockenstuhl zu machen. Es wurde der schönste Glockenstuhl der Welt, und er wurde reich, berühmt und die Menschen liebten ihn.

Die Geschichte besagt keineswegs, daß Geld, Anerkennung und Liebe nicht wichtig seien. Sie sagt nur, daß wir das, was wir tun, mit ganzem Herzen tun sollen, ohne nach rechts oder links oder auf den Erfolg zu schielen. Wir sollen so dabei sein, wie wir uns, wenn wir etwas kaufen wollen, wünschen, daß der Verkäufer es wäre. Nehmen wir an, wir brauchten einen Computer (oder einen Mantel, oder einen guten Wein). Der Verkäufer sollte Fachmann sein für seine Ware, und er sollte ganz unser Interesse im Auge haben. Er wird uns fragen, wozu genau wir ihn verwenden wollen, was er leisten soll, unser künftiger P. C., und dann wird er uns eingehend über die Vor- und Nachteile der Computer, die für uns in

Frage kommen, informieren. Wenn er aber stattdessen den Eindruck macht, daß er uns sein teuerstes Gerät verkaufen will, oder wenn er sein ganzes Fachwissen vor uns ausbreitet, um damit zu brillieren, oder wenn er unterwürfig lächelt, um uns zu gefallen, dann haben wir nicht den Eindruck, daß wir uns in Hinsicht auf den Erwerb eines Computers auf ihn verlassen sollten.

Wie mag ein chinesischer Glockenstuhl wohl aussehen? Ich stelle ihn mir, prächtig geschnitzt natürlich, weit oben auf einem Glockenturm oder Tempeldach vor. Ungefähr so hoch wie die Giebel der klassischen griechischen Tempel. Etwa acht Meter hoch standen in deren Giebelfeldern Statuen, ebenfalls von großen Künstlern geschaffen, die das Wirken des Gottes, dem der Tempel geweiht war, darstellten. Heutzutage befinden sich die meisten dieser Statuen in Museen. In der Münchner Glyptothek sind die Ägineten, jene berühmten, 2500 Jahre alten Marmorbilder, die den Kampf um Troja und seine Eroberung darstellen. Ursprünglich schmückten sie die Giebel des Aphaiatempels auf Ägina – ein heiliger Ort! Jetzt stehen sie in Augenhöhe der Museumsbesucher und man kann sie bequem von allen Seiten betrachten.

Von allen Seiten sind sie gleichermaßen vollkommen. Der Bildhauer hat die Rückseite jeder einzelnen Statue mit der gleichen Genauigkeit und Kunstfertigkeit gestaltet wie die Vorderseite. Über den Rücken der Athena, die in der Mitte des Westgiebels stand, fließen feingelockte Haarsträhnen wie über ihre Brust. Die zur Giebelwand gekehrten Gewandfalten, Haarbänder, Ohren, Locken und Zehen der Krieger sind ganz genauso sorgfältig gearbeitet wie die auf der sichtbaren Seite. Was mag es für eine Mühe sein, wieviel Zeit mag es gekostet haben, ohne Hilfe von Maschinen Löckchen aus dem harten Marmor herauszuarbeiten, und Ohrmuscheln und Zehennägel. An Stellen, die kein Tempelbesucher je zu sehen vermag, nur für die Schwalben und für die Götter.

Einfach so, für keinen anderen Zweck als um der Sache selbst willen seine Sache so gut wie möglich tun, konzentriert und gelassen, das führt zur Meisterschaft. Das ist Tun nicht um der Bereicherung willen und nicht für Ruhm. Wofür aber dann? Für sich selbst? Für die Götter? Dafür, daß das Heilige in der Gegenwart erscheint? Für den Glanz.

Man muß nicht für chinesische oder griechische Tempel oder an sonstigen offiziell dem Gott geweihten Orten arbeiten, um Glanz zu ermöglichen. Als Waldarbeiter, als Lehrer, Hausfrau, Handwerker und Beamter – was immer man tut und wo immer man steht, ist der Ort dazu. Falls jemand aber meint, an dem Ort, wo er sich befindet, sei dies wegen widriger Umstände völlig unmöglich, so wäre es an der Zeit, seine Kraft einzusetzen um entweder die Umstände zu verändern oder sich einen anderen Ort zum Tätigsein zu suchen.

Gesammelt, gelassen und heiter ist ein Meister bei seinem Werk, aber nicht nur dort. Gelassenheit ist keine Haltung, die man nur zur Arbeit annimmt und dann fallenläßt, so wie man seinen Arbeitsanzug nach der Arbeit auszieht. Es ist dies vielmehr eine Weise zu sein, die, einmal erlangt, die gesamte Existenz des Menschen bestimmt. Er wird ebenso heiter, gesammelt und gelassen am Morgen aufstehen, ebenso auf der Hochzeit seines besten Freundes wie auf dessen Beerdigung sein. Heiterkeit und Trauer, Humor und Zorn – alle Gefühle entstehen in seinem Herzen aus der Grundhaltung der gelassenen gesammelten Freude. Die Freude schließt Zorn und Trauer nicht aus. Sie ist die Freude des „ich – jetzt – hier" in der Gegenwart Lebenden.

Das alles können wir nicht machen. Wir können es ebensowenig machen, wie wir uns bemühen können, jemanden zu lieben. Die Liebe und das Heilige sind größer als unser Gemache. Auch wenn uns aufgetragen ist „ihr sollt heilig sein, denn ich bin heilig", können wir da nichts machen. Wir können nur das Heilige einlassen in uns, dann trägt es uns.

In dieser Richtung ahne ich eine Antwort auf Georgs Frage nach dem Sinn von Sterben in jungen Jahren durch eine furchtbar schmerzhafte Krankheit. Er fragt implizit damit auch danach, was für einen Sinn der frühe Tod seiner Augen habe. Übrigens kommt bei den fünfzig Gesprächsteilnehmern nur einmal ein Name doppelt vor: Georg. Beide Georg sind blind. Das mag ein Zufall sein, aber ich glaube nicht an Zufälle. Ich denke an den Georg, der den Drachen der Finsternis besiegte. Georg selbst sagt, es gehe darum, die Leiden mit Würde zu tragen. Reinhard spricht von dem Balanceakt, weder die Schönheit noch die Absurdität des Lebens auszuklammern und von keinem der beiden aufgefressen zu werden, und Josef sagt, „das Entscheidende kann nur von Gott kommen." Wir können das Wesentliche nicht machen. Es geschieht ohnehin schon immer von selbst, wir können es nur geschehen lassen. Lassen heißt nicht passiv sein, sondern entschlossenes Weglassen des Falschen und sich offenhalten für das Geschehen des Heiligen. Sibylle erinnert an den jüdischen Mythos: „Als das Licht auf die Welt kam, zersprang es in Milliarden Funken. Unsere Aufgabe ist es, Gott zu erlösen, indem wir diesen Funken in uns zum Glühen bringen."

Das mir liebste Gebet sagt dies so:

> „Herr,
> laß mich aufleuchten ehe ich gehen muß
> und nicht mehr bin."